中国百年教科书史

总主编 徐 岩 张廷凯

体 育 卷

主编 耿培新

人民教育出版社
·北京·

中国百年教科书史

出版委员会

主　任　黄　强　郭　戈

委　员　王　岳　杨　刚　魏运华　谭　钢　王志刚　郑旺全
　　　　王　强　赵占良　蒋　琦　张廷凯　邹海燕

编写委员会

主　任　徐　岩　张廷凯

委　员　唐燕明　王有朋　江丽霞　赵　昕　王世光　扈文华
　　　　张天宝　陈先云　王本华　卢　江　章建跃　郑旺全
　　　　吴　欣　唐　磊　田　旭　李伟科　李　卿　韦志榕
　　　　高俊昌　彭前程　王　晶　赵占良　谭永平　蔡　矛
　　　　黄海旺　耿培新　杜永寿　胡知凡　刘冬辉　刘立德
　　　　任长松　吴海涛

体育卷

主　编　耿培新

副主编　胡　滨　陈世雄

编写人员（按编写顺序排列）

　　　　耿培新　胡　滨　陈　晴　张正中　张庆新　陈雁飞
　　　　潘建芬　刘春燕　陈珂琦　李志刚　陈世雄　赵超君
　　　　高琬鑫　姜　贺

责任编辑　姜　贺

书籍设计　胡白珂

前言

徐 岩

教科书,是基于一定的学制、课程计划或课程标准(教学大纲)编写的,系统反映不同教学科目学习内容的教学基本用书。中国近代教科书的百年历史,见证了中国从贫弱不堪到傲然腾飞,见证了民族独立、人民解放、国家富强、百姓安康。

国家社科基金重大项目"中国百年教科书整理与研究"2010年12月获准立项,2016年1月经全国哲学社会科学规划办公室审核,认定为免于鉴定,准予结项。项目在系统整理百年中小学教科书的基础上,编撰便于检索和利用的提要式书目,完善现有的"中国百年中小学教科书全文图像库",编选教科书珍本图鉴;在全面梳理各学科教科书百年变迁历史的基础上,揭示我国教科书百年演进的规律,并深入分析不同历史时期影响教科书编写的主要因素;就百年变迁中争论最多的、广受学界及社会关注的、至今仍有重要影响的关键问题开展深入的专题研究,为当前和今后的教科书编写工作提供启示与指导。

在该项目的研究中人民教育出版社共与76个单位协作,包括高等院校、教育教学研究机构、图书馆等。研究人员近550人。

一

项目最终形成五大系列研究成果,于2019年开始陆续出版。

系列一：《中国百年中小学教科书综录》（8卷）（以下简称《综录》）。该书目收录百年来全日制中小学教科书1万余种，6万余册，为其中的实见版本编写提要式目录8 800余条，为其中有书目记载但未见版本编写存目近2 000条，形成提要式书目8卷。每个条目由载体描述和内容提要两部分组成。载体描述基本参照《中国文献编目规则》规定的标准化著录格式，揭示每套教材的书名、编著者、出版年、版次、册数、页码、开本尺寸等，其中的综合著录部分反映整套教材的状态，子目部分反映分册的形态、版次变化等。内容提要是在有限的文字范围内客观地、充分地揭示教科书的来源依据、审定情况、内容与编写体例、语言呈现形式等。

系列二：《中国百年教科书珍本图鉴》（4卷）（以下简称《珍本图鉴》），按1897—1912年，1912—1949年，1949—1976年，1976—2010年分为4卷。《珍本图鉴》分为上、下编，上编从出版史的角度，分"出版业发展状况""教科书管理制度""教科书装帧设计"三个专题，以图文形式展现相关专题涉及的重点中小学教科书；下编主要以图的形式展现不同时期的代表性教科书。

系列三：《中国百年教科书史》（19卷），包括总论卷、小学德育课程卷、中学德育课程卷、小学语文卷、中学语文卷、小学数学卷、中学数学卷、英语卷、日语卷、俄语卷、历史卷、地理卷、物理卷、化学卷、生物学卷、小学科学卷、体育卷、音乐卷、美术卷。各卷均分为概述、清朝末年的教科书、民国时期的教科书、中华人民共和国成立后的教科书、结论等五编。

系列四：《中国百年教科书专题研究》（18卷，每个学科1卷）。各卷选取百年变迁中争论最多的、广为学界及社会关注的、至今对该学科教科书发展仍有重要影响的、教科书编制必须要考量的关键要素或问题作为研究专题。专题研究成果呈现了对同一个问题不同历史阶段教科书所作出的不同选择与回应，并且通过这些选择和回应，深度剖析教科书编写的影响要素、重要经验与主要教训，以拓展教科书的研究，丰富教科书研究的理论，并为未来的教科书编写以及课程的建设提供重要的启示。

系列五：散论。包括《中国教科书百年递嬗与建构》《中国教科书思想百年调适与更生》，以及《教科书往事——漫谈百年中小学教科书》等。

二

在研究之初的设计阶段，在研究过程的深入阶段，在研究成果的呈现阶段，我们一直在思考以下问题。教科书研究应该建立在怎样的方法论基础之上？教科书的本质是什么？百年来教科书存在和发展的动力又是什么？

（一）在教科书研究中，教科书的本体地位不可动摇，文献资料实现了自身的"相互关照"与"对话"。让教科书文献资料自己说话，而不是以理念裁剪文献资料，才能发现教科书发展的内在理路。

百年来的教科书与其他文献资料的重大区别在于其情况的错综复杂，教科书虽具有成套性，但修订更为频繁、版本更加混乱、源头更加隐晦。因此，我们在整理中特别强调对百年来教科书"原典"（即原始文献）开展连续的、系列的、更迭的整体把握，对百年来交错纵横的文献资料进行"历时性"和"共时性"的呈现。在对教科书文本本身加强整理的同时，研究还特别强调对教科书的社会文化背景、编撰者、出版机构、呈现形式与使用等方面的调查，以实现教科书文本与教科书相关文献资料之间的"对话"。在这种"对话"中，我们发现中小学教科书的发展自有其内在理路，不能简单地把它们当作社会变迁的映像、学科发展的缩影或者教育理论的注脚。

在系统梳理各学科教科书的发展历史过程中，我们还发现，以先入为主的一些理念为指导，或运用某种特定的研究框架、模式或话语体系，来分析教科书变迁的历史，虽然分析得很有条理，但离教科书的历史真相甚远。造成这一现象的重要原因之一是客观上缺乏完整的文献基础，主观上用抽象的理论框架剪裁丰富多彩的教科书文献资料，对不能容纳于其理论框架之内的大量文献资料视而不见或有意回避，结果，所呈现的"教科书发展轨迹"只能是片面的甚至是扭曲的。因此，项目特别强调基于文献的完整把握，在此基础上对不同文本进行对照，再辅以相关佐证进行阐释。唯有回到教科书本身，让各学科教科书的文献资料"自己说话"，真正确立和凸显全面、系统、完整的教科书文献在研究中的本体地位，才能正本清源，为各种不同的研究视角奠定坚实的文献基础。

教科书的本体样态是什么？一百多年前，在中国大地上发生了巨大的社会变革，我国教育的发展也随之而改变。教科书因新的学制、新的学校体制、新的教学形式的需要而诞生。自它诞生之日起，就是分科的、精选的、结构化的、系统性的，与基础教育模式相适应的。我们的研究着重于教科书本体样态的描述，涵盖基础教育全学科、全学段，旨在展现百年教科书文献资料的全貌。研究基于一手资料，专注于基础性的整理工作，展现教科书内容选取、结构体例和呈现方式的变迁过程。这为我们的后续工作，也为其他学者从不同角度阐释教科书提供了牢固的基石。

（二）教科书分析应秉持唯物史观，任何教科书都是"当下的"、具有"现时性"的，研究应建立在对教科书事实的历史性、整体性和全局性把握的基础之上，避免"以论代史"。

我们在研究中努力把教科书这一研究对象放在历史中，避免把对象从它的历史位置上任意抽取出来，避免把研究者的想象力强加在当时的教科书之上。我们努力尝试对教科书作科学的分析与客观的评价，强调"回到历史现场"去解读各时代的教科书，放到当时的历史情境与社会背景中，放到百年历史变迁的长河中，而不能割断历史的联系去孤立地看待和评价某一阶段的教科书。我们努力回到文献资料及历史语境，不违背历史，也不违背逻辑。然而，要恢复历史语境，只能对历史文献开展尽可能全面的、完整的艰苦梳理，否则容易陷入主观想象的泥沼。我们在研究和评价各个历史时期的教科书时，要持谨慎的态度，避免陷入玄思。教科书是社会存在的一部分，以广泛联系和发展的眼光关注百年教科书的发展，不难发现教科书与时代背景、社会因素的复杂关联。也因为如此，我们从教科书百年的发展历程中得以窥见百年中国社会的发展面貌。总体上看，百余年来，一大批著名学者、教育家、出版家和普通教育工作者，应时代的需求，同心协力，使我国教科书在国衰民穷的困难背景中起步，经历曲曲折折，不断提高完善，不仅适应了独有的国情，而且保持了很高的品位。

（三）百年教科书的发展史尽管经历了曲曲折折和各种摇摆，但最终都回归到遵循教育自身规律的轨道，按照符合学生学习规律的原则不断自我修正。

关于教科书本质及其发展规律的追问，很多学者给出了不同的答案。我们认为，我国的教科书自诞生之日起，经过百余年的发展，到今天为止，都是为了实现特定的育人目标，都要精选最基础、最核心的学习内容，都要遵循学生心理发展的规律，都要追求教学逻辑和学科逻辑的统一，都是师生开展教学活动所凭借的核心资源。百余年来，中小学教科书的改革走过了一条曲折的发展道路，可谓是"历尽沧桑"，但教科书的本质规律却是推动教科书发展与变迁的原动力。我们经历了从翻译国外教科书到编译国外教科书再到自编教科书的曲折过程，尝试"六三三"制、"五三二"制等不同的学制，但编写出符合并促进学生的发展、适切教学实际的教科书始终是每个时代、每个学科的教材编者不变的初心与不懈的追求。正是由于教科书科学合理的设计，百年来各个时代师生始终以它作为核心的教育教学资源，在规定的教育时限内实现人才培养的目的。作为国民教育的重要载体，不同历史阶段的教科书所构建的国民品格应具备的价值体系和各学科基本知识体系的不断变迁，体现了百年来不同历史阶段的国家意志，以及社会文明和科学知识的发展脉络。然而，教科书对全面育人目标的追求，教科书作为核心教学资源的地位，教科书在促进教学质量提高和效益提升方面的努力，百余年来不曾动摇。

（四）经过百年的实践探索，我们已经走出一条富有中国特色的教材建设之路，需要在守正的基础上进行创新。

我国的近代教科书源于西方。审视我国百年教科书发展史，在借鉴国际经验、关照本土国情的基础上，我们已经走出一条富有中国特色的教材建设之路，构建了独具中国特色的教材编写体系。我国语文、数学等学科教材的发展充分说明了这一点。

百年来，社会变革风云变幻，中小学语文教科书也随之而演变。虽然它经历了从封建社会、半殖民地半封建社会到社会主义社会，白话取代文言，不断创新编制，但是各时期的教科书仍然可以从演变过程中找出一脉相承的痕迹。其中有继承，也有创新；不断演变，也不断完善。这充分说明了中小学语文教材的历史继承性和承载中华文化的独特性。纵观百余年来中小学语文教科书的发展历程，波澜起伏中显现出清晰的流向。我们把视点聚焦于此，透过其更新迭变的繁复史料，可以发现中小学语文教科书发展变化的规律。应该说，经过百年的探索，我们已经走出了一条有中国特色的语文教材建设之路。

我国数学教材经过了百年发展，借鉴过西方，学习过苏联，经过自主创新，最终在教科书的内容、结构体系、练习系统、配套资源等方面都已形成鲜明的中国特色。注重教材的严谨性、系统性和思想性；注重构建旨在夯实学生数学基础的训练系统；注重培养学生的思维能力、运算能力和空间想象力；注重通过数学思维方式的训练来提高学生的基本素质、养成学生的理性精神；在教材体系的构建上注重学科逻辑与心理逻辑的有机融合，即教材的体系不仅要符合数学学科本身知识发展的逻辑，也要与学生思维发展等心理逻辑和数学认知规律相适应。

当然，中国教科书百年变迁的道路并非一帆风顺，从其辉煌与成功中、坎坷与失误中，我们总结出一些教科书的编写经验。包括以下五点。（1）教科书编写的指导思想必须体现国家意志，强调国际视野的同时，坚持从中国的实际出发，走自己的路。（2）对于教科书改革，必须认清教材改革的可行性、长期性和分阶段性，避免大动作、理想化与脱离实际；必须科学对待中小学教材不断改革与相对稳定的关系，避免过于频繁的变动；教材改革必须处理好继承与创新的辩证关系，避免对过去片面地否定；教材改革必须首先以科学研究为前提和基础，同时必须经过科学实验，并做好教师培训等准备工作，避免急躁盲动。（3）中小学教材的编写要做到面向全体与关照差异的辩证统一，知识的科学性与可接受性的辩证统一，知识与能力、"学"与"用"的辩证统一，内容选取做到广度与深度、经典与现代的辩证统一，教材编排做到适合学生学习和便于教师教学的辩证统一。（4）教材编写人员与队伍必须是专业的，提倡三结合，即学科专家和学科教育专家、一线优秀教师和一线教研员、专职教材研究者和编写人员相结合。（5）打造一套好的教材需要经过研究—编写—试验—完善—推广的路径，在学生使用这一代教科书的同时，就要开始着手研发编写下一代的教科书，同时研究再下一代的教科书。

三

项目研究试图在方法上有所创新,在数据资料方面能有独特贡献。

(一)研究方法的创新

项目立足于教科书本体研究的文献分析法,保证了研究结论的科学性、严谨性。研究方法上注重文献挖掘、内容分析、理论阐释的定性研究,在研究和分析视角上具有独特性。同时,也注重利用图表等形式,对教科书相关内容进行量化统计,从而较为直观地呈现教科书阶段性发展变化的规律。

项目选取的文献横跨百年教科书文本,在资料占有的全面性上前所未有。在此基础之上,研究将各个发展时期的代表性教科书作为典型案例深入分析,其结论建立在总体把握百年教科书发展变迁规律和对各时期典型教科书的深度分析之上。

研究视角聚焦于教科书的本体研究,即教科书内容、结构及学科核心要素的分析与把握,挖掘了教科书对教育教学的核心价值,这是研究的重要贡献之一。毋庸置疑,分科是教科书的基本特性。教科书史研究厘清了与本学科教科书发展关系最为密切的教育政策、课程标准、学科发展、教育思想等因素与教科书的动态关系,整体呈现教科书作为核心教学资源的本体特征——内容、结构、呈现方式的变化、发展过程。研究完整描述教科书的体系安排、学科结构特征,全面分析教科书所体现的课程观、知识观、学生观及负载的情感态度价值观等隐性教育目标,客观评价教科书的教育学价值,较之以往有关教科书的研究更加深刻、全面。专题研究则基于学科特性展开,选择学科教科书编制中最基本、最重要、最需要把握的问题作百年的历史回顾和总结(例如语言类学科的选文问题),归纳出基本规律。

(二)数据资料的贡献

1. 首次呈现教科书全学科百年发展的立体全景,对百年教科书数据资料整理的完整性和系统性达到前所未有的高度。

研究所考察的教科书,在时间上跨越百年,且正好是我国现代学制建立和教科书走向现代化的百年,因而,研究具有起始性的特征;在空间上涉及我国大陆各个地区;在学段、学科上涵盖中小学全学段、全学科。本研究展现我国教科书发展的全貌,是我国教科书整理和研究方面最具全面性、系统性、整体性的研究。

在成果形式上,本研究以文字、图片、数字化等多种形态,立体化、多样化地全面呈现百年中小学教科书发展历程。《综录》从文献学角度,全面、系统地提供百年中小学教科书的书目和精要信息。《珍本图鉴》图文并茂地展现最具价值的教科书,以图鉴的形式展示我国百年来不同时期中小学教科书堪称经典的封面、插图、版式设计等,反映我国百年来教科书印刷技术、设计水平的进步。《中国百年教科书史》,呈现不同学科教科书的变迁历程,包括各个历史阶段教科书发展总体情况与该阶段代表性教科书基本信息。首先,客观描述各时期教科书的基本面貌,陈述历史事实,做到史料真实、可靠。其次,从社会、学科、学生等不同视角进行深入剖析,如教科书所处的社会背景(政治、经济、文化等)、教育思潮或理念对教科书编制有什么影响;各时期教科书是如何回应社会需求、反映学科发展、关照学生心理的;为什么这样编写教科书;当时促成教科书改革和变化的原因是什么;等等。最后,对各时期的教科书作出历史的、辩证的客观评价,指出其特点或优点、进步或发展,同时指出其历史局限性。《中国百年教科书专题研究》对各学科百年变迁中最重要的、争论最多的问题开展深入探讨,通过对各时期的主流教科书的结构体系、内容、素材选择和呈现方式等的纵向分析,从中概括出教科书的发展脉络,归纳教科书编写规律。另外,项目还发表了论文、学术随笔、图说等多种形式的作品,积累和传播研究成果。大到对每个阶段教科书发展的宏观背景,小到对每一本教科书的内在体系结构,甚至一道练习或习题的设计,研究人员都努力开展全面、细致、深入的整理和分析。工作量之大,阅读面之广,工作之繁重,是以往相关研究无法相比的。

2. 创建百年教科书最全书目,创新教科书编目模式,书目分类、编排更符合教科书体系特性,为教科书研究提供更科学的线索和更便捷的信息获取路径。

(1)最完整。我国中小学教科书产生已有百余年历史,至今未有完整的书目记录,尤其是中华人民共和国成立后的教科书,除统编教材被收入《人民教育出版社书目（1950—1999）》外，其他皆未进行过书目控制，本研究填补了这项空白。《综录》收录的书目纵贯百年中小学全科教科书，其中"大跃进"和"文化大革命"时期的地方教材及2000年新课标教材均为国内首次收录，该书目是迄今为止最全的教科书书目。

（2）全新编排方式。《综录》按照"学段—学科—出版者版本—出版时间"的顺序排列。这是目前教科书书目中从未采取过的编排方式。

中小学教材因其鲜明的特点不能照搬已有图书书目的编写方式。一般图书以作者、书名、出版社、出版年份为主要标识信息。而教材的识别，要基于它的教育学特征，包括学段、年级、科目，并且鉴于教材一般是成套系的，年段之间有衔接问题，版次之间的修订变化版本信息也尤为重要。《综录》以"学段—学科—出版者版本—出版时间"为排序线索，分类更清晰、合理，满足图书馆学和教科书研究者的检索需求，更易把握百年教材发展线索和某套教材的整体信息。

学段：分为小学、中学两部分，但不再细分初小、高小、初中、高中，以便尽可能完整地呈现教科书的套系状态。

学科：基本按照《中国图书馆分类法》的类目内涵和顺序排列。例如，德育学科包括修身、公民、品德、政治、经济等，生物学科包括植物、动物、博物、生理卫生等。这种学科名称的变化一般是相同内容在不同历史阶段的不同称谓，统编在一起能较连贯、贴切地反映各时期教科书发展的进程。

出版者版本：如"商务印书馆版""中华书局版""人民教育出版社版""北京师范大学出版社版"等，采取这种排列方式可以在一个出版者下较集中地体现各时期教科书的套系状况、系列名称变化、科目名称变化。例如，在"自然"学科的"商务印书馆版"下，可以按时序的排列看到此学科名称由格致到自然、常识、理科的变化，有时并行存在，有时交替出现；还可以呈现"最新教科书""共和国教科书""新学制教科书""复兴教科书"等套系的变化。如此，也更贴近教材研究者关注的角度。

出版时间：出版者的排列顺序按其现存版本中最早的出版时间先后排列，同一出版者的出版物按其初版时间先后排列。

（3）全新撰写内容提要。《综录》条目除了参照《中国文献编目规则》规定的标准化著录格式所作的载体描述，揭示每套教材的书名、编著者、出版年、版次、册数、页码、开本尺寸等，还为每册教科书撰写了内容提要。内容提要旨在更加直观、明确地为研究者提供教材的主要内容、特点，也使检索更加准确、便捷。例如，现有的清朝末年、民国时期的教材书目仅揭示教材的版本状况，本书目增加了内容提要，揭示教科书文献的来源依据、审定情况、内容体例、语言呈现形式等。撰写内容提要是本项研究最具特色的创新之处，不仅开创了教科书编目工作的新模式，还为后续教科书研究打下了更扎实的研究基础。

3. 修订完善我国第一个"中国百年中小学教科书全文图像库"，便于快捷、有效地检索教科书相关内容；部分研究填补相关领域研究的空白。

研究工作的开展主要基于文献法，而部分教科书已成为"文物"级别的出版物，借阅、浏览几乎不可能，因此，要保证众多研究人员在同一时间都可以便捷地阅览一手文献需要创新的方法。借助信息化手段，人民教育出版社此前已经花费大量人力物力，将百年教科书文献资料在系统分类编目的基础上进行了电子化处理，建立了"中国百年中小学教科书全文图像库"，在研究群体内实现了资源共享，这也是本研究得以完成的重要基础。该图像库是目前全球最大、最全的中国百年中小学教科书全文图像库，且仍在进一步的完善过程中。

《珍本图鉴》子课题研究中的不少研究填补了相关领域研究的空白。例如，上编确定的三个专题"中小学教科书出版业发展状况""中小学教科书管理制度""中小学教科书装帧设计"，虽已有少量研究资料，但欠缺集中、深入的探讨、研究，跨越百年时间的纵向研究更是未见。尤其是清朝末年、民国时期中小学教科书出版业发展状况和中小学教科书装帧设计研究填补了该领域研究的空白。

中国百年教科书的整理与研究，工作浩繁庞杂，项目全体人员付出了艰辛的努力。尽管我们在项目研究成果的基础上进一步开展了修订工作，但其中错漏之处一定仍有不少，敬请读者批评指正！

目录

第一编　概述　　1

第一章　百年中小学体育教科书的变迁　　3

一、体育教科书溯源（1902年前）　　3

二、近代体育教科书初创时期（1902—1911）　　6

（一）社会背景　　6

（二）课程概要　　6

（三）教科书概貌　　8

三、民国初期的体育教科书（1912—1922）　　10

（一）社会背景　　10

（二）课程概要　　10

（三）教科书概貌　　12

四、二十世纪二三十年代的体育教科书（1923—1937）　　13

（一）社会背景　　13

（二）课程概要　　13

（三）教科书概貌　　15

五、抗日战争全面爆发至新中国成立前的体育教科书（1937—1949）　　16

（一）社会背景　　16

（二）课程概要　　17

（三）教科书概貌　　17

六、新中国成立初期的体育教科书（1949—1953）　　18

（一）社会背景　　18

（二）课程概要　　18

（三）教科书概貌　19

七、学习苏联经验，编写新中国的体育教科书（1954—1957）　20
　　（一）社会背景　20
　　（二）课程概要　21
　　（三）教科书概貌　21

八、"大跃进"时期，编写缩短学制的体育教科书（1958—1960）　22
　　（一）社会背景　22
　　（二）课程概要　22
　　（三）教科书概貌　23

九、建立正常教学秩序，编写十二年制体育教科书（1961—1965）　23
　　（一）社会背景　23
　　（二）课程概要　24
　　（三）教科书概貌　24

十、"文化大革命"时期的体育教科书（1966—1976）　25
　　（一）社会背景　25
　　（二）课程概要　25
　　（三）教科书概貌　26

十一、改革开放初期的体育教科书（1977—1985）　26
　　（一）社会背景　26
　　（二）课程概要　27
　　（三）教科书概貌　28

十二、调整学制时期的体育教科书（1986—1990）　29
　　（一）社会背景　29
　　（二）课程概要　30
　　（三）教科书概貌　31

十三、实施义务教育，编写义务教育和普通高中体育教科书（1991—1999）　32
　　（一）社会背景　32

（二）课程概要　　33
　　（三）教科书概貌　　34
十四、新课程改革后体育教科书发展趋向（2000—2012）　　35
　　（一）社会背景　　35
　　（二）课程概要　　36
　　（三）教科书概貌　　38

第二编　清朝末年的教科书　　39

第二章　近代体育教科书初创时期（1902—1911）　　41

一、社会背景　　41
　　（一）政治经济背景　　41
　　（二）教育发展与改革背景及重要事件　　44
　　（三）清末体育教科书发展的背景　　45

二、课程概要　　47
　　（一）学制、课程设置与课程标准　　47
　　（二）教科书制度　　48

三、教科书概貌　　50
　　（一）教科书出版总体情况　　50
　　（二）教科书总体特点　　51

四、代表性教科书　　53
　　（一）《幼学操身》　　53
　　（二）《国民体育学》　　54
　　（三）《蒙学体操教科书》　　55
　　（四）《高等小学游戏法教科书》　　56
　　（五）《绘图蒙学体操实在易》　　57
　　（六）《瑞典式体操教科书》　　58

（七）《新撰高等小学体操教科书》 59
（八）《初等小学体操教科书》 60
（九）《初等小学体操教授书》 61

第三编　民国时期的教科书 63

第三章　民国初期的体育教科书（1912—1922） 65

一、社会背景 65
（一）政治经济背景 65
（二）社会文化背景 65
（三）教育发展与改革背景 67

二、课程概要 71
（一）学制、课程设置与课程标准 71
（二）教科书制度 72

三、教科书概貌 74
（一）教科书出版总体情况 74
（二）教科书总体特点 76

四、代表性教科书 79
（一）《新制中华体操教授书》（初等小学校用） 79
（二）《中华高等小学体操教授书》 79
（三）《新制体操教本》（中学校适用） 80
（四）《共和国教科书新体操》（初等小学校使用） 80
（五）《共和国教科书新体操》（高等小学教员用） 80
（六）《共和国教科书普通体操》（中学校用） 81
（七）《高等小学新体操教授书》（秋季始业教师用书） 81
（八）《体操教授细目》 82

第四章 二十世纪二三十年代的体育教科书（1923—1937） 83

一、社会背景 83
（一）政治经济背景 83
（二）社会文化背景 83
（三）教育发展与改革背景 84

二、课程概要 85
（一）学制、课程设置与课程标准 85
（二）教科书制度 87

三、教科书概貌 87
（一）教科书出版总体情况 87
（二）教科书总体特点 92

四、代表性教科书 96
（一）《复兴体育教本》 96
（二）《复兴初级中学体育教本》 97
（三）《复兴高级中学体育教本》 98
（四）《小学体育教授细目》 99
（五）《初中男生体育教授细目》《初中女生体育教授细目》 100
（六）《高中男生体育教授细目》 100
（七）《新学制体育教材》 101

第五章 抗日战争全面爆发至新中国成立前的体育教科书（1937—1949） 102

一、社会背景 102
（一）政治经济背景 102
（二）教育发展与改革背景 102

二、课程概要 103
（一）学制、课程设置与课程标准 103

  （二）教科书制度　　106

 三、教科书概貌　　106

  （一）教科书出版总体情况　　106

  （二）教科书总体特点　　112

  （三）教科书实施状况　　114

 四、代表性教科书　　115

  （一）《小学体育教本》　　115

  （二）《小学韵律活动补充教材》　　116

  （三）《初中器械运动》　　116

  （四）《中级童子军》　　117

第四编　新中国成立后的教科书　　119

第六章　新中国成立初期的体育教科书（1949—1953）　　121

 一、社会背景　　121

  （一）政治经济背景　　121

  （二）教育发展与改革背景　　121

 二、课程概要　　123

  （一）学制、课程设置与课程标准　　123

  （二）教科书制度　　126

 三、教科书概貌　　126

  （一）教科书出版总体情况　　126

  （二）教科书总体特点　　129

  （三）教科书实施状况　　130

 四、代表性教科书　　130

  （一）《实用体操教材》　　130

  （二）《北京市小学体育教材参考资料》　　131

（三）《小学体育临时教材》 133

　　（四）《集体运动竞争游戏教材》《集体运动追逃游戏教材》
　　　　《集体运动竞赛方法与教材》 134

第七章 学习苏联经验，编写新中国的体育教科书
（1954—1957） 136

一、社会背景 136

　　（一）政治经济背景 136

　　（二）教育发展与改革背景 136

二、课程概要 137

　　（一）课程设置与学科比重 137

　　（二）教学大纲 140

三、教科书概貌 141

　　（一）教科书出版总体情况 141

　　（二）教科书总体特点 143

　　（三）教科书实施状况 145

四、代表性教科书 145

　　（一）《小学体育教学参考书》 145

　　（二）《中学体育教学参考书》 148

　　（三）《体育试用教材》 149

　　（四）《北京市小学体育试用教材》 150

　　（五）《北京市中学体育教学参考资料》 151

第八章 "大跃进"时期，编写缩短学制的体育教科书
（1958—1960） 153

一、社会背景 153

　　（一）政治经济背景 153

| （二）教育发展与改革背景 | 153 |

二、课程概要 154
  （一）学制、课程设置与教学大纲 154
  （二）教科书制度 156

三、教科书概貌 156
  （一）教科书出版总体情况 156
  （二）教科书总体特点 159

四、代表性教科书 160
  （一）《小学体育教学参考资料》 160
  （二）《陕西省小学体育教学参考资料》 161
  （三）《小学复式班体育教学大纲（草案）及参考书》 161
  （四）《中学体育常识教学参考书》 162
  （五）《小学体育教学参考资料》《初中体育教学参考资料》
    《高中体育教学参考资料》 163

第九章　建立正常教学秩序，编写十二年制体育教科书（1961—1965） 165

一、社会背景 165
  （一）政治经济背景 165
  （二）社会文化背景 165
  （三）教育发展与改革背景 166

二、课程概要 167
  （一）学制、课程设置与教学大纲 167
  （二）教科书制度 168

三、教科书概貌 169
  （一）教科书出版总体情况 169
  （二）教科书总体特点 170

四、代表性教科书 172
 （一）《小学体育教材（教师用书）》《中学体育教材（教师用书）》 172
 （二）《江苏省五年制小学体育教学参考资料》
  《江苏省五年制中学体育教学参考资料》 174

第十章 "文化大革命"时期的体育教科书（1966—1976） 177

一、社会背景 177
 （一）政治经济背景 177
 （二）社会文化背景 177
 （三）教育发展与改革背景 178

二、课程概要 180
 （一）学制、课程设置与教学大纲 180
 （二）教科书制度 181

三、教科书概貌 181
 （一）教科书出版总体情况 181
 （二）教科书总体特点 186
 （三）有影响的教科书总体介绍 187

四、代表性教科书 189
 （一）佛山专区中学暂用课本《学军课本》 189
 （二）《北京市小学试用教材体育（供教师用）》
  《北京市中学试用教材体育（供教师用）》 189

第十一章 改革开放初期的体育教科书（1977—1985） 192

一、社会背景 192
 （一）政治经济背景 192
 （二）教育发展与改革背景 192

二、课程概要 194

（一）学制、课程设置与教学大纲　　194

（二）教科书制度　　196

三、教科书概貌　　197

（一）教科书出版总体情况　　197

（二）教科书总体特点　　202

四、代表性教科书　　204

（一）《江西省中小学体育教学参考书》　　204

（二）《全日制十年制学校小学体育教材（教师用书·试用本）》
《全日制十年制学校中学体育教材（教师用书·试用本）》　　205

（三）《北京市全日制六年制小学体育游戏教学参考资料》　　207

（四）《小学舞蹈教学参考书》　　208

（五）《小学体育教材（教师用书）》《中学体育教材（教师用书）》　　209

（六）《上海市初中课本体育》　　211

第十二章　调整学制时期的体育教科书（1986—1990）　　212

一、社会背景　　212

（一）政治经济背景　　212

（二）教育发展与改革背景　　212

二、课程概要　　213

（一）学制、课程设置与教学大纲　　213

（二）教科书制度　　216

三、教科书概貌　　217

（一）教科书出版总体情况　　217

（二）教科书总体特点　　223

四、代表性教科书　　224

（一）《小学体育教材（教师用书）》《中学体育教材（教师用书）》　　224

（二）《义务教育五年制六年制小学实验教材体育（教师用书·部分

初稿)》《义务教育三年制四年制初级中学实验教材体育
　　　(教师用书・部分初稿)》 226
　　(三)《九年制义务教育三年制初中试验教材(内地版)体育》 228
　　(四)《九年制义务教育四年制初级中学实验课本体育》 229
　　(五)《天津市小学试用课本体育》 230

第十三章　实施义务教育，编写义务教育和普通高中体育教科书时期(1991—1999) 231

一、社会背景 231
　　(一)政治经济背景 231
　　(二)教育发展与改革背景 231
二、课程概要 232
　　(一)学制、课程设置与教学大纲 232
　　(二)教科书制度 233
三、教科书概貌 234
　　(一)教科书出版总体情况 234
　　(二)教科书总体特点 238
四、代表性教科书 239
　　(一)九年义务教育体育教科书 239
　　(二)高中体育教科书 243

第十四章　新课程改革后体育教科书发展趋向(2000—2012) 247

一、社会背景 247
　　(一)政治经济背景 247
　　(二)教育发展与改革背景 247
二、课程概要 248

（一）学制、学科设置与课程标准　　248

　　（二）教科书制度　　250

三、教科书概貌　　251

　　（一）教科书出版总体情况　　251

　　（二）教科书总体特点　　258

四、代表性教科书（一）：人民教育出版社版　　260

　　（一）小学教科书　　260

　　（二）初中教科书　　263

　　（三）高中教科书　　265

五、代表性教科书（二）：华东师范大学出版社版　　266

　　（一）小学教科书　　266

　　（二）初中教科书　　267

　　（三）高中教科书　　269

六、代表性教科书（三）：教育科学出版社版　　271

　　（一）初中教科书　　271

　　（二）高中教科书　　272

第五编　结论　　275

第十五章　百年中小学体育教科书的特点与评价　　277

一、近代体育教科书初创时期的体育教科书的特点与评价（1902—1911）　　277

　　（一）教科书总体特点与分析　　277

　　（二）教科书总体评价　　280

二、民国初期体育教科书的特点与评价（1912—1922）　　281

　　（一）教科书总体特点与分析　　281

　　（二）教科书总体评价　　284

三、二十世纪二三十年代体育教科书的特点与评价（1923—1937）　　284

（一）教科书总体特点与分析　　284
　　（二）教科书总体评价　　287

四、抗日战争全面爆发至新中国成立前的体育教科书的特点与评价
（1937—1949）　　288
　　（一）教科书总体特点与分析　　288
　　（二）教科书总体评价　　290

五、新中国成立初期体育教科书的特点与评价（1949—1953）　　291
　　（一）教科书总体特点与分析　　291
　　（二）教科书总体评价　　291

六、学习苏联经验，编写新中国的体育教科书的特点与评价（1954—1957）　　292
　　（一）教科书总体特点与分析　　292
　　（二）教科书总体评价　　293

七、"大跃进"时期，编写缩短学制的体育教科书的特点与评价
（1958—1960）　　293
　　（一）教科书总体特点与分析　　293
　　（二）教科书总体评价　　294

八、建立正常教学秩序，编写十二年制体育教科书的总体特点与分析
（1961—1965）　　294
　　（一）教科书总体特点与分析　　294
　　（二）教科书总体评价　　295

九、"文化大革命"时期的体育教科书的特点与评价（1966—1976）　　295
　　（一）教科书总体特点与分析　　295
　　（二）教科书总体评价　　296

十、改革开放初期的体育教科书的特点与评价（1977—1985）　　297
　　（一）教科书总体特点与分析　　297
　　（二）教科书总体评价　　297

十一、调整学制时期的体育教科书的特点与评价（1986—1990）　　298

（一）教科书总体特点与分析　　298
　　（二）教科书总体评价　　299

十二、实施义务教育，编写义务教育和普通高中体育教科书的特点与评价
　　（1991—1999）　　299
　　（一）教科书总体特点与分析　　300
　　（二）教科书总体评价　　302

十三、新课程改革后体育教科书的特点与评价（2000—2012）　　303
　　（一）教科书总体特点与分析　　303
　　（二）教科书总体评价　　305

第十六章　百年体育教科书发展的结论与展望　　307

一、结论　　307
　　（一）体育教科书发展开端的差异性与非同步性　　307
　　（二）体育教科书编写出版的统一性与不平衡性　　307
　　（三）体育教科书发展的社会制约性与时代性　　308
　　（四）体育教科书发展的体育关联性与限制性　　308
　　（五）体育教科书发展的课程影响性与制约性　　308
　　（六）体育教科书具体内容的多样性与动态性　　309
　　（七）体育教科书编写管理的借鉴性与比照性　　309

二、展望　　310

参考文献　　311

后记　　318

第一编　概述

第一章　百年中小学体育教科书的变迁

从 1902 年清政府颁布《钦定学堂章程》开始，对学生进行身体教育一直是各个历史时期教育的宗旨之一。在百年中小学体育教科书建设中，体育教科书作为最重要的课程资源和教育载体，一直是体育课程和教学研究的焦点之一。

以史为鉴，可以知兴替。只有客观地、扎实地梳理百年来中小学体育教科书建设的历程，才能知道我们是如何从过去走到今日，如今站在什么地方，才好知道今后路在何方。正如著名体育家程登科所言："我们应该知道，现在的体育，都是过去体育的一切结果，所以倘若能够明了体育的来源及其演进，就可以知道将来的趋势，因为现在的体育，都是从过去体育展转变化流传而来的，倘若不知道过去的体育，就不能把握着现在的体育，现在的体育不明了，哪里还能知道将来的体育呢？研究体育史的最大责任，就是把以往的体育来定出将来的方针，好的留着，坏的去掉，使我们不致于依样葫芦，盲无目的，劳而无功。"[①]

一、体育教科书溯源（1902 年前）

1840 年爆发的鸦片战争，促使中国的一些爱国知识分子从天朝上国的梦幻中惊醒。他们开始抛弃虚骄自大的陈腐观念，注目世界，探求新知，寻找强国御侮之道，萌发向西方学习的新思想，出现以中西文化交融为本质的西学东渐热潮，带来了一系列革命浪潮。

随着洋务运动的兴起，对日派留学生和来华任教的日籍军事、体操教官增

---

① 程登科. 世界体育史纲要 [M]. 上海：商务印书馆，1945：导言.

多，他们将日本译成的"体操"①一词带到中国。鉴于体操是"为达到健身目的而进行的人体有规律的操练"②解释，遂被我国军事、教育、体育界所接受而推行。鸦片战争后，教会学校猛增，随着教会学校由初等向中等、高等教育的发展，教科书成为急需解决的问题。"教科书"一词在我国开始出现是在1877年，外国传教士在上海成立"学校和教科书委员会"（School and Textbook Series Committee），中文名称为"益智书会"，由英国传教士傅兰雅任总编辑，着手编写教科书，"教科书"之名由此而来。③

据现有资料显示，益智书会最早出版的适用于普通学校的体育教科书，应推1890年庆丕辑、翟汝舟述的《幼学操身》一书。梁启超曾把这本书列入其编纂的《西学书目表》（1896年）中，并在《读西学书法》中对该书做出评价："《幼学操身》，述体操之法。与中国《易筋经》相仿佛，而其法较善。有志缮生之学者，不可不留意。西人学堂，皆立体操，定课每日以一二小时为之，此西人所以多强壮，而举国皆可为兵也。中国读书种子，率文弱柔脆，皆不讲体操所致也。"④清末教会学校一般无正规的体育课，体育多以课外游戏活动的形式出现，例如，1884年基督教会在江苏镇江设立的女校，教学科目虽列体操，但无学时安排。⑤当时兴办的一些新式学堂，基于对西学中体操的粗浅认识，也是各行其是，甚至以为体操只不过是学习后的随意活动，例如，1896年3月钟天纬创办的上海三等公学，其小学堂功课章程规定："每晚放学，应令诸生体操，在园中或散步数百，或拍球等戏。"⑥

但在少数教会学校和洋务派创办的军事学堂中已经存在不同于中国传统体育的内容。上海圣约翰书院创立之初，学生只有踢毽、跳绳、放风筝等简单游

---

① "体操"一词出自希腊Gymna's。1873年后，日本政府规定统一使用"体操"这一名词，"学校体操"一直沿用下来。近代"体操"一词，有广义和狭义之分。广义的"体操"泛指一切体育活动；狭义的"体操"则指柔软（徒手）体操、器械体操、兵式体操等，有时还专指柔软体操。19世纪末叶，"体操"一词在我国是广义的，包括了一切"身体教育"的内容。由于当时田径、球类活动尚未传入，所以"体操科"中，除少数游戏性竞走（赛跑）外，主要还是柔软体操、器械体操、兵式体操、应用体操等内容。

② 陈镇华，陆恩淳，李世铭. 中国体操运动史 [M]. 武汉：武汉出版社，1990：74.
③ 王荣华. 上海大辞典（中）[M]. 上海：上海辞书出版社，2007：1252.
④ 黎难秋. 中国科学翻译史料 [M]. 合肥：中国科学技术大学出版社，1996：642.
⑤ 国家体委体育文史工作委员会，中国体育史学会. 中国近代体育史 [M]. 北京：北京体育学院出版社，1989：63.
⑥ 张天白. 我国近代出版体育教科书的早期概况 [J]. 体育文史，1990（1）：51-52.

戏，学校无体育设备。1894年，随着国内反对日军侵华，掀起尚武习兵的热潮，该校也开设兵操课，每周2次，但教会学校的体育仍是以田径、球类等竞赛项目为主体。①

洋务运动时期建立的新式学堂，初期多仿照外国同类学校设置课程，一般都设有体操课，军事学堂中体操课程更多，同时聘请外籍教员任教。例如，天津武备学堂设有体操科，聘请德国军官李宝教习德国兵操；福建船政学堂聘请法国人意格、德克贝等主办，其他各地的武备学堂、军事学校也先后聘有德国或日本教习教授体操。

这些新式学堂采用的多是军事兵操的教科书。只不过这些教科书还不规范、不普遍、不流行。例如，1900年湖北武备学堂编辑，湖北官书处出版的《湖北武学》，是张之洞创办的湖北武备学堂教科书之一。本书为6卷装帧两册的合订本，一为德国兵式体操，分空手体操、运枪体操、用架体操、越险阻体操和体操要需（即体操设备与建筑）5卷；二为日本中学与师范学校教学的普通体操，内有哑铃体操、球杆体操、棍棒体操、木环体操，共4项201节。②《湖北武学》一书揭示了当时的德国兵式体操包含田径的走、跑、跳跃，体操的单杠、徒手操、独木桥、攀登，军事训练的枪操、武装超越障碍等，这些课程内容在《奏定学堂章程》中有明确的规定。

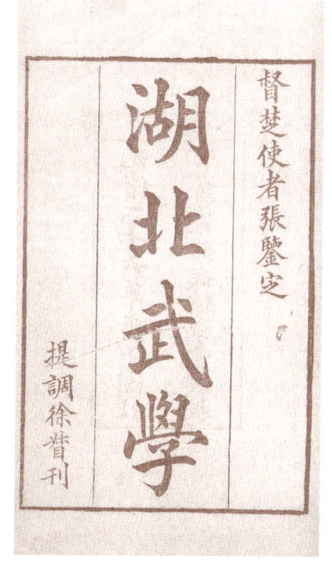

图1-1 《湖北武学》

从洋务运动到维新运动，随着西方教育及其思想的引进，体操运动在新式学堂的教育中得到初步发展，教材内容主要来自德国、日本、瑞典。其中，普通体操分徒手、器械两种，轻器械操有豆囊、球竿、哑铃、棍棒等，器械体操有单杠、双杠、木马、斜梯、平梯、平台、跳台等，徒手体操实际上是后来的德国体操，又称连续操。日籍教员多教授瑞典式体操。至于中国传统的武术等

---

① 国家体委体育文史工作委员会, 中国体育史学会. 中国近代体育史[M]. 北京: 北京体育学院出版社, 1989: 64.
② 姚廷华. 一部使空白属于过去的教科书——清末《湖北武学》评介[J]. 浙江体育科学, 1989（S1）: 14-24.

活动，当时却遭到歧视和排斥，仅有少数学校学习。例如，山西武备学堂、直隶陆军速成学堂由擅长武术的军人马良于1901年前后担任武术教习，武术才得以开展，而教会学校和新式学堂中很少见到武术的身影。尽管此时的教科书多属引进，且不规范，也不普遍，但毕竟已开始出现，为近代学制建立后体育教科书的形成奠定了基础。

二、近代体育教科书初创时期（1902—1911）

近代体育教科书是在19世纪末20世纪初废科举、办学堂、开民智的热潮中问世的，经历了从直接翻译到改编外国体育教科书的过程。洋务运动的兴起、教会学校的传播、近代学制的确立对这一过程的转变与顺利实现起着重要的作用。

（一）社会背景

经过两次鸦片战争和太平天国运动，清王朝的统治力量已大为削弱，中国封建社会的板块开始缓慢的松动和变化，中国逐步沦为半殖民地半封建社会。新的经济和政治因素也开始萌芽，开始了中国资本主义发展的历史进程。在内忧外患的双重威胁下，一些进步人士纷纷提出改革政治的良策，由御侮而求自强，向西方学习。随着洋务派编练新军、派遣留学生出国、创办军事学堂以及教会学堂的兴办和基督教青年会活动的开展，近代体育逐步传入中国，率先进入的是以兵操为主要内容的近代体操活动，而近代体育教科书则是这一历史进程的产物。

（二）课程概要

1. 学制、学科课程设置与课程标准

1902年，清政府拟订第一部近代学制《钦定学堂章程》（壬寅学制），规定："培养儿童使有浅近之知识，并调护其身体"[①]，蒙学修业4年，高等小学和寻常小学各3年。各设8门课程，体操为其一。

---

① 课程教材研究所. 20世纪中国中小学课程标准·教学大纲汇编：课程（教学）计划卷[G]. 北京：人民教育出版社，2001：1.

1903年，清政府拟订《奏定学堂章程》（癸卯学制），并于1904年颁布施行。《奏定学堂章程》是一套较完整的学校制度系统，将整个教育体系分成初等、中等、高等教育三个阶段，对学制、课程设置、学校设置都有具体的规定。《奏定学堂章程》增设了部分实用课程，将体育正式列为学校课程，并开始实施，时称体操科。

2. 壬寅学制关于体操课程内容的规定

《钦定学堂章程》明确规定体操是各级学堂的一门科目，其中蒙学体操课程为第一、二年每周（12日为一周）12课时，每日1课时，第三、四年每周减去4课时，每周共8课时。内容为第一、二年学习整齐步伐，第三、四年学习演习体势。寻常小学体操课程为每周12课时，每日1课时，内容为柔体操；高等小学体操课程为第一、二年每周6课时，第三年每周4课时，内容为柔体操兼器具操。中学堂修业4年，体操课程每周2课时，内容第一、二年为器具操，第三、四年为器具操兼兵式。①《钦定学堂章程》确定了体操课程的宗旨、内容、时数等，是中国近代史上最早由国家颁布的体育教学大纲（课程标准），它使体操作为学校的一门正式课程，奠定了体育在学校课程中的地位，对长期"重文轻武"的中国传统教育是一个重大突破。正是《钦定学堂章程》的颁布实施，结束了我国两千多年来学校教育独尊儒术、没有体育的历史，同时也开启了体育教科书的编撰之路。

3. 癸卯学制关于体操课程内容的规定

《奏定学堂章程》规定：初等小学共5学年，体操课每周3课时，第一年为有益之运动及游戏，第二至第五年为有益之运动及游戏，兼普通体操；高等小学共4学年，体操课每周3课时，课程内容为普通体操、有益之运动、兵式体操；中学堂共5年，体操课每周2课时，课程内容为普通体操、兵式体操。②《奏定学堂章程》是我国近代教育史上第一个正式颁布实行的全国性法令文献，影响深远：它建立了我国第一个近代新学制，正式将体操纳入各级学校课程，揭开了近代体育课程的序幕，在立法上为体育课程提供了保障。辛亥革命后，民国政府虽于1912年公布一系列教育法令，对教育也做了某些改革，但就整个教

---

①② 课程教材研究所. 20世纪中国中小学课程标准·教学大纲汇编：课程（教学）计划卷[G]. 北京：人民教育出版社，2001: 1-20, 20-48.

育体制而言，仍继承了《奏定学堂章程》的一些规定。

4. 教科书制度

清朝末年教科书编审制度非常严格。不论壬寅学制还是癸卯学制，都对各项课本的编审做出了相关规定。壬寅学制规定小学堂和中学堂各项课本均按照高等学堂章程办理，即"凡各项课本，须遵照京师大学堂编译奏定之本，不得歧异。其有自编课本者，须咨送京师大学堂审定，然后准其通用。京师编译局未经出书之前，准由教习按照此次课程所列门目，择程度相当之书暂时应用，出书之后即行停止"[①]。癸卯学制的初等、高等小学堂课本，要求"当就官设编书局所编纂及学务大臣审定采用，且须按学堂所在之情形选定"[②]；中学堂"凡各科课本，须用官设编译局编纂，经学务大臣奏定之本"[③]。

1905年，清政府学部为加强教科书审定工作，于学部总务司下设立审定科，主管审查教科书，中小学教科书审定制度正式确定。学部于1906年设立图书局，对各学堂、书局所编教科书进行审定。学部图书局仿文明书局和商务印书馆出版的教科书体例，编译出版国定教科书。从此，体育教科书由私家出版进入私家与官编出版并行时代。私家出版也由完全自由出版进入私家出版、学部审定时代。

（三）教科书概貌

1. 教科书出版

自癸卯学制颁布后，体操在新式学堂中广泛开展，同时也编写出版了一批围绕体操教学的专门书籍，其中就包括大量的体操教材。

清朝末年编写出版的体操教科书大部分是从日本体操教科书翻译而来，有一些是留日归来的体育家改编的。19世纪末20世纪初，中国出现留日热潮，许多留日学生成立译书团体，如翻译书编社、教科书译辑社等，翻译介绍了不少日文体育书刊。[④] 中国近代体育的许多新术语，如体操、兵操、体育、运动场等多是这一时期由日语引进的。

现有资料显示，我国最早译著的体操教科书是《蒙学体操教科书》，随后

[①][②][③] 陈元晖，主编；璩鑫圭，唐良炎，编. 中国近代教育史资料汇编·学制演变[G]. 上海：上海教育出版社，2007：265，324，334-335.
[④] 国家体委体育文史工作委员会，中国体育史学会. 中国近代体育史[M]. 北京：北京体育学院出版社，1989：77.

是《高等小学游戏法教科书》《普通体操法》《日本普通体操学》《普通体操教科书》，这些教科书全部是翻译的日本书籍。1904年出版的3本体操教科书和图解，都是从日本同名书籍翻译，包括集合、站队、整齐、报数、各种步伐、转法和简单的体操动作。一些口令和术语采取直译或音译，现在读起来有生硬之感，但在当时却是填补了体操教材内容、术语缺乏的空白。这些早期从日本翻译过来的体操教科书，适应了当时教育变革的需要，引进外来文化为我所用，对中国近代体育教科书的建设具有一定的现实意义。

由清学部编译图书局编撰的《初等小学体操教授书》，是中国第一套统编体育教材。这套教材教学目标明确，教学手段多样，教法不做强制规定，有一定的弹性，注意学科间的衔接，对儿童心理把握较好。

此外，这一阶段的体育教科书还有对我国传统体育内容的改造。如关于八段锦，"光绪初年无名氏对宋元时代的八段锦进行改编，改编后的动作简便易行，语言通俗，流传很广，被纳入学校体育课教科书"①。

2. 教科书总体特点

清朝末年的体育教科书主要呈现以下特点：体育教科书建设受洋务运动兴起、教会学校传播、近代学制确立等影响；体育教科书的体例、内容，多受日本体操教科书的影响，内容以兵式体操为主，千篇一律，缺少中国传统体育内容；编审制度严格，形成了新的编写出版格局；出现第一本小学、中学、女子体育教科书，编写出版主要集中在小学堂；编写形式主要是直接翻译和改编自日本；逐渐出现对教学方法的关注；内容编排已初步具备适应人体生长发育规律的特征；体育教科书呈现形式多种多样，但实施情况大多不尽如人意。

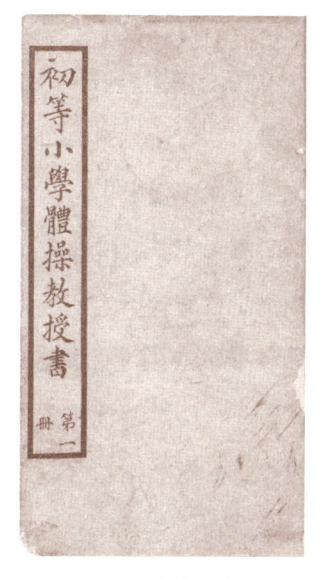

图1-2 《初等小学体操教授书》第一册

清朝末年的体育教科书，是从无到有，从零星出版到品种趋于完备，从体制杂乱到体制趋向有序，不断适应学制需要。教科书质量也从良莠不齐到统一

---

① 国家体委体育文史工作委员会，中国体育史学会. 中国近代体育史［M］. 北京：北京体育学院出版社，1989：30.

审定，趋向提高，为中国近现代体育教科书的编辑出版奠定了基础。

三、民国初期的体育教科书（1912—1922）

（一）社会背景

真正具有近代体育意义的体育教科书，是在20世纪民国初期半殖民地半封建的社会和文化背景中产生的，体育教科书经历了从翻译、改编外国教材到自主编写的过程。

民国初期的10年是中国近代教育史上一段非常重要的历史时期。辛亥革命推翻清朝封建专制王朝的统治，结束了中国两千多年的封建君主专制制度。但不久袁世凯窃任中华民国大总统，第一任教育总长蔡元培不满其专制统治，愤而辞职，教育中一度出现尊孔、读经的复古主义逆流。新文化运动的兴起和发展对当时的学校教育产生了巨大的影响，仿效德日的军国民教育思想逐渐衰落，美国的资产阶级实用主义教育思想开始产生影响。政体的巨大变动、社会制度的根本革新，改变了教育的面貌，也深深地影响了整个学校体育界。这一时期还是学术繁荣的发端时期，西方的各类思潮相继引进，被我国学者借鉴和吸收，学术的自由气息在体育教科书的编写出版上得到充分的体现并取得了丰硕的成果。

（二）课程概要

1. 学制、学科课程设置与课程标准

1912年9月，教育部正式公布了经临时教育会议审查通过的学校系统案，确立了民国学制系统的结构框架。该系统框架遂称壬子学制。壬子学制实施过程中，教育部又陆续颁布了多部学校令，包括《小学校令》《中学校令》《师范教育令》《专门学校令》《大学令》《实业学校令》《小学校教则及课程表》《中学校令施行规则》《师范学校规程》《高等师范学校规程》《公私立专门学校规程》《大学规程》等。这一系列的法令规程的内容互相补充，使壬子学制更加充实和具体，由此形成了一个完备的学制系统。因经历壬子、癸丑两年，故称壬子癸丑学制。[①] 其基本框架一直延续到1922年。

---

① 顾明远，张东娇.中国学制百年[M].北京：教育科学出版社，2016：33.

与壬寅学制和癸卯学制相比，壬子癸丑学制有许多进步之处，特别是取消了封建教育的忠君、尊孔宗旨和"读经讲经"课程，体现了资产阶级的科学与民主教育思想，进一步发扬了军国民教育思想，把体育作为军国民教育的主要载体。实际上，通过武力推翻封建清王朝的辛亥革命党人就是军国民思想的最有力倡导者，在他们的革命热情高涨之时，对军国民思想自然情有独钟。作为这一理念的集中体现，中小学体操沿袭了清末壬寅学制、癸卯学制以兵操为主的特点。

壬子癸丑学制在编写之初试图博采众长，熔各国先进教育理论和制度于一炉，但受到诸多历史和现实因素的制约，仍保留了受日本教育影响的鲜明印记。蔡元培曾指出："至现在我等教育规程，取法日本者甚多。此并非我等苟且，我等知日本学制本取法欧洲各国。惟欧洲各国学制，多从历史上渐演而成，不甚求其整齐划一，而又含有西洋人特别之习惯；日本则变法时所创设，取西洋各国之制而折衷之，取法于彼，尤为相宜。"① 王华倬以民国初期高等小学体操课程、清末高等小学校体操课程，与日本高等小学体操课程进行对比，认为民国初期体操课程与当时日本的体操课程完全一致。②

2. 壬子癸丑学制关于体操课程内容的规定

壬子癸丑学制和癸卯学制是一脉相承的，大体都以日本学制为参照而制定，没有根本性的改革。只是对清朝末年的章程做些调整，仍在大中小学开设体操课，所规定的教学宗旨、课时、内容与要义与清朝末年颁布的章程没有太大的差别，只是女子学校提出"免课兵式体操"。

壬子癸丑学制关于体操教科书的上述规定与癸卯学制差别不大，仅在周学时数安排上略有改动，初等小学校第一学年唱歌和体操不分，每周4学时，女子中学校每周2学时。体操课内容安排的科学性明显提高。例如，随着学级的增高，体操课内容安排为：适宜之游戏—渐加普通体操—时令游戏—加兵式体操（男）—户外运动或游泳课（课内或课外）。对高等小学校已不强调兵式体操，并规定在体操课内或课外，可根据地方情况教授户外运动或游泳。教育部仍然

---

① 蔡元培. 全国临时教育会议开会词 [M] // 陈学恂. 中国近代教育史教学参考资料（中册）. 北京：人民教育出版社，1987：142.
② 王华倬. 论我国近代壬子癸丑学制时期体育课程的特点及其历史价值 [J]. 西安体育学院学报，2005，22（3）：108-110.

重视军国民教育,认为兵式体操是军国民教育的主要体现。但民国初期体育课内容有明显突破,体操课上出现非体操的近代欧美体育性质的内容。

3. 教科书制度

民国初期的教科书制度是以民营出版社编写和出版,由教育部审查为主要特点的审定制,期间也曾经有过国编教科书的尝试,但都没有改变或冲击到编审制。① 国民政府与清政府一样,依然采用审定的方式,只是在《小学校令》(1912年9月)中将审定的权力从学部放到省图书审查会,但在之后颁布的文件中又提出只要有规定的,一律由教育部编行或审定,这表明民国初期对体育教科书的审查依旧非常严格。

1912年,教育部颁布《审定教科用图书规程》,明确规定教科书要"呈请教育部审定"②,审定通过方可使用。编审制度的确立,将教科书的民间编辑力量合法化、规范化,保证了大批高质量教科书的问世,同时引入竞争机制,有积极意义。

(三)教科书概貌

1. 教科书出版

民国初期,清末翻译、改编自日本的体育教科书,在语气、材料等方面均不适合继续使用,体育教科书的编写出版以改编和撰写为主,学习目标由日本逐步转向美国;至20世纪20年代,形成了改编外国体育教科书和自编体育教科书并行的局面。据现有资料显示,这一时期的体育教科书的编写出版主要集中在小学,影响较大的是由商务印书馆、中华书局编写和出版的"体操教授书"和"体操教本"。此外,中学体育教材《中华新武术》也作为全国高等以上各学校的正式体操,在全国通行。

图1-3 《中华高等小学体操教授书》

---

① 杨禾丰. 北京政府时期教科书制度与出版[J]. 兰州学刊, 2006(6): 42-43.
② 吴洪成, 田谧, 李晨, 等. 中国近现代教科书史论[M]. 北京: 知识产权出版社, 2017: 205.

2. 教科书总体特点

体育教科书出版数量趋于稳定，质量逐渐提高。教科书的编写大多以军国民教育思想为导向，强调五育并举的教育宗旨，以普通体操、兵式体操和游戏为主，并注重挖掘体育的多种价值。后期出版的体育教科书，其体例、内容，由学习日本转为仿效美国。中国传统体育项目在这一时期的体育教科书中得到发扬，具有欧美性质的近代体育项目也有新的发展。体育教科书的出版种类丰富，尤其是小学体育教科书又上一个台阶，起到了引领中学体育教科书向前发展的作用，为今后体育教科书的发展提供了前提条件。

民国初期是体育教科书的稳步发展阶段。辛亥革命后建立了新的教育制度，蔡元培的"五育并举"教育思想给学校体育的发展带来了新的元素。体操进入了一个新的发展阶段，兵式体操达到鼎盛，随后慢慢衰退，走向消亡，现代体育在这一过程中悄然兴起。

四、二十世纪二三十年代的体育教科书（1923—1937）

（一）社会背景

这一时期前半段处于北洋军阀统治时期，各地军阀争权夺势，连年征战。其间，新文化运动延续数年，封建思想遭到前所未有的冲击批判，人们的思想得到空前解放，有利于文化的普及和繁荣。五四运动之后，封建残余被新文化运动进一步肃清，追求科学、民主的思潮和运动继续发展。随后，民主思潮发生了分化，分别沿着资产阶级民主和社会主义指导下的新型民主两种追求、两条轨迹发展。北伐战争结束北洋军阀的统治之后，东北易帜，南京国民政府在形式上基本完成了国家统一，至1937年的十余年，社会、经济、文化等领域有了一定程度的发展。

（二）课程概要

1. 学制、学科课程设置与课程标准

1922年，在杜威实用主义教育思想影响下，北洋政府进行学制改革，以"大总统令"的形式颁布学校系统改革令，颁布施行新学制——壬戌学制。1923

年,全国教育会联合会新学制课程标准起草委员会制定公布了《新学制课程标准纲要》。这个以美国学制为蓝本的新学制又叫"六三三学制",即小学修业年限为6年,初中3年,高中3年,中等教育实行分科制和选科制。壬戌学制是学校教育由学习日本转向学习美国的标志。

壬戌学制正式把"体操科"改为"体育科"。规定每学年开设体育课,小学体育占总课时10%;初中体育科为16学分(每学期每周2课时为1学分),包括体育课12学分和生理卫生课4学分;高中体育属于公共必修科目,为10学分,包括健身法、卫生法、其他运动等内容。但体育科课程纲要因身体发育标准尚在测验中,未能同时颁布。

1929年,根据"三民主义"的教育宗旨,南京国民政府教育部组织"中小学课程标准起草委员会"起草并颁布了课程方案和包括体育学科在内的中小学各科暂行标准。1932年,教育部对这一标准进行了修订,颁布了中小学各科正式课程标准。1936年,教育部再次修订课程标准,颁布了各科修正课程标准。

1927—1937年,是自然主义体育思想与民族主义体育思想共存时期。以实用主义教育学说为基础的美国自然主义体育理论,认为体育即生活,而不是为了将来的需要,强调体育要适应儿童的兴趣,培养民主、自由思想和适应个性发展。[①] 这种教育主要培养社会行为、道德标准和民族精神、基本生活技能和善用闲暇与娱乐等。强调体育生活化,提倡"体育必须和生活打成一片,使体育成为生活的实践"[②],主张注重学生的身心发展。这些体育思想都或多或少地体现在这一时期的体育教科书中。

2. 壬戌学制关于体育教材内容的规定

壬戌学制完全废除兵式体操,采用了游戏、球类运动、田径运动、体操、韵律活动、舞蹈、国术、角力、模仿运动、机巧运动、器械运动、垫上运动、游戏、野外活动,并安排体格有缺陷的学生选修改正体操,安排不宜于激烈运动者选修和缓运动。此外,还提出因天气原因不能在室外上课时,可于室内讲授体育常识及运动规则等内容。

壬戌学制废除了旧的教育宗旨,提出了新的课程标准。壬戌学制关于体育

---

① 滕子敬,刘绍曾. 体育学科教育研究[M]. 合肥:安徽教育出版社,2004:143.
② 周登嵩. 学校体育学(简编本)[M]. 北京:人民体育出版社,2005:19.

教材内容的各项规定，与过去以兵式体操为主的教材内容相比，可以更全面地锻炼学生的身体，多样化的内容也比较符合学生的生理和心理特点，有利于提高学生体育学习和锻炼身体的积极性。另外，将体育学习和生理卫生知识学习紧密结合起来，有利于体育走向科学的方向。

可以说，壬戌学制的颁布标志着我国近代体育课程发生重大变革，进入由清朝末年模仿日本转为仿照美国的一个新的历史阶段，近代体育教科书也同样发生方向性的转变，开始吸收美英式的近代体育教材内容。我国学校体育从此在近代化进程中进入了一个新的历史时期。

3. 教科书制度

我国中小学教科书编审制度成型于清朝末年，发展于北洋军阀统治时期。南京国民政府成立后，中央教育行政机构虽历经更替，教科书编审程序也有所变化，但始终以"三民主义教育宗旨"为基准，对教科书编审采取严格的审定制和国定制，强化了教科书管理体制。①

（三）教科书概貌

1. 教科书出版

1923—1937年出版的体育教科书数量较多，和清末民初相比有大幅增加。其中小学教科书最多，占比超过七成。体育教材种类繁多，形式多样。具有代表性的有麦克乐、沈重威编写的《新学制体育教材》、教育部组织编写的小学至高中的《体育教授细目》系列教材等，其中《体育教授细目》是我国第一套全国通用的中小学体育教材，《新学制体育教材》为承上启下的教材。此外这一阶段有特色的体育教材还有曾被广泛使用的中国健学社出版的《走步体操游戏三段教材》系列，综合性教材如商务印书馆出版的《复兴体育教本》系列等，以及各种以

图1-4 《复兴体育教本》高小第一册

---

① 李华兴. 民国教育史[M]. 上海：上海教育出版社，1997：489.

单项运动为主的教材，如勤奋书局1933年出版的小学体育运动项目系列。

壬戌学制颁布后，我国开始吸收英美近代体育教材内容，同时也将武术、踢毽子、八段锦等中国传统体育纳入中小学体育教科书，开始了真正近代意义的体育教科书时期。壬戌学制由于受实用主义教育思想影响，片面贯彻以"儿童为中心"的理念，教科书的体例、内容等仿效美国。从其实施来看，由于单纯从学生兴趣和爱好出发，否定教师作用，出现了"放羊式"教学的现象。

2. 教科书总体特点

民国中期的体育教科书贯彻了以"儿童中心"的理念，由模仿日本转向学习美国；出现了针对残疾学生的教材内容；编排体例丰富多样，自成体系；忠实地反映体育课程标准和体育课程目标；注重教法的提示；课内外教材内容兼顾，课外活动在体育教科书中受到重视；编写中重视体育的教育功能；形成了较为完备的体育教科书审定制度。

五、抗日战争全面爆发至新中国成立前的体育教科书（1937—1949）

（一）社会背景

1937年"七七事变"爆发，日本发动全面侵华战争，中华民族陷入空前的灾难之中，全民族的抗日战争开始。抗战初期，日军侵占我国大量领土，国民党政府被迫迁都重庆。中国共产党领导的红军经过长征转战陕北，在中国共产党的努力下，和平解决"西安事变"，建立起抗日民族统一战线，至1945年，抗日战争取得胜利。经过解放战争，国民党统治被推翻，全国基本解放。

这一时期，中国大地上存在三种不同性质的政权，因而也就有三种不同的体育。即中国共产党领导的革命根据地和解放区体育、国民党统治区体育和日伪统治区体育。

抗战时期，我国教育事业遭受严重损失。教科书出版事业也受到严重影响，出版数量、种类都大为减少。解放战争时期，国民党当局忙于内战，教育发展也乏善可陈。

（二）课程概要

抗日战争时期，为适应战时需要，学校体育实行军事化，强行军事训练。国民政府制定颁布了为数众多的中小学课程计划、中小学体育课程标准等。其中，与中小学体育课程有直接关系的主要文件有：1940年颁布的《初级中学课程标准》《修正初级中学体育课程标准》《初中课程标准变更之概况》《高级中学课程标准》《修正高级中学体育课程标准》《高中课程标准变更之概况》《小学体育实施方案》《中等学校体育实施方案》，1941年颁布的《六年制中学各科课程标准草案》和《六年制中学体育课程标准草案》，1942年颁布的《小学课程标准总纲》和《小学体育科课程标准》。

解放战争时期，国民政府也颁布了一些中小学课程标准，如1948年颁布的《小学课程标准总纲》和《中学课程标准总纲》，但并没有实施。①

此外，国民政府还进行了学校体育的实验研究等工作。对"课程设置与学科比重""体育课程目标""体育教科书"（包括小学中学体育教科书）均有涉及。

（三）教科书概貌

1. 教科书出版

二十世纪三四十年代，国民政府教育部还聘请了国内外一些体育专家，编写了各种体育教科书和教学参考书，培养了大批体育师资。体育教科书的编写出版延续学习美国，其数量不及20世纪20年代末到30年代前期。编写的体育教科书大多遵循课程标准的规定，由教育部编审的教科书居多，教材内容较丰富且基本稳定，其教科书的排列有一定的系统性和科学性。

抗日战争期间，学校体育专家克服重重困难，编写并通过石印等方式出版了一批分专项的体育教科书，既是师资培训用书，也是学校教学的基本材料，抗战胜利后大多得以重新出

图1-5 《短兵术》

---

① 王华倬. 中国近现代体育课程史论[M]. 北京：高等教育出版社，2004：94-95.

版。出现了为战时专门编写的《战时体育补充教材》。另外这一时期还有大量童子军教科书,与学生的身体锻炼、提高适应环境能力、促进健康成长有一定的关系。但童子军在发展过程中,体育部分却逐渐变少。①

2. 教科书总体特点

这一时期,体育教科书中的体育课程与教科书的法规文件颁布与实施之间存在较大差异;国民政府为了战时需要,规定在中学以上增加军事训练内容;体育教材内容表现出了鲜明的时代特征;编审制度中教科书由国家审定的基本宗旨没有改变;编写出版数量依旧是小学多于中学,教材内容丰富且基本稳定。

此外,还出版了一系列战时军事体育教科书,教科书的体例、内容仍旧受到美国、德国体育教科书的影响。"体育军事化"和"军事体育化"成为主流,这些教材在一定程度上满足了战争时期的需要,但是从体育的本质看,与现代体育的目标发生了偏离。

六、新中国成立初期的体育教科书(1949—1953)

(一)社会背景

1949—1953年是新中国成立后由新民主主义向社会主义过渡的历史时期,这一阶段的学校体育正在成长为一门完整的教学科目和系统的学科体系。新中国成立标志着我国学校体育从半殖民地半封建性质向新民主主义性质、社会主义性质的转变,揭开了新中国学校体育的新篇章,体育教科书经历了一个逐步发展的过程。

(二)课程概要

1. 学制

1951年10月1日,政务院颁布了《关于学制改革的决定》。规定小学为五年一贯制,入学年龄以7足岁为标准;初中和高中各为三年制,单独设立。新学制的确立为中小学课程及体育课程的设置奠定了基础。但随着1953年11月

---

① 王晋丽. 童子军在中国——中国近现代童子军兴衰史的初步考察[D]. 武汉:华中师范大学,2006:31-32.

《关于整顿和改进小学教育的决定》的发布，小学学制仍旧沿用"四二制"。①

2. 课程设置与学科比重

1949—1953 年的 4 年间，国家先后颁布了 2 个小学教学计划、3 个中学教学计划和 1 个小学体育教学大纲（课程标准）。其中对中小学课程设置与学科比重进行了详细规定：中小学体育是必修课程之一，每周授课两课时，教学内容既有身体锻炼，又有讲授体育卫生保健知识。另外还出台了有关中小学体育教材内容规定的文件，分别为《小学体育课程暂行标准（草案）》《中学体育课程暂行标准（草案）》。

（三）教科书概貌

1. 教科书出版

专门编辑、出版中小学教科书的人民教育出版社于 1950 年成立，下设中小学各学科编辑室。为了做好制定统一体育教学大纲与教科书的准备工作，教育部于 1951—1953 年组织力量翻译苏联中小学和高等学校体育教学大纲，并于 1952 年底和 1953 年 5 月将苏联中小学体育教学大纲下发给各地，号召各地组织体育教师学习。很多地方如东北、天津等地的体育教学工作者学习了苏联中小学体育教学大纲后，结合具体工作情况，创编系统的教科书，使体育教学有了计划，教学方法也得到改进，体育教学工作提高了一步。②

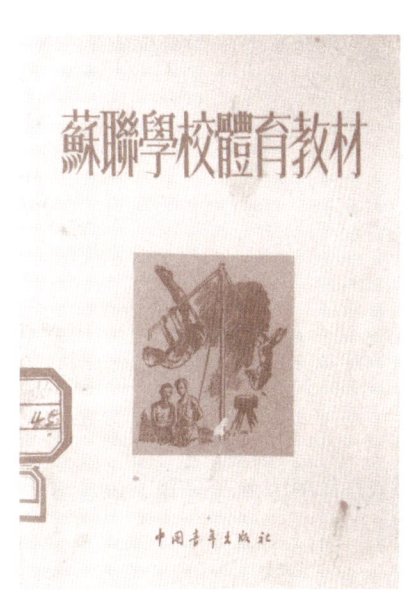

图 1-6 《苏联学校体育教材》

这一时期，东北地区和京津沪等大城市，先后编出中小学体育教学参考资料和临时体育教科书，其中以东北地区的五年一贯制《小学体育教材》和初、高中体育试用教材影响最大，不仅促进了体育教学质量的提高，而且也为研制

---

① 龚乃传. 中国义务教育学制改革大思路［M］. 北京：人民教育出版社，1995：46-47.
②《新体育》社论. 学习苏联中小学体育教学大纲［J］. 新体育，1953（12）：5. 转引自：李晋裕，滕子敬，李永亮. 学校体育史［M］. 海口：海南出版社，2000：21.

全国通用大纲和编写教科书打下了基础。中小学适用《体育教材》《实用体育教材》《苏联体育教材》和初中体育教材《初中新体育教材教法》也有一定的影响力。这一时期编写出版的体育教科书由学习美国转向学习和照搬苏联。中小学教材内容以基本体操和游戏为主，中国传统体育（如武术）再次从体育教科书中消失。

2. 教科书总体特点

新中国成立初期（1949—1953）的体育教科书呈现以下特点：体育教科书的发展受政治影响，学习苏联的积极和消极影响并存；体育教法、教学形式等方面存在三种不同性质体育的历史痕迹；编写出版的体育教科书的数量及其所承载的内容均减少。

教材内容除沿袭旧有的教科书外，开始引进苏联的体操内容。

七、学习苏联经验，编写新中国的体育教科书（1954—1957）

（一）社会背景

1953年是我国发展国民经济的第一个五年计划开始的一年。1956年完成三大改造，社会主义基本制度初步建立，我国从此进入社会主义初级阶段。1956年9月中国共产党第八次全国代表大会指出：社会主义制度在我国已经基本建立，国内主要矛盾已不再是工人阶级和资产阶级的矛盾，而是人民对经济文化迅速发展的需要同当前经济文化不能满足人民需要之间的矛盾，全国人民主要任务是集中力量发展社会生产力，实现国家工业化，逐步满足人民日益增长的物质和文化需要。在"八大"精神指引下，党和国家的工作重点开始转移到发展国民经济和文化教育上来。在教育方面，比较系统地总结了新中国成立以来的教育经验，并伴随着经济的发展，也取得了一定的成绩。

1954年，中央体委、高教部、教育部、共青团中央等六部门发出联合指示，在"锻炼身体、建设祖国、保卫祖国"口号鼓舞下，学校体育教学改革出现蓬勃发展的趋势，广大青少年锻炼身体的热情高涨。

（二）课程概要

1956 年，教育部组建体育教学大纲编写组并制定颁布了《小学体育教学大纲》《中学体育教学大纲》。新中国成立后的第一部中小学体育教学大纲对中小学体育课程和教科书建设起了重大作用，对中小学体育教学提出了明确的目的任务。根据体育教学的目的任务，确定了科学选择中小学体育教材内容的原则，建立了以发展学生人体基本活动能力为中心的教材分类体系。

（三）教科书概貌

1. 教科书出版

1954 年，人民教育出版社成立了体育编辑室，着手进行大规模的调查研究和总结体育教学改革的经验。1956 年，教育部组织人民教育出版社编写出版了《小学体育教学参考书》和《中学体育教学参考书》，对指导全国中小学体育教学起到了重要作用。这一时期，各地编写出版的新中国体育教科书或教学参考书，以苏联模式为主，如《苏联小学体育教学参考书》《苏联七年制学校体操教学参考书》《小学游戏》《学校体操教材选集》《苏联初中体育教学参考书》《苏联高中体育教学参考书》《初中游戏》等。

图 1-7 《苏联七年制学校体操教学参考书》

2. 教科书总体特点

新中国成立初期教科书的编写出版的数量变化不大；依据全国统一实施的教学大纲，教育部组织编写出版了第一套全国通用中小学体育教科书；教材重视体育基本知识、基本技术、基本技能即"三基"的传授，教材内容与劳卫制的锻炼密切结合。

八、"大跃进"时期,编写缩短学制的体育教科书(1958—1960)

(一)社会背景

20世纪50年代末至60年代中期,是我国开始全面建设社会主义的重要历史时期。1958—1960年,学校体育工作受国家政治、经济的影响,经历了曲折的发展过程,建设具有中国特色的体育教科书也处在摸索前进的阶段。

1957年,毛泽东在《关于正确处理人民内部矛盾的问题》中提出了"我们的教育方针应该是使受教育者在德育、智育、体育几方面都得到发展,成为有社会主义觉悟、有文化的劳动者"[①]的教育方针,把体育作为三育之一明确提出,确定了体育在学校中的地位。但由于"左"的错误对教育事业产生了很大干扰。

(二)课程概要

1960年4月,国务院副总理陆定一在第二届全国人大第二次会议做《教育必须改革》发言,提出"适当缩短年限、适当提高程度、适当控制学时、适当增加劳动"[②]的改革方向、中小学由十二年制改为十年制的设想,以及大规模进行学制试验的要求。叶圣陶也提出了适当提高教科书内容和去掉陈旧、重复、烦琐内容的意见。此后,全国试验学制改革的学校迅速增加,试验的学制有中小学七年一贯制、九年一贯制、十年一贯制等。

这一时期,教育部颁布了《1958—1959学年度中学教学计划》,规定包括体育共开设15个科目(含体力劳动和参观),体育学科每周2课时,后又发布补充通知,要求初中一至三年级每周增加2课时生产劳动。1959年5月发布的《国务院关于全日制学校的教学、劳动和生活安排的规定》,对中小学劳动时间做了安排,规定了生产劳动的形式、条件和方法,并对学生的睡眠、饮食、文娱活动、卫生教育和体育提出要求。规定指出:"体育活动,可以增强体质,减少疾病,保证学习。除上体育课外,学生的体育活动要和军事训练、劳卫制锻炼结合起来在课外进行,不要占用上课时间。学校训练体育选手应在课余时间进行。

---

① 颜天民,熊焰,余万予,等.体育概论 体育史 奥林匹克运动 体育法规[M].桂林:广西师范大学出版社,2000:203.
② 胡松柏.中国教育改革与发展六十周年辉煌历程(卷三)[M].北京:中国教育出版社,2009:1061.

学校的运动会不宜过多。"①

（三）教科书概貌

1. 教科书出版

"大跃进"时期体育教科书编写出版从指导思想到教材内容都基本摆脱了苏联体育模式，教科书内容包括体操、游戏、田径、武术、篮球、体育基本知识等，同时出现室内体育教材、少数民族体育教材内容，体育教科书建设在摸索中向前迈出一步。人民教育出版社出版了小学一至六年级使用的《小学体育教学参考资料》，还出版了北京师范大学组织编写的《九年一贯制试用体育教学参考资料（全日制）》。《九年一贯制试用体育教学参考资料（全日制）》除了压缩学制、重视军事体育和与劳动相结合外，还针对当时体育课如体操内容比例较大、运动量较低、田径类项目重视不够等问题提出了改进办法，把武术列入中小学教材，并提出把教材分为基本教材和补充教材两类，这些对后来学校体育改革和教学大纲的研制都有积极意义。

2. 教科书总体特点

这一时期的体育教科书主要呈现以下特点：基本摆脱了苏联体育的模式，开始系统进行体育教科书建设；数量没有增加，出现了室内体育教材等内容，中小学体育教科书处于新的探索阶段。

图1-8 《九年一贯制试用体育教学参考资料》

九、建立正常教学秩序，编写十二年制体育教科书（1961—1965）

（一）社会背景

根据中央确定的"调整、巩固、充实、提高"方针，教育部在认真调查研

---

① 国务院法制办公室. 中华人民共和国法规汇编（1958—1959）（第四卷）[G]. 北京：中国法制出版社，2005：456.

究的基础上，拟订《全日制小学暂行工作条例（草案）》和《全日制中学暂行工作条例（草案）》，1963年3月由中共中央发布。中共中央同时下发《中共中央关于讨论试行全日制中小学工作条例草案和对当前中小学教育工作几个问题的指示》，指出提高教育质量是一项具有战略意义的任务，应该把这个问题摆在党和政府的重要议事日程上来。两个条例的颁布，体现了党和国家对学校教育和体育卫生工作的重视与关怀，对学校体育工作的规范化与健康发展起到了十分重要的作用，促进了学校体育教学和课外活动等各项工作有序进行，初步形成了从增强学生体质出发，面向全体学生的"两课、两操、两活动"蓬勃开展的局面，有效地提高了学生的健康水平。

1964年，部分学校和单位试点性推行《青少年体育锻炼标准》，"劳卫制"逐步被取代。《青少年体育锻炼标准》的实施，我国青少年体质和体能的测定有了指标依据。各级学校根据这一标准指导学生进行锻炼，使体育教学得到加强，也促进了课外体育活动的开展。

这一时期，体育教学改革呈现新中国成立以来繁荣发展的大好局面，教学领域中出现了对体育课的密度与运动量问题的探讨。1963年，在全国范围内展开了体育教学任务大讨论，进一步明确了体育教学各项任务之间的关系。自1964年以来，一些地方和学校还试行了体育考核的新办法。这些探索，为后来体育教学的发展和改革做了有益尝试。

（二）课程概要

1963年，中共中央先后颁布《全日制小学暂行工作条例（草案）》和《全日制中学暂行工作条例（草案）》。同年，教育部颁发《全日制中小学新教学计划（草案）及说明》，规定小学学制为六年制，初中和高中学制为三年制，还有的地区是五年制小学、五年制中学。

（三）教科书概貌

1. 教科书出版

1961年，人民教育出版社出版了《小学体育教材（教师用书）》《中学体育教材（教师用书）》。同年8月，教育部指示这两本教材作为教师用书，供全国各地全日制中小学体育教师参考使用，也可供中等专业学校（包括中等师范学校）体育教师参考使用。

2. 教科书总体特点

这一时期的体育教科书主要呈现以下特点：突出强调了体育的目的；进一步明确了学校体育教学"从增强学生体质"出发的指导思想；对体育教材内容有了具体规定；出现武术等民族传统体育教材内容以及少数民族体育教科书，将武术列入中小学体育教材内容，体现了民族特点；加强了教材内容的可行性和灵活性；增加了理论知识教材内容，教科书的体例、内容形成了具有我国特点的、系统的体育教科书雏形。

图1-9 《小学体育教材（教师用书）》

十、"文化大革命"时期的体育教科书（1966—1976）

（一）社会背景

1966年，我国国民经济调整任务基本完成，即将进入一个新的发展时期，但因"文化大革命"造成延续十年之久的政治动乱和社会混乱，带来全国性的空前浩劫，给党、国家和各族人民带来巨大的灾难和创伤。教育领域是重灾区，教育事业遭到严重的摧残和损失。

学校体育工作遭到严重的破坏，体育教材建设走了不少弯路。新中国建立和发展起来的学校体育事业，包括学校体育规章制度、体育思想理论体系以及教学计划、教材内容和教学方法等被全盘否定。

（二）课程概要

由于学校停课、复课，体育课程被取消，正常的体育教学秩序遭到破坏。相关政策和文件提出要缩短学制，精简课程设置，彻底改革教材。"文革"开始后，各地中小学进行了各式各样的学制改革。1967年中小学复课后，开始由各学校自定课程，自选教学内容，自编教材。

(三) 教科书概貌

1. 教科书出版

受社会环境冲击，教材编写秩序被打乱，甚至无人负责和管理新教科书的编写和出版。1969年，体育课改为军事体育课（简称军体课），为了进行军体课教学，各地开始编写军体课教材。天津、陕西、甘肃、北京等多个省市有军体课教材出版，内容除队列练习、游泳、体操、球类等项目，还包括射击、刺杀、投弹、行军、防空基本知识等军事项目。如《天津市小学试用课本军体》等。1973年前后，各地开始重新编写教材，内容开始由军事项目为主改为以体育基本项目为主。如《北京市小学体育试用教材》《北京市中学体育试用教材》等。各地最初编写的体育课本，由于缺乏经验，名称多冠以"暂用""试用"作为过渡，其中以上海中小学自用课本最有影响力。

图1-10 《天津市小学试用课本军体》

2. 教科书总体特点

这一时期，体育教科书以政治挂帅，受"左"的思想路线支配；教材以军事项目为主要内容；教科书经历了从"以劳代体"到"以军代体"，基本脱离体育教材本质内容的过程。这一时期虽然没有颁布体育教学大纲，却出现教科书数量没有减少的特殊状况。总体来看，"文革"时期使新中国成立以后的体育教科书建设成果遭到摧毁，直至"文革"后期，体育教科书建设才慢慢回到正轨，重新开始向建设有中国特色体育教科书的道路前进。

十一、改革开放初期的体育教科书（1977—1985）

（一）社会背景

"文革"十年动乱结束之后，我国开始进入一个新的历史发展时期，体育教科书建设也迎来新的发展机遇。

1977年恢复高考制度，全国高等教育恢复发展。1978年12月召开的中国共产党第十一届三中全会，在思想上、政治上、组织上全面恢复和确立了马克思主义的正确路线，结束了1976年10月以来党的工作在徘徊中前进的局面，确定了解放思想、开动脑筋、实事求是、团结一致向前看的指导方针，作出把党和国家的工作重心转移到经济建设上来，实行改革开放的伟大决策。我国国民经济和各项事业进入良性发展的轨道，开创了我国社会主义事业发展新时期的伟大征程。1979年5月召开的扬州会议根据1978年9月教育部发布的《全日制中学暂行工作条例（试行草案）》《全日制小学暂行工作条例（试行草案）》等文件的有关精神，系统总结了我国学校体育卫生工作的经验，根据新时期对学校体育卫生工作的新要求、新经验和新情况，制定了体育卫生工作的四个暂行规定，为学校体育工作实施制度化的管理打下了基础。

1982年9月，中国共产党第十二次全国代表大会在北京举行。邓小平提出建设有中国特色的社会主义思想，是这次大会的指导思想，也是整个新的历史时期改革开放和现代化建设的指导思想。

党的十一届三中全会和第十二次全国代表大会召开后，学校体育工作开始进行全面拨乱反正，重建学校体育秩序，确立学校体育在学校教育中的地位和作用；加强体育师资队伍建设；组织进行教科书与教学研究，提高教学质量；全面进行学生体质调查，为学校体育科学化建立基础；认真贯彻学校体育工作和卫生工作暂行规定。自此，学校体育工作走上健康发展的道路，社会主义新时期的体育课程与教科书向规范化、科学化、制度化方向发展。

（二）课程概要

1. 学制

1978年教育部颁布的《全日制十年制中小学教学计划试行草案》规定，全日制中小学学制为十年制，小学5年、中学5年。1981年教育部颁发《全日制六年制重点中学教学计划试行草案》《全日制五年制中学教学计划试行草案的修订意见》的通知，要求中学学制定为6年。

1981年3月13日，教育部颁发了《关于在城市试行六年制小学问题的意见》，并在1984年8月15日颁布的《关于全日制六年制小学教学计划的安排意见》中提到，实行五年制还是六年制，由各地按照各自的具体情况确定，防止"一刀切"。上述文件与《关于颁发〈全日制五年制小学教学计划（修订草案）〉的通知》《颁发〈全日制六年制重点中学教学计划（试行草案）〉、〈全日制五年制中学教学计划（试行草案）的修订意见〉的通知》等文件共同影响下，中小学形成了十年制和十二年制两种学制。

2. 课程设置

教育部 1978 年颁布的《全日制十年制中小学教学计划试行草案》和 1981 年《全日制六年制重点中学教学计划（试行草案）》《全日制五年制中学教学计划（试行草案）的修订意见》均规定体育课为每周 2 课时，提出要加强体育基础知识的教育和基本技能的训练，促进身体的正常发育，养成锻炼身体的习惯，培养坚强的意志和良好的道德品质。要参考《国家体育锻炼标准》安排教学内容。

3. 教学大纲

1978 年，教育部颁布了《全日制十年制小学体育教学大纲（试行草案）》《全日制十年制中学体育教学大纲（试行草案）》提出 5 条编选教材的原则：坚持无产阶级政治挂帅，有利于增强学生体质，体现科学性，因地制宜和体现民族特点。教材分为基本教材和选用教材，基本教材包括体育基本知识，走和跑、跳跃和投掷，队列、基本体操、技巧、支撑跳跃、低单杠，游戏（中学为球类）和武术。

（三）教科书概貌

1. 教科书出版

为尽快编制新的教科书，1977 年经教育部党组批准，成立了中小学教材编审领导小组；1983 年成立了教育部中小学教材办公室，负责教材编审联系事宜。1977 年 8 月 8 日，邓小平主持召开科学和教育工作座谈会，他在讲话中指出：要重视中小学教育，"关键是教材，教材要反映出现代科学文化的先进水

图 1-11 《小学体育教材（教师用书）全一册》

平，同时要符合我国的实际情况"①。从当年 7 月至 9 月，他几次同教育部负责人谈话表示："教材非从中小学抓起不可"，要编通用教材，同时要引进外国教材作参考。②与此同时，教育部开始从国外引进大、中、小学各科教科书。随后，"教材编审领导小组"组织编写全国通用的大纲与教材。以人民教育出版社中小学编辑为基本力量和受聘专家、优秀教师组建成的体育教材编写组，用了近 2 年时间，编写完成了教学大纲及中小学试用教材，由教育部颁发试行。同时，全国各地编写出版的中小学体育教科书也方兴未艾。如广东教育出版社出版了《广东省小学试用课本体育》，包括小学、初中、高中各 6 册，共 18 册。

1982 年 10 月，教育部在福建漳州举行全国中小学体育教材会议，会议提出和讨论了由国家编写大纲，提出对体育教材的基本要求，在此基础上，各地可以编写符合本地区的补充教材、乡土教材和参考资料。1983 年以后，各省（自治区、直辖市）开始不同程度地编写和试行体育课本，体育教科书开始进入繁荣时期。③

2. 教科书总体特点

改革开放初期，一些地区尝试编写学生体育课本，填补了新中国成立后的历史空白；体育教科书改变了全国统一、只重视必修内容的局面；编写内容重视从增强学生体质出发，把锻炼身体和掌握知识技能技术的教学结合起来；体育教科书编写出版数量增幅较大，教材时数比重安排趋向科学化；体育教材改革问题引起重视，开展了各式各样的探讨和实验活动。

十二、调整学制时期的体育教科书（1986—1990）

（一）社会背景

党和国家领导人高度重视教育事业的发展。1985 年 5 月发布《中共中央关于教育体制改革的决定》、1985 年 6 月设立国家教育委员会、1986 年 4 月通过《中华人民共和国义务教育法》、1990 年 3 月发布《学校体育工作条例》等一系

---

① 邓小平. 关于科学和教育工作的几点意见[M]//邓小平文选. 北京：人民出版社，1983：52.
② 张力. 面向二十一世纪教育振兴行动计划指导全书（上册）[M]. 北京：开明出版社，1999：550.
③ 石鸥，吴小鸥. 简明中国教科书史[M]. 北京：知识产权出版社，2015：259.

列举措和政策法令，为体育教科书的发展建设提供了法治保障。

20世纪80年代，随着国际体育交往的加强，各种学校体育思想理论不断引进，学术思想空前活跃，学校体育的思想理论研究向着深层次方向发展。体育思想认识上的变革，使人们从新的高度、新的视野来认识学校体育。体育教学思想也出现了多样化趋势。

人们对学校体育的目标追求越加广泛、多样，概括起来主要有：增进健康和增强体质的目标，教养的目标，教育的目标，竞技的目标，娱乐的目标，促进学生个体发展的目标。学校体育开始重视追求长远效益，即获得终生的效益。也有人提出提高与培养选拔学生运动员是新时期体育的一项重要目标。①

（二）课程概要

1. 学制、学科课程设置与教学大纲

（1）学制

为推动实施义务教育，1988年国家教委印发《义务教育全日制小学、初级中学教学计划（试行草案）》，适用于"六三制""五四制"和"九年一贯"制，也适用于小学五年、初中三年的过渡学制。1992年在广泛征求意见的基础上进行了修改，并将"教学计划"更名为"课程计划"。这一课程计划第一次将小学和初级中学的课程统一设计，并且根据各学校学制的不同情况，课程计划中的课程表分为"六三制"和"五四制"两表。在课程表中将全部课程分为学科类和活动类两大类，课程表中还留有位置安排课程。

（2）1987年过渡性体育教学大纲

1987年1月，国家教委颁发了《全日制小学体育教学大纲（六年制）》和《全日制中学体育教学大纲（六年制）》。这套中小学体育教学大纲的改进和发展主要有：

小学体育教学大纲体育课时有所增加，保留了体育教材内容的分类方法，基本教材以体育活动的具体形式分类调整为以运动项目分类，选用教材的时数有所增加。

中学体育教学大纲将体育教材内容分为基本教材和选用教材，基本教材以运动方式与运动项目相结合的综合分类方法调整为以运动项目分类的方法，选

---

① 刘绍曾，赖天德，曲宗湖. 当代学校体育的发展趋势［J］. 学校体育，1988（1）：26-29.

用教材的时数有了较大增加。

（3）义务教育中小学体育教学大纲

1988年，国家教委颁发《九年制义务教育全日制小学体育教学大纲（初审稿）》和《九年制义务教育全日制初级中学体育教学大纲（初审稿）》，将教材分为基本教材和选用教材两部分。

2. 教科书制度

自新中国成立至20世纪80年代中期，基础教育教科书以"一纲一本、编审合一、高度统一"的教科书制度为主要特征，由政府统一组织专家编写教科书。很长一段时间内，中小学教科书一直由中宣部、教育部主管，人民教育出版社编写、出版。这种出版体制对新中国成立后恢复中小学正常的教学秩序，起到了重要作用。1986年，国家成立全国中小学教材审定委员会，是我国中小学教材编审制度的又一进步。

我国地域辽阔，人口众多，经济文化发展不平衡，一套统编教材已不能适应教育发展的需要，有必要把竞争机制引入教材建设，通过竞争来促进教材事业的繁荣和教材质量的提高。基于以上教材改革思路，1988年8月21日，国家教育委员会发布《关于颁发〈九年制义务教育教材编写规划方案〉的通知》，中小学逐步开展以课程与教材多样化为特征的课程教材改革，不同地区在国家统一要求下编写和使用不同的教材，初步实现了基础教育阶段教材从"国定制"向"审定制"转变。

1986年4月，国家教委《关于编写体育课本在中小学试用问题给郑州市教育局复函》明确答复允许各地组织编写并试用中小学体育课本。在遵循国家教委"在统一基本要求、统一审定前提下，逐步实现教材的多种风格"的要求下，保障了体育教科书的质量不断提升。

（三）教科书概貌

1. 教科书出版

这一时期出版的体育教科书绝大多数是成套的，有的是小学一到六年级成套教科书，有的是初中成套教科书，有的是高中成套教科书，初中教科书包括三年制和四年制初中教科书。另外有少数不成套的体育教科书。

教育部组织编写了"八套半"义务教育教科书。人民教育出版社于1990年编写出版了《义务教育五年制六年制小学实验教材体育（教师用书·部分初稿）》和《义务教育三年制四年制初级中学实验教材体育（教师用书·部分初稿）》，北京师范大学和青岛出版社编写的"五四制"教科书，四川省编写的面向内地和西部地区的教科书，广东省编写的面向沿海地区的教科书，八家师范院校联合编写的"六三制"教科书，河北省编写的农村小学复式班教科书，上海市和浙江省各自编写的适合本地区课程改革的教科书等。同时各地还在积极探索编写中小学学生用的体育课本，并得到原国家教委体卫司的支持和鼓励。

图1-12 《小学体育教材（教师用书）》

2. 教科书总体特点

这一时期，体育教科书的灵活性和适应性得到加强；体育教科书的组织编写开始多样化转变；体育教材内容选择、体系安排、表述方式上均出现不同的风格；体育教科书编写中不断注入新的教学理念和思想；出版数量有较大幅度增加。但也存在教科书同质化严重，内容简单模仿等问题。

十三、实施义务教育，编写义务教育和普通高中体育教科书（1991—1999）

（一）社会背景

1992年10月12日，中国共产党第十四次全国代表大会确定了我国改革和建设的主要任务，大会明确提出：必须把教育摆在优先发展的战略地位，努力提高全民族的思想道德和科学文化水平，这是实现我国现代化的根本大计。按照党的十四大指明的方向，学校体育在改革开放十几年发展建设的基础上不断得到发展和提高，以适应教育发展的要求。1993—1995年，《教师法》《教育法》《体育法》相继颁发，体育课有了教育法规的保障。1994年6月和1999年6月，中共中央、国务院先后召开两次全国教育工作会议，发布了有关教育工作的决定和文件。

在建设具有中国特色的社会主义理论和"提高民族素质，多出人才，出好人才"[①]思想指引下，学校体育工作继续发展，进一步明确了"四个为主"（体育工作以增强体质为主，以普及为主，以经常锻炼为主，卫生工作以预防为主）的指导思想，强调抓好基础工作和薄弱环节，从学校实际出发，紧密围绕贯彻教育方针，促进学生德、智、体全面发展和身心健康成长。

（二）课程概要

1994年国家教育委员会为执行国务院颁发的新工时制度，颁发《关于印发中小学语文等23个学科教学大纲调整意见的通知》（教基〔1994〕15号）。大纲内容做了调整，体育课时有所减少。1996年国家教育委员会制定与义务教育初级中学体育教学大纲相衔接的《全日制普通高级中学体育教学大纲（供试验用）》。1997年9月，根据国家教委的统一部署，该大纲在江西、山西、天津开始试验，在试验的基础上对高中体育教学大纲进行修改和完善，保证新大纲2000年在全国范围内实施。新编的高中体育教学大纲吸收了我国体育教学改革的研究成果，如体育课程的性质、体育教学目的的内涵、体育课程的结构体系、选择体育教材内容的原则等，对促进体育教学改革的深入发展产生了积极的影响。

1. 学制、学科设置与教学大纲

1992年，国家教委颁布经全国中小学教材审定委员会审查通过的《九年义务教育全日制小学、初级中学课程计划（试行）》和24个学科教学大纲（试用），其中包括《九年制义务教育全日制小学体育教学大纲（试用）》《九年制义务教育全日制初级中学体育教学大纲（试用）》，关于教材内容的规定与1988年颁发的《九年制义务教育全日制小学体育教学大纲（初审稿）》《九年制义务教育全日制初级中学体育教学大纲（初审稿）》相比改动不大，教材内容分为基本部分和选用部分，教材比例和具体规定基本相同。

1992年《九年义务教育体育与健康教育教学大纲（初审稿供实验用）》把教材内容分为体育与健康知识和体育实践两部分。小学体育与健康知识包括饮食

[①] 中共中央关于教育体制改革的决定［G］//何东昌. 中华人民共和国重要教育文献（1976—1990）. 海口：海南出版社，1998：2285.

与健康、健康心理等9类，中学包括卫生保健、青春期等5类；体育实践包括必修和选修内容，必修内容，小学为游戏、基本运动等7类，中学为田径、体操等6类；选修内容中小学相同。还规定体育与健康课程在小学一至六年级开设，初中一、二年级开设，每周3课时。

1996年，国家教委颁布《全日制普通高级中学体育教学大纲（供试验用）》，明确将体育课程分为学科类课程和活动类课程。学科类课程内容分为必选内容、限选内容和任选内容三部分，每周2课时，三年合计为192课时；活动类课程全体学生必须参加学习，每周1课时，三年合计不少于96课时；两类课程的教学时间总计不少于288课时。大纲还列出了高中一至三年级各项具体教授内容及说明。

经国家教委批准，上海市于1991年制定了《全日制九年制义务教育课程标准（草案）》，规定实行中小学九年一贯制，小学阶段为5年，中学阶段为4年。浙江省于1991年审定通过了《义务教育试行教学计划》和《各科教学指导纲要》，规定在中小学开设"体育和保健"。1996年，国家教委委托广东和上海有关单位对普通高中综合课程进行研究和试验，广东提出了有计划有步骤地构建多种形式的普通高中综合课程。[①]

2. 教科书制度

20世纪90年代，体育教科书编审制度实行编审分开、专家审定的"审定制"，任何单位、集体和个人在取得编写资格后方可编撰教科书，经教育部中小学教材审定委员会审定通过后由地方教育部门选用，开始形成我国"一纲多本"、多套教科书并存的局面。体育教科书建设进入一个新的历史阶段。

（三）教科书概貌

1. 教科书出版

改革开放以来，各种体育教科书的编写和实践为中小学体育教科书的改革创造了良好的环境。在国家教委和全国中小学教材审定委员会的指导下，中小学体育教科书改革广泛深入地开展，在传统教科书的基础上不断创新，在"一纲多本"的教科书方针指导下，新编体育课本不断问世。但在1997年的武汉会

---

① 袁桂林. 基础教育改革与发展[M]. 长春：东北师范大学出版社，2002：303-313.

议上传来以后小学不再编写体育课本的决定，一定程度上影响了这一时期小学体育课本的编写工作。①

1991、1992年送审通过了六套教材。另外随着新颁布的九年义务教育体育教学大纲和高中实验大纲，教材编写更加有序，质量不断提高，有效地推动了学校体育的发展。在这一阶段，对于体育教材内容的选择曾经发生过非常激烈的讨论。

2. 教科书总体特点

这一时期确立了体育教科书编审制度，形成"一纲多本"或"多纲多本"局面；体育教科书编写不断注入新的教学理念和思想，注重改革教科书编排结构；理论知识与实践类教材相结合，教科书内容以实践类教材为主线；以学生为主体，突出学生视角；编写方式灵活，内容排列方法有所创新。

图1-13 《九年义务教育三年制初级中学体育（教师教学用书）》第一册

这一时期的体育教科书经历了逐步深化发展的过程，品种趋于系统化，更加完备，在严格的编审制度下，出现以人民教育出版社为代表的质量较高的一批教科书，教科书的内容、体例等不断继承和汲取国内外先进教育理论和经验，思想性、科学性、实用性和灵活性等方面有了巨大发展，逐渐形成了向中国特色体育教科书迈进的局面。

十四、新课程改革后体育教科书发展趋向（2000—2012）

（一）社会背景

步入21世纪，国际大环境迅速变化，教育文化等国家软实力逐渐被提上国家发展议程，人们的身体健康和体质素质开始受到社会的广泛关注。

---

① 毛振明. 体育教学改革新视野[M]. 北京：北京体育大学出版社，2004：95.

为贯彻《中共中央国务院关于深化教育改革全面推进素质教育的决定》（中发〔1999〕9号）和《国务院关于基础教育改革与发展的决定》（国发〔2001〕21号），教育部决定大力推进基础教育课程改革，调整和改革基础教育的课程体系、结构、内容，构建符合素质教育要求的新的基础教育课程体系。[①]

20世纪末21世纪初，世界一些发达国家和地区均颁布了新的体育课程标准或健康与体育课程标准，无论是课程理念、课程目标，还是内容标准、教学实施建议都比以往发生了很大变化。教育部于2001年7月颁发了《全日制义务教育普通高级中学体育（1~6年级）体育与健康（7~12年级）课程标准（实验稿）》，并在全国38个实验区对该课程标准开展教学试验，至2005年，全国所有学校参与课程标准教学试验。2003年，教育部组织专家研制并颁布《普通高中体育与健康课程标准（实验）》，与义务教育衔接。2011年，教育部组织专家修订并颁布了《义务教育体育与健康课程标准（2011年版）》。体育课程一直在改革中前进。

这一时期的体育课程改革，伴随改革开放后国家总体规划发展至今。

（二）课程概要

1. 学制、学科设置、课程标准

这一时期的学制基本上以"六三三"学制为主，个别省、自治区、直辖市还存在"五四三"学制。

依据教育部1992年颁发的《九年义务教育全日制小学、初级中学课程计划（试行）》，2000年制定了小学、初中、高中各阶段的教学大纲。这是新中国成立后教育部颁布的最后一套体育教学大纲。2001年，教育部启动了新中国成立以来第八次基础教育课程改革，课程标准开始取代原有的教学大纲。

2000年，教育部颁布《九年义务教育全日制小学体育与健康教学大纲（试用修订版）》《九年义务教育全日制初级中学体育与健康教学大纲（试用修订版）》，将教材内容划分为必修、选修（含限制性选修和任意选修）两大类。二者所占比重，小学一、二年级为7：3，三至六年级为6：4，初中为5：5。

2001年，教育部颁布《九年义务教育体育课程标准》，根据学生身心发展的特征，将小学的学习划分为三级水平，并在各学习领域按水平设置相应的水平

[①] 基础教育课程改革纲要（试行）（教育部2001年6月）[M]//顾明远，总主编.中国教育大系21世纪初中国教育.武汉：湖北教育出版社，2015：121.

目标。水平一至三分别相当于一至二年级、三至四年级、五至六年级。2001年颁布的《全日制义务教育普通高级中学体育（1～6年级）体育与健康（7～12年级）课程标准（实验稿）》，按各学习领域的水平设置相应的目标，七至九年级相当于水平四，十至十二年级相当于水平五，并在各领域设置水平六，作为高中学段学生学习体育与健康课程的发展性学习目标。

2000年，教育部颁发《关于印发〈全日制普通高级中学课程计划（试验修订稿）〉的通知》（教基〔2000〕3号），在课程设置中将体育学科改为"体育与保健"[①]。2000年8月4日，教育部办公厅发布《关于〈全日制普通高级中学课程计划（试验修订稿）〉的补充通知》（教基厅〔2000〕13号），将"体育与保健"课程名称改为"体育与健康"[②]，这是我国首次将体育学科课程名称修改为体育与健康，体现了"健康第一"的指导思想，适应了我国社会发展和国际课程改革趋势。同年，教育部颁发《全日制普通高级中学体育与健康教学大纲（试验修订版）》，把高中体育与健康的教材内容分为必修和选修两大类，选修内容又分为限制性选修和任意性选修两种，选修内容加大到60%。大纲还列出了高中一至三年级各项教授内容及说明。

2. 教科书制度

2001年6月，我国对中小学教科书管理体制进行了重大改革。国务院体制改革办公室等部门在对中小学教科书管理体制进行调研的基础上，制定了《关于降低中小学教材价格深化教材管理体制改革的意见》。同时，经报国务院同意，教育部、国家计委、新闻出版署、国家质量监督检验检疫总局等部门先后印发了11个配套文件，对中小学教材的编写、审定、出版、发行、选用体制等方面做出了系列改革。

2011年12月，教育部基础教育二司颁发《中小学教科书审查标准》，对教材相关的政治方向把关、遵守法律法规、符合教育方针与理念、符合课程方案和课程标准等多方面进行了严格规定。该标准体现了对教材编写者的政治素质、学术水准的严格要求，自此我国基础教育教科书管理和审查制度更加完善，为实现教科书的高质量与多样化发展提供了重要依据。这是教科书制度建设的一

[①][②] 教育部基础教育司. 新编基础教育文件汇编[G]. 北京：北方交通大学出版社，2003：223，246.

大进步。

（三）教科书概貌

1. 教科书出版

2001年7月，国务院通过《基础教育改革纲要（试行）》，明确提出调整和改革课程体系、结构、内容，建立新的基础教育课程体系。随着《基础教育课程改革纲要（试行）》的实施和《义务教育课程标准（实验稿）》的颁布，人民教育出版社、北京师范大学出版社、江苏凤凰出版集团、广东省出版集团、湖南出版集团等机构都参与到中小学教科书的研究和开发中。

2001年9月，20个学科（小学7科，中学13科）49种中小学新课程标准实验教科书通过国家审定，首次在全国38个国家级实验区试用。初中课程标准体育与健康教科书有6套，分别由人民教育出版社、华东师范大学出版社、教育科学出版社、华中师范大学出版社、地质出版社、河北教育出版社发行。高中课程标准体育与健康教科书有6套，分别由人民教育出版社、教育科学出版社、广西师范大学出版社、河北教育出版社、华东师范大学出版社和广东教育出版社出版发行。

图1-14 《义务教育教师用书体育与健康1至2年级全一册》

2. 教科书总体特点

新课程改革后，体育课程与教科书名称做了调整；以国家对编写教科书的要求和颁发的课程标准为准则；体育教科书出版呈现出系列化趋势；体育教科书出版发行的单位由多到少，逐步集中；人民教育出版社等主流出版社起到引领作用；体育教材内容呈现高质量和多样化发展趋势；体育教科书呈现方式丰富多彩。

体育与健康教科书适应时代要求，依据课程标准的要求和我国实际编写，体现了新的体育课程改革理念，使教师的教学有教科书为依据、为参考，学生学习体育技能有课本、有指导、有参考。

第二编　清朝末年的教科书

第二章 近代体育教科书初创时期（1902—1911）

教科书几乎是与教育活动同时发生、同步发展起来的，与中国教育发展的历史既紧密关联，又有本身发展变化的基本规律。纵观百年中国体育教科书变迁的历史，虽然历经曲折、坎坷，呈现高峰与低谷、前进与停滞、弱小与成熟的发展历程，但一直循着引进、改造、本土化的规律一路走来。

一、社会背景

（一）政治经济背景

鸦片战争之后，特别是中日甲午战争和八国联军侵华战争之后，清政府对外签订了一系列不平等条约，国内怨声载道，民不聊生。清廷大厦面临倾塌期间，救亡图存思潮纷纷涌现，有识之士纷纷探寻举荐救国之路，一批批图强救国的中国人为了救亡图存，希望发动革命以推翻清朝统治，挽救民族危亡。1902—1911年作为清朝统治下的最后十年，社会矛盾严重激化，是社会各界各种新旧思想和力量的正面碰撞时期。

1. 救亡图存国势兴起

为了挽救中华民族，一些早期觉醒的知识分子和仁人志士，努力寻找各种各样的救国方略。如严复在《原强》中认为，中国欲富强，必须从利民、自由、自治开始，"顾彼民之能自治而自由者，皆其力、其智、其德诚优者也。是以今日要政，统于三端：一曰鼓民力，二曰开民智，三曰新民德。"[1] 他从民力、民智、民德三方面论述，力求使中国改变积弱积贫的现状。

---

[1] 陈学恂. 中国近代教育文选 [M]. 北京：人民教育出版社，1983：174.

严复不但希望从"三民"方面着手改变中国的社会积弊，而且提出要有"旦暮之为"的时代紧迫感和"皆资外力"的国际视野，"今者外力逼迫，为我权借，变率至疾，方在此时"。我国正是要借助外力的推动，"至疾"变革，"则我何为而不奋发也耶？"①

张焕伦（1843—1902）在其 20 年的办学生涯中，"被其教泽者数千人"，先后创办正蒙书院和梅溪书院，秉承"育才以读书为体，治事为用"之宗旨，坚持去五弊而求一通。张焕伦还开设了培养变通之才的课程，其中有不少体育项目的教习和训练。特别是他被聘任为南洋公学总教习之后，为诸生作《警醒歌》，"警醒国人，唤起全中华民族"的危机意识。在歌中的第二章，"言愚柔之可耻"②，把愚昧和柔弱并列，以为是民族之耻，一反传统的文弱文化常态，反映出"救国保种"的民族期待。

2. 军国民教育思潮汹涌

为了拯救民族危机，救亡图存，清末一些有识之士力求借鉴国外的尚武精神教育，主张对全体国人进行尚武教育和军事训练，大力倡导军国民教育。军国民教育思潮是通过对学生和全体民众进行尚武精神的培养和军事素质的训练，使他们具有军人的品德和体质，以达到抵御外侮、寓兵于民目的的教育思想潮流。这种教育思潮把军事教育引入普通教育和社会教育，使之具有军事教育性质，使学生和民众普遍受到军事教育和军事训练。③ 后来，蔡元培制定"五育"教育方针，明确军国民教育就是体育。力推军国民教育者应数蒋百里、蔡锷、梁启超等人。

（1）蒋百里和蔡锷力倡军国民教育

面对清末国势的衰弱和外国侵略势力的疯狂掠夺，一批有识之士出国留学，寻找救国良方，蒋百里和蔡锷也在留洋日本之列。1902 年，蒋百里在日本发行的《新民丛报》上发表《军国民之教育》，对军国民教育做出了较详细的论述，提出了实施军人精神教育的纲领，还制定了在学校和社会进行军国民教育的方

---

① 陈学恂. 中国近代教育文选［M］. 北京：人民教育出版社，1983：175.
② 陈元晖，主编；璩鑫圭，童富勇，编. 中国近代教育史资料汇编·教育思想［G］. 上海：上海教育出版社，2007：479.
③ 董宝良，周洪宇. 中国近现代教育思潮与流派［M］. 北京：人民教育出版社，1997：238.

法。①在蒋百里之前，蔡锷也在《新民丛报》发表《军国民篇》，对军国民教育做了论述。他认为："居今日而不以军国民主义普及四万万，则中国其真亡矣。"他从教育、学派、文学、风俗、体魄、武器、郑声（音乐）、国势八方面对"汉族之堕落腐败"而成为"东亚病夫"予以深刻批判。他指出："俗师乡儒，乃授以仁义礼智，三纲五常之高义，强以龟行鼋步之礼节，或读以靡靡无谓之章词，不数年遂使英颖之青年化为八十老翁，形同槁木，心如死灰。"②

蔡锷还认为，长期的一统天下，导致文弱之风"日深一日"，女人缠足，男人吸食鸦片，长此以往，国民体质受到严重摧残，"茫茫大地，几无完人"。③

（2）梁启超《论尚武》

近代思想家、学者梁启超在其学生蔡锷和蒋百里影响下，反思中国战败原因，认为重文轻武是其根本，他在《新民说·论尚武》中指出，日本战胜我国，主要在于日本推崇尚武主义。他说，"彼日本区区三岛，兴立仅三十年耳，顾乃能一战胜我，取威定霸，屹然雄立于东洋之上也，曰：唯尚武故"④。而欧洲不但尚武，而更加注重全民的体育运动。他把中国与西欧的基本状况做了比较：

"故欧洲诸国，靡不汲汲从事于体育，体操而外，凡击剑、驰马、鞠蹴、角抵、习射、击枪、游泳、竞渡诸戏，无不加意奖励，务使举国之人，皆具军国民之资格……及其就傅之后，终日伏案，闭置一室，绝无运动，耗目力而昏眊，未黄耉而驼背。且复习为娇惰，绝无自营自活之风，衣食举动，一切需人，以文弱为美称，以羸怯为娇贵。翩翩年少，弱不禁风，名为丈夫，弱于少女。"⑤

梁启超评说欧洲诸国开展体育运动的状况，揭露中国教育现状，同时揭示其成年人吸食鸦片，早婚贪色等不良生活习惯，结果"血不华色，面有死容，病体奄奄，气息才属，合四万万人，而不能得一完备之体格"⑥。梁启超十分感叹地指出："呜呼！其人皆为病夫，其国安得不为病国也？以此而出与狞猛枭鸷之异族遇，是犹驱侏儒以斗巨无霸，彼虽不持一械，一挥手而我已倾跌矣。"⑦为

---

① 董宝良，周洪宇. 中国近代教育思潮与流派［M］. 北京：人民教育出版社，1997：239.
②③ 曾业英. 蔡松坡集［M］. 上海：上海人民出版社，1984：18，24.
④ 梁启超. 新民说［M］. 北京：商务印书馆，2016：182-183.
⑤⑥⑦ 梁启超. 新民说［M］. 北京：商务印书馆，2016：191-192.

此,他主张培育尚武精神,培养国人具备三力:一曰心力,一曰胆力,一曰体力。中国应效法斯巴达、德意志的军国民教育。

(3) 近代体育开始发展

近代体育的发展及体育教科书的肇始,与近代体育开始传入我国以及军事教育和练兵等有着密切关系。近代洋务运动的后起之秀张之洞,在其《劝学篇》"兵学第十"中提出了"兵必须学"的论断,提出学习西方兵学精神,"盖兵学之精,至今日西国而极"。"《汉·艺文志·兵家》分权谋、形势、阴阳、技巧四类。西人兵学,惟阴阳不用,余皆兼之。"[①] 他指出武备学堂训兵之法:"教武备学生之法有三:曰学堂,曰操场,曰野操。学堂讲军械理法,地理测绘,战守机宜,古来战事。操场习体操、队伍、火器。野操习分合、攻守、侦探。(或于山阜,或于溪谷,或于平地,作两军对敌状,惟将所指挥,无定式,不仅在校场排演旧阵也。)"[②]

在以上三种客观形势背景下,加之清政府的"废科举,兴学校"的举措,为体育课的发展提供了较好的内外部条件。特别是《奏定学堂章程》颁布后,学校必须开设"体操"科。学校体育发展是清末体育教科书萌芽的重要驱动力,也是推动体育教科书出版的原因。

(二)教育发展与改革背景及重要事件

这一时期,清政府于1901年1月29日下诏变法,实行"新政"。同年4月21日,清政府成立了"新政"督办政务处,全面负责新政事务。"新政"内容包括行政制度改革、军事改革、经济改革和教育改革四大部分。其中"教育改革"包括兴办各类学堂、改革科举制度等,以教育改革中学校教育制度的变革对中国近代教育和体育的影响巨大。这场表面轰轰烈烈的新政运动中,与教育和体育相关的重要事件有:

(1) 1902年,颁布《钦定学堂章程》(壬寅学制);

(2) 1903年,设立全国管理学务大臣;

(3) 1904年(农历1903年,即癸卯年),颁布《奏定学堂章程》(癸卯学制);

(4) 1905年,设立中央教育行政机关"学部",裁国子监,归并学部,命荣

[①][②] 陈山榜. 张之洞劝学篇评注[M]. 大连:大连出版社,1990:141,142.

庆为尚书，熙玉英、严修为侍郎；

（5）1905年，正式下令"废科举以广学校"；

（6）1906年，在全国推行学堂设体操制度；

（7）1906年，各省设省级教育行政机构"提学使司"，各府州对县设相应的教育机关"劝学所"，各级主管教育的行政机构陆续设立。①

以上所及中国近代第一部学制——壬寅学制，虽未实施，却依然不能磨灭其在教育史上的重大意义。作为近代颁布并实施的第一部学制——癸卯学制，对教育和体育的作用和影响更大，对后来教育的发展起到了奠基的作用。体育教育就在这样的背景下发展起来，体育教科书的编写与出版也在这样的教育背景下萌发。

（三）清末体育教科书发展的背景

清末体育教科书出版主要受新政中"教育改革"、教会学校体育课提供的参照留学生归国及教育考察对体育的认识这三个相互交织因素的影响，它们为体育教科书的肇始和发展提供了必要的环境条件。

1.《钦定学堂章程》和《奏定学堂章程》的颁布

《钦定蒙学堂章程》规定：蒙学使儿童有"有浅近之知识，并调护其身体"。开设课程共八门，包括修身、字课、习字、读经、史学、舆地、算学、体操。学制为4年。②

《钦定学堂章程》把小学分三级，即蒙学堂、寻常小学、高等小学。

从上述材料看，《钦定学堂章程》颁布后，体操课无论在小学还是中学，均已被列为正式课程。从体育教科书视角分析，学制中把体操课列为中小学的正式课程，为体育教科书的编译出版提供了制度的保障。

2. 教会学校体育课提供的参照

中国近代新式体育的启蒙和肇始于教会学校。伴随西方侵略者的入侵，西方传教士也紧跟来到中国，为培植"以华治华"的统治人才，也为了自身发展有"立身"之地，教会办起了幼稚园、学校、医院，以此为依托便于开展传教

---

① 陈晴. 清末民初新式体育的传入与嬗变［M］. 武汉：华中师范大学出版社，2007：248.
② 课程教材研究所. 20世纪中国中小学课程标准·教学大纲汇编：体育卷［G］. 北京：人民教育出版社，2001：3.

和"文化侵略"。在教会学校中，移植了西方的教育制度和课程体系，把体育放在十分突出的地位，小学甚至放在第一位。从教会小学的教育目的，更可得到初步认知：

"甲　使学生得有健全与发育完备之身体，俾其身常健适，并有清洁，合理，活泼，敏慧，与端正之生活。概言之，即为学生以卫生正确之习惯，及游戏之学问是也。

乙　注意培养成儿童耶教美德之根本习惯及行动。

丙　与学生以教育上三大要具，即读写算三者健全之训练，此三者乃学生入世后必须引用之常识。故当认为教育上中坚之部分。

丁　发展学生已有之爱国心，使洞悉彼为中国社会一分子之根本义务与权力。

……"①

3. 留学生归国和教育考察对体育的认识

1872年第一批留美幼童的派出开中国留学运动的先河，这是首次由政府主持的成批次的大规模留学活动。这些留学生，受当时各种因素的制约，或学业未竟，或学成归来。这批经国外文化教育熏陶的学者，通过他们在国内国外的活动，从不同层面在不同领域推动了晚清社会的发展。他们尤其是在"实业救国""科学救国""教育救国"方面做出了卓越贡献。一些留学生致力于军事工业和军事人才的培养，归国后带回来了一些国外的体育项目，例如部分球类活动就由早期留美学生带回国内，在国内兴起。特别值得一提的是严复。1877年3月，作为福州船政学堂派出的首批留欧学生之一，严复赴英国格林尼茨海军学院学习，在数学、化学、物理、战术、海战公法、枪炮营垒等课程中，屡列优等。1879年他学成归国，任教于福州船政学堂和北洋水师学堂。②他结合中国的现状，鼓吹"以瀹智慧、练体力、厉德行三者为之纲"。认为"生民之大要有三：一曰血气体力之强，二曰聪明智虑之强，三曰德行仁义之强"。最后，他提炼出"夫人才者，民力、民智、民德三者之征验也。求之有位之中，既如

---

① 陈晴. 清末民初新式体育的传入与嬗变［M］. 武汉：华中师范大学出版社，2007：23-25.
② 田正平. 中外教育交流史［M］. 广州：广东教育出版社，2004：243-245.

此矣"。①

清末教育考察，也在一定程度上影响到体育教科书的出版发行。严复曾经在 1902 年和 1904 年两次自费东渡日本考察，1904 年 5 月任直隶学校司督办。从目前收集到的"体育教科书"来看，最早的地方体育教科书是直隶保定府出版的《幼学体操法》，由直隶保定府学务排版局石印。再者，朱绶为了在江西经办一所经济学堂，教授西学，培养人才，一行人于 1898 年 6 月至 8 月对日本进行了教育考察，次年出版了《东游纪程》以证其事。依据其亲身经历，对比中日教育之异同。他在书中写道："学校之名，中东皆同，而其实迥乎不同。中国之学校专为文教而设，东国则推以教水陆之战阵、有无之迁贸以及艺术也、农作也、音乐也、裁缝也、盲视哑语也、跳舞体操也，无一事不设学校也。中国以文士专讲读书识字目为校中人，其余则否。东国则中外臣工、文武员弁、大小教习，以及新旧之兵行、坐之商、百业之工、四境之农、闺阁之淑媛、提携之幼稚、残缺之穷氓，无一非读书识字之人，即无一非学校中人也。乌乎同哉？"②

二、课程概要

（一）学制、课程设置与课程标准

《钦定蒙学堂章程》规定学制为 4 年，体操课之教材内容为第一、二年学习整齐步伐，第三、四年学习演习体势。蒙学堂课程为每周 12 日，每日 1 课时，体操课每日 1 课时。于第三、四年减去体操 4 课时，共 8 课时。加课算学。教学方法：体操略具体势，为时无取其长。凡教授儿童，须尽其滔滔善诱之法，不宜操切而害其身体，尤需晓以知耻之义，夏楚之事断不宜施。③

小学堂之宗旨，在授以道德知识及一切有益身体之事。寻常小学堂共有修身、读经、读古文词……体操 8 门课程，学制 3 年，体操课内容为柔体操，一

---

① 陈学恂. 中国近代教育文选 [M]. 北京：人民教育出版社, 1983: 172-173.
② 陈晴. 清末教育考察对体育的引进及其价值 [J]. 武汉体育学院学报, 2006, 40 (9): 83-84.
③ 刘英杰. 中国教育大事典（1840—1949）[M]. 杭州：浙江教育出版社, 2001: 158.

周12日，每日1课时。高等小学堂共有修身、读经、读古文词……体操11门课程，学制3年。体操课的教材内容为柔体操兼器具操，每周12日，前两年一周6天有体操课，每次1课时。第三年一周第二、五、八、十一日有体操课，每次1学时。小学堂学生具备下列四项才算合格，即志趣端正，资质聪明，家世清白，身体健康。另外在小学堂建置方面，小学堂之体操场，应分室内室外两式以备风雨，体操所用之器具务须全备。①

《钦定学堂章程》规定的蒙学堂、寻常小学、高等小学，每个学段对体操均有要求，而且在小学堂，把"身体健康"作为学生合格的四大标准之一，对教学条件和场地条件更具体地提出了要求。《奏定学堂章程》把蒙学归并初等小学，增设部分实用课程。学制设置方面，初等小学为5年，高等小学为4年，每周体操课各3学时；初级中学堂学制为5年，每周体操课2学时。教学内容的设置方面，小学一年级为有益之运动及游戏，二至五年级为有益之运动及游戏，兼普通体操；初级中学堂体操课强调实用，重国民教育，学习兵士操；高级中学为普通体操、有益之运动、兵式体操，各年级相同。

（二）教科书制度

虽然清末教科书制度尚未成型，但教科书编审制度却非常严格。不论壬寅学制还是癸卯学制，都对各项课本的编审做出了相关规定。

1. 壬寅学制关于体操教材的规定

壬寅学制关于体操教材的规定，从小学堂到高等学堂内容基本相同，大都是兵式操、柔软体操和器具操。每学年均开设体操课，其中中学堂和高等学堂的体操课周学时数相同，均为2学时，且规定合班教授；蒙学堂从一、二学年每周12学时到三、四学年每周8学时，小学堂从一、二学年每周6学时到三、四学年每周4学时。除了蒙学堂和中学堂以外的各项课本均需按照京师大学堂的课本编辑或者经其审定。

2. 癸卯学制关于体操教材的规定

（1）关于小学堂体操教材的规定

《奏定初等小学堂章程》规定：学制5年，每学年开设体操课，科目程度第

---

① 陈晴. 清末民初新式体育的传入与嬗变[M]. 武汉：华中师范大学出版社，2007：249-250.

一年为有益之运动及游戏，第二至五年增加普通体操，每星期3个钟点。《奏定高等小学堂章程》规定：学制4年，每学年开设体操课，科目程度为普通体操、有益之运动、兵式体操，"宜以兵式体操为主"[①]，每周3个钟点。"修身体操，可合数学级之学童同时教之。"[②]

（2）关于中学堂体操教材的规定

《奏定中学堂章程》规定：学制5年，每学年开设体操课，学科程度为普通体操和兵式体操，每周2个钟点。1909年，《学部奏变通中学堂课程分为文科实科折》将中学堂分为文科实科，课程各分主课和通习，体操为文实两科的通习。其规定：学制5年，每学年开设体操课，学科程度均为柔软体操和兵式体操，每周2个钟点。[③]

（3）关于高等学堂体操教材的规定

《奏定高等学堂章程》规定：分为三类学科，即第一类学科（经学科、政治科、文学科、商科）、第二类学科（格致科、工科、农科）、第三类学科（医科），学制3年，每学年开设体操课，学科程度均为普通体操和兵式体操，第一、三类学科每周3个钟点，第二类学科第一、二学年每周3个钟点，第三学年每周2个钟点。

癸卯学制关于体操教材的上述各项规定，从初等小学堂到高等学校每学年均开设体操课，小学堂和高等学堂的第一、三类学科以及第二类学科的一、二学年每周3学时，而中学堂和高等学堂的第三学年每周2学时。初等小学堂以有益之运动及游戏为主，兼普通体操；高等小学堂以兵式体操为主，兼有益之运动及普通体操；中等学堂和高等学堂体操教材的规定基本相同，均为普通体操和兵式体操，在内容和方法上均缺乏区别。

3. 教科书审查制度

《奏定学堂章程》确定了教科书审定制度。《奏定初等小学堂章程》和《奏定高等小学堂章程》均规定："初（高）等小学堂教科所用图书，当就官设编书局所

[①] 课程教材研究所. 20世纪中国中小学课程标准·教学大纲汇编：体育卷[G]. 北京：人民教育出版社，2001：6.

[②][③] 课程教材研究所. 20世纪中国中小学课程标准·教学大纲汇编：课程（教学）计划卷[G]. 北京：人民教育出版社，2001：37，51-52.

编纂及学务大臣所审定者采用,且须按学堂所在之情形选定。"①《奏定中等学堂章程》规定:"凡各科课本,须用官设编译局编纂,经学务大臣奏定之本。其有自编课本者,须呈经学务大臣审定,始准通用。官设编译局未经出书之前,准由教员按照上列科目,择程度相当而语无流弊之书暂时应用,出书之后即行停止。"②

三、教科书概貌

(一)教科书出版总体情况

这一时期编写出版的体操教科书主要集中在小学堂。从出版地来看,上海出版的教科书占了非常大的比重,其次为北京。从出版时间来看,1906年和1907年两年出版的教科书最多。(见表2-1)

表2-1 近代体育教科书初创时期中小学体育教科书出版情况统计表

序号	书名	编者	出版单位	出版时间
1	幼学操身	(英)庆丕辑,翟汝舟述	上海广学会	1890年
2	国民体育学	(日)西川政宪著,杨寿桐译	上海文明编译书局	1902年10月
3	幼学体操法	直隶保定府	直隶保定府学务排印局	1906年
4	蒙学体操教科书	(日)坪井玄道、田中盛业著,丁锦译	上海文明书局	1903年
5	高等小学游戏法教科书	(日)山本武著,丁锦译	上海文明书局	1903年11月
6	普通体操法	作新社	上海作新社	1903年
7	普通体操学教科书	王肇铉译	上海文明书局	1904年
8	绘图蒙学体操实在易	嵩灵编著	上海彪蒙书室	1905年

---

①② 课程教材研究所. 20世纪中国中小学课程标准·教学大纲汇编:课程(教学)计划卷 [G]. 北京:人民教育出版社,2001:27,37;47.

续表

序号	书名	编者	出版单位	出版时间
9	最新两等小学体操教科书	张水声编辑	上海会文学社	1906年
10	音乐体操（江苏师范讲义第16编）	铃木米次朗讲授，江苏师范生编辑	江苏宁属学务处、江苏师范	1906年4月
11	瑞典式体操教科书	范迪吉译	上海时中书局	1906年8月
12	瑞典初等小学体操教科书			1906年
13	新撰初等小学体操教科书	（日）川濑元九郎、手岛仪太郎著，蔡云译	上海文明书局	1906年
14	新撰高等小学体操教科书	（日）川濑元九郎、手岛仪太郎著，蔡云译	上海文明书局	1906年
15	女子体操教科书	（英）Alice R. James原著，蔡允译	上海科学书局、文明书局、群学社石印	1906年
16	课堂运动法	徐筑岩译补	上海文明书局	1907年
17	小学体操范本	徐傅霖编辑，沈恩孚、华国铨校订	中国图书公司	1907年
18	初等小学体操教科书	（日）川濑元九郎、手岛仪太郎著，黄元吉译	商务印书馆	1907年
19	表情体操教科书（唱歌游戏）	徐绍曾、孙揆编纂，杨墨林校阅	上海科学书局	1907年
20	初等小学体操教授书（第一至八册）	清学部	学部编译图书局	1907—1909年
21	女子小学体操范本	徐傅霖编辑	中国图书公司	1908年
22	体操教科书兵式教练	中国图书公司编辑	中国图书公司	1908年
23	新体操讲义（师范国民学校教授用）	孙揆编纂	商务印书馆	1908年3月

（二）教科书总体特点

1. 教科书的开创性

目前为止，学术界尚未发现比《幼学操身》更早的体育教科书。本书开近代体育教科书之先河。本书图文并茂，以图带文，通俗易学，为之后体育教科书的编写做出了示范。1902年由上海文明编译书局印行的《国民体育学》，名曰体育学，其内容是集生理卫生与体育教育于一体，使幼童在参与体育锻炼的同时，注意生理卫生和日常行为。再如1905年嵩灵编著《绘图蒙学体操实在易》和直隶保定府排印的《幼学体操法》，前者侧重"实在易"，易于体育的普及，后者分为第一卷和第二卷，第一卷介绍体育活动的基本方法，类似今天体育课的准备或热身，第二卷则注重身体各部分的练习和运动。这些开创性的设计和构思，为后来体育教科书的编写和出版，开了风气之先。

2. 教科书的引进性

中国近代的新式体育是伴随侵略者的枪炮被动传入的，传教士和青年会是其主要传播者和实施者。教会学校率先开设"体操"和"游戏"课，并编写了《幼学操身》等教科书，继而举办体育运动会以扩大社会影响力。现已查找到的中小学体育教科书，其引进性特点十分鲜明，即大部分由外国人编著、中国人编译。如《幼学操身》，英国庆丕辑、中国翟汝舟述；《国民体育学》由日本西川政宪著，无锡杨寿桐译；《高等小学游戏法教科书》由日本山本武著，中国无锡丁锦译；《瑞典式体操教科书》由范迪吉译；《初等小学体操教科书》由日本川濑元九郎和手岛仪太郎著，中国黄元吉译；《蒙学体操教科书》由无锡丁锦译；等等。即便是署名为国人所著，也可看出搬抄的痕迹。

3. 教科书内容的简易性

简单易学、易于普及是清末体育教科书的又一大特点。《幼学操身》就提出力戒深奥难学，政要、实业家盛宣怀专门作序予以阐明：全书内容以32幅图为导引，使教与学更加直观明了，便于在学校中教学、活动、练习和指导。《绘图蒙学体操实在易》编者在白话序中指出："我现在因为做出了一部明明白白仔仔细细，有图有说，看了就会，学了就懂的体操书。不必先生教的，不在学堂里的，通统可以用的，便当极了。不是说谎话的。如其不相信我的话，做不着，买一部去看看，就晓得我的话实在不错了。"[①] 文字通俗易懂，非常直观。

4. 体育教科书的指向性

体育教科书的指向性是指教科书的服务对象，教科书编辑出版是为教师的教和学生的学而服务的。教科书编写要适合青少年的年龄特征和心理特点，否

---

① 嵩灵. 绘图蒙学体操实在易［M］. 上海：彪蒙书室，1905：序.

则起不到应有的作用。清末体育教科书虽已是一百多年前，但当时的编排还是较好地考虑到了上述情况。例如当时的蒙学体操，"蒙学"在汉语词典中是蒙馆，解释为旧时对儿童进行启蒙教育的私塾。而在1907年出版的《表情体操教科书》，看封面图示可知是针对小学及以上学生所采用的教科书。当时的教科书又称为幼学（蒙学）、小学堂、初等学堂、高等学堂以及普通教育、国民教育教科书等，通过翻阅内容和查看绘图，可以立刻了解教科书的读者对象。

5. 体育教科书的规范性

王道俊、郭文安主编的《教育学》，对"教科书"定义为："它是依据课程标准编制的教学规范用书。它以准确的语言和鲜明的图表，明晰而系统地按教学科目分别编写的教学规范知识。教科书一般由目录、课文、习题、实验、图表、注释、附录等部分构成。"[①] 知识的规范性是包括体育教科书在内的各科教科书的基本要求，也是区别于其他类书籍的重要标志。清末体育教科书虽然在国内无前例可参照，多是翻译和参照国外教科书编译的，但是教科书的结构、内容以及图文等都很规范，如《幼学操身》《绘图蒙学体操实在易》《高等小学游戏法教科书》等。这些都成为后来体育教科书编排的范例。

四、代表性教科书

（一）《幼学操身》

1. 基本信息

（1）书名：《幼学操身》

（2）编者：（英）庆丕辑、翟汝舟述

（3）出版单位：上海广学会

（4）出版时间：1890年

2. 编写背景与编写依据

19世纪末，帝国主义加紧了侵华战略，重要方式之一是大量兴办教会学校，

[①] 王道俊，郭文安. 教育学［M］. 北京：人民教育出版社，2009：133.

而新体操是教会学校的必修课。《幼学操身》即在这一大背景下编写而成。

3. 教科书结构与内容

《幼学操身》的结构为：自序、盛宣怀序、目录、正文（以三十二图为序导引操身工夫）和后记。

《幼学操身》序中提出此书是专门为初学者而写，书中动作包括全身、肘、膀肩、脊背、腰眼、前胸、小腹、两腿，几乎囊括全身上下所有的关节活动，便于儿童各关节和肌肉得到均衡锻炼。

4. 教科书的主要特点

本书为第一部体育启蒙教科书，主要是为了消除中国人几千年来"尊文抑武"的传统进行解释说明，消除锻炼者顾虑，唤起人们的锻炼意识，教习人们简单的锻炼方法，告知人们锻炼的好处。本书在序中还与中国传统的锻炼方法做了对比，这应该是第一次在教科书中针对中西方锻炼方式所做的对比，并在内容上第一次加入了西方体操的锻炼方法。

5. 教科书的使用、地位与影响

由于当时的师资条件有限，对体育的认识和各方面的情况都处于启蒙状态，所以推测本书主要在一些教会学校使用，没有被广泛采用。但由于本书出版较早，其奠基性和启蒙性十分鲜明，为以后编写体育教科书做出了示范。

（二）《国民体育学》

1. 基本信息

（1）书名：《国民体育学》

（2）编者：（日）西川政宪；译者：杨寿桐

（3）出版单位：上海文明编译书局

（4）出版时间：1902年

2. 编写背景与编写依据

中国无锡的留日学生杨寿桐（杨高百氏）翻译了其同学西川正宪撰写的《国民体育学》，并为其作序。在序中，说明了当时世界形势和我国形势："世界竞争大舞台，国际形势不利，强敌四环，为

图2-1 《国民体育学》

国民的当思考如何生存，国民勉励。"①

3. 教科书结构与内容

本书分为六章，分别为结婚、婴儿体育、幼儿体育、少年体育、青年体育和少女体育，整个过程实际上是为了培养一个健康的"人"。其内在关联如下：结婚—生子—婴儿发育—幼儿发育—少年发育—青年发育—少女发育—结婚，依次循环。

序中译者说明了想要身体强壮，必须要注意年龄，幼儿时最好，并说明了缘由。还说明了人由生到死各个年龄段情况不一样，30岁以前身体强壮，到50岁依旧很好，50岁以后消退，在这里说明了体育锻炼要与年龄发育等身体客观条件相匹配，才能起到锻炼效果。这是我国翻译的第一本以"体育"命名的课本。

4. 教科书的主要特点

《国民体育学》以译著内容为主体。其名曰"体育学"，有广义"体育学"的意思。其内容集遗传、生理、卫生、体育、营养、养生等知识教育于一体，从人的成长、体育与文明生活习惯和良好素养形成的视角编写，非常实用。这在百年前引进的体育教科书中实属难能可贵，它对于整合相关学科知识，促进人的健康和文明成长，至今仍然具有启发意义。

5. 教科书的使用、地位与影响

由于《奏定学堂章程》到1904年才颁布实施，在没有政府的支持下，本书虽有一定影响，但使用范围应该不会很大。

（三）《蒙学体操教科书》

1. 基本信息

（1）书名：《蒙学体操教科书》

（2）编者：（日）坪井玄道、田中盛业；译者：丁锦

（3）出版单位：上海文明书局

（4）出版时间：1903年

2. 编写背景与编写依据

本书是翻译日本的小学体操教科书，由于与《钦定蒙学堂章程》中的学制

---

① （日）西川政宪. 国民体育学[M]. 杨寿桐，译. 上海：文明编译书局，1902：序.

相符，又因为《钦定学堂章程》规定的内容和日本的内容相近，推测本书是为落实《钦定蒙学堂章程》而编译出版的教科书。

3. 教科书结构与内容

本书包括序言和正文，正文为三章，第一章为整顿法，第二章为矫正身体，第三章为徒手体操。本书针对体操口令、队列、纠正身体的体操方法等做了详细描述。

4. 教科书的主要特点

本书是第一本和《钦定蒙学堂章程》学制相符的教科书，也是第一部详细介绍队列和体操的教科书。书中详细介绍了各种教习注意事项、口令发声、体操与音乐的关系。21 节操的全身活动幅度和运动负荷较大，介绍的教学注意事项比较详尽，体现了启蒙的特点。

5. 教科书的使用、地位与影响

虽然本书与《钦定蒙学堂章程》学制相符合，但由于《钦定学堂章程》并未实施，故此书使用和流传范围应该不会很广。由于本书内容详尽，为后来体操教科书的编写奠定了一定的基础。

（四）《高等小学游戏法教科书》

1. 基本信息

（1）书名：《高等小学游戏法教科书》

（2）编者：（日）山本武；译者：丁锦

（3）出版单位：上海文明书局

（4）出版时间：1903 年

2. 编写背景与编写依据

本书是在为兴学堂背景下翻译出版的日本游戏教科书。

3. 教科书结构与内容

全书分为"总论"和"游戏之种类"两章，两章分别有 8 节和 56 节内容。

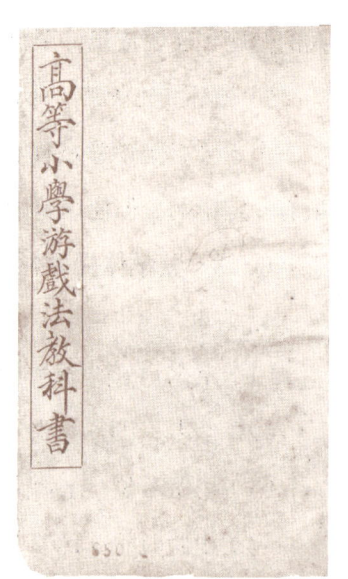

图 2-2 《高等小学游戏法教科书》

第一章总论中，编者介绍了基本的卫生知识和运动知识。第二章系统介绍了 47 种游戏，游戏的内容、名称和设计均来自当时的社会、经济、军事等领域，目的在学生游戏的同时发展智力和身体，了解和学习各个领域的有关知识。

4. 教科书的主要特点

该书以游戏为主要内容，是第一部关于游戏的教科书。

总论系统介绍了体育锻炼应注意的问题，如留意卫生、运动时刻、运动后的要务、衣服、巾带靴履、眼目、食水、冷水浴等，是第一部将生理卫生与体育结合的体育教科书。

在游戏的内容、名称和设计上取自当时的社会、经济、军事等领域，有浓厚的救亡图存、培养新型人才的意图。

5. 教科书的使用、地位与影响

《钦定小学堂章程》规定，小学堂分为高等、寻常二级，修业各三年。高小课程为柔体操兼器具操，没有关于游戏的教学要求，况且当时学堂章程并未实施，因此推断，该游戏法教科书是一种辅助教科书，其地位和影响尚不能和学部编译的教科书相提并论。但作为第一部游戏教科书，对游戏教科书的编写起到了奠基的作用。

（五）《绘图蒙学体操实在易》

1. 基本信息

（1）书名：《绘图蒙学体操实在易》

（2）编者：嵩灵

（3）出版单位：上海彪蒙书室

（4）出版时间：1905年

2. 编写背景与编写依据

本书的出版时间为1905年，此时的《奏定学堂章程》已经颁布，学校开始大面积的开设体操科，编者为了推广简易的锻炼身体的方法，特编写本书，是近代以来第一部关于启蒙体操的书籍。

3. 教科书结构与内容

全书分为白话文的序和两套以24个口号为名的体操两部分。

编者在序言中简单地说明了体操的分类，"借用什么工具的就叫什么体操"，进而引出本文内容为"徒手体操"。书中正文内容包括头部运动、肩部运动、扩胸运动、体转运动、腹背运动、髋关节运动、膝关节运动和踝关节运动，顺序由上到下，一直持续到下肢运动。

4. 教科书的主要特点

本书是第一部为初学者设计的启蒙体操自学书，适用于识字的人自学，书中图画居多，说明简单。内容为简单的瑞典式体操。

5. 教科书的使用、地位与影响

作为一部启蒙体操教科书，推断除了给学生自学外，应该是面向社会推广的。由于是以"蒙学实在易"名义出版的丛书之一，对于启蒙教育发挥了应有的作用。

（六）《瑞典式体操教科书》

1. 基本信息

（1）书名：《瑞典式体操教科书》

（2）译者：范迪吉

（3）出版单位：上海时中书局

（4）出版时间：1906年

2. 编写背景与编写依据

本书出版时，《奏定学堂章程》已经颁布，但教科书却尚未编写出来。故推断本书是为兴学堂而翻译日本的教科书。

3. 教科书结构与内容

全书包括序和五章正文。在正文中，第一章为总论，第二章为准备，第三章为运动法，第四章为体操课程，第五章为进步表。

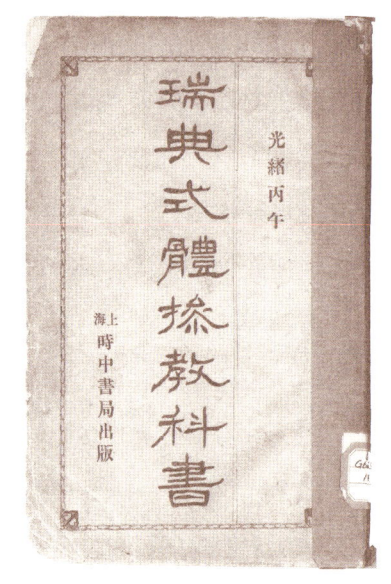

图 2-3 《瑞典式体操教科书》

第一章总论介绍了瑞典式体操法、练习的顺序、练习顺序的说明和教授时应注意的问题。第二章是体操课的准备，指出了各种步法、队列队形等基本活动常识。第三章为运动法。第四章为体操课程。第五章为进步表，进步表是为教师做教案提供循序渐进的基础类动作，在该章中标出很多同等难度的动作，以方便教师从中挑选。

4. 教科书的主要特点

本书是第一本经过翻译整理自日本的瑞典式体操教科书，也是第一本在书中介绍瑞典体操历史和创始人传记的书。编者首次提出"教育体操"的概念，明确指出学校体操的目的、内容和方法，教材内容包括从初小到高等科四年级和师范学校。内容以文字为主，课程与教学时间相对应，还帮助教师制定课程计划和教案，内容和教法细化到教学的各个环节，比较适合教师使用。

5. 教科书的使用、地位与影响

本书在国内的使用情况尚不清楚，出版年为1906年，但本书与已经颁发的《奏定学堂章程》规定的学制和要求有较大出入，作为第一本将最基础的瑞典式体操教科书翻译、整理而来的课本，在学校具有一定的参考价值。

（七）《新撰高等小学体操教科书》

1. 基本信息

（1）书名：《新撰高等小学体操教科书》

（2）原著：（日）川濑元九郎、手岛仪太郎；译者：蔡云

（3）出版单位：上海文明书局

（4）出版时间：1906年

2. 编写背景与编写依据

此书是为兴学堂而翻译自日本的适用于高等小学的教科书，但在1904年的《钦定高等小学堂章程》中对高小学制的规定为5年，而本书的内容为4个学年，每学年为3学期（与《瑞典式体操教科书》相同，其中有关于3学期的介绍），推测应该是直接翻译自日本的教科书，作为高等小学的教学参考用书。

3. 教科书结构与内容

本书包括总编部分目录和正文部分。

全书内容以瑞典式体操学练为主。每学期内容包括9节操，比起以往翻译的课本，首先有了学年、学期和课时的划分，课本中编者对各年级哪一学期、哪一节课的教材内容都做了安排，内容的系统性、教科书与教学相符的程度更高。

4. 教科书的主要特点

本书为第一部翻译自日本的高等小学体操教科书，囊括了4个学年的教材内容，丰富多彩。每学期的教材内容为9节操，描述清晰，简明扼要。

5. 教科书的使用、地位与影响

本书的使用范围较广，有6家书局发行了此书：北京文明书局、南京文明

书局、广东文明书局、文明书局、上海群学社、上海科学书局。在如此多的地方发行，足见其地位和影响。

（八）《初等小学体操教科书》

1. 基本信息

（1）书名：《初等小学体操教科书》

（2）编者：（日）川濑元九郎、手岛仪太郎；译者：黄元吉

（3）出版单位：商务印书馆

（4）出版时间：1907年

2. 编写背景与编写依据

此书是为兴学堂而翻译自日本的适用于初等小学的教科书。出版时间为1907年，此时正是兴办学堂的高峰时期。编者为了适应学堂体操教学需要，翻译了与《奏定学堂章程》学制相同日本体操教科书（均是5年）用于体操课教学。

图2-4 《初等小学体操教科书》

3. 教科书结构与内容

本书的主要结构为目录和正文两部分。正文包括总论和正文。总论中分为甲、乙两部分，甲为教授者的心得，乙为教授阶级及教法的选择。正文内容分5个学年，第1学年为三章，主要以队列队形学练为主，后4个学年为九章，主要内容为瑞典体操。

4. 教科书的主要特点

本书在总论中提出的教授心得内容丰富，还列举出了一些具体的教学案例来讲解，指导性较好。在教授层级及教法之选择中对各项内容的"预备""提示""应用"三部分做了比较规范的解说，便于理解和操作。

5. 教科书的使用、地位与影响

本书的使用范围较广，当时由商务印书馆总发行所发行，而商务印书馆在京师、奉天、天津、开封、汉口、济南、重庆、成都、广州、福州、长沙、太原设立分销处，可见其地位和影响。

（九）《初等小学体操教授书》

1. 基本信息

（1）书名：《初等小学体操教授书》

（2）编者：学部编译图书局

（3）出版单位：学部编译图书局

（4）出版时间：1907—1909 年

2. 编写背景与编写依据

1905 年 12 月，清学部正式成立，辖京师大学堂、八旗学务处、编订名词馆等，并将国子监改隶学部。1906 年 6 月，学部设编译图书局，主持全国教科书编辑工作。1907 年春季，由国家主管部门编写的包括初等小学体操教科书在内的官编教科书问世。到 1909 年，初等小学各科教科书全部颁行。

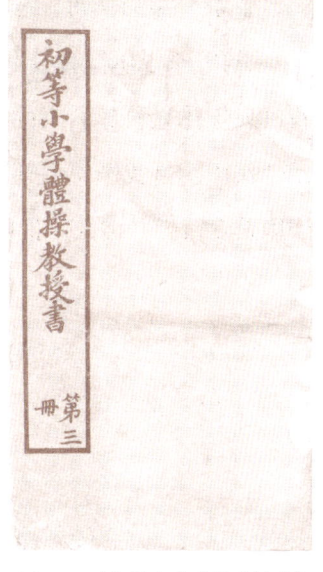

图 2-5 《初等小学体操教授书》第三册

3. 教科书结构与内容

本套教材共 8 册，按照课时进行统一编排，结构简单清晰，内容以游戏为主。每课分为 3 个学时，包括内容名称、主要目的、游戏方法等。每课内容多配有插图，便于教授。

4. 教科书的主要特点

（1）本套教材为清学部编写的中国第一套初等小学体操教科书。

（2）按照《奏定学堂章程》规定的教育宗旨、学制、课时，针对小学生情况和学校教学情况编写。

（3）教材内容以符合儿童身心特点的游戏为主，游戏内容基本上以创编我国游戏为主，借鉴和参考国外游戏内容为辅，按照游戏的教育功能分类，体现了促进儿童全面发展的教科书编写视角。

（4）教育目标明确，组织方法缜密、细致。根据游戏内容的特点挖掘教育价值，如培养学生的"军人精神"和爱国之心，以及谨慎行事、胆大心细、通力合作、沉着冷静等品质。

（5）教材内容巧妙地融合了体育、音乐、舞蹈等元素。

（6）语言文字表述精练、易懂，对一些游戏动作术语做了规范，为以后教科书中动作术语的运用奠定了基础。

5. 教科书的使用、地位与影响

《初等小学体操教授书》是由政府编写的第一套体操科教科书，开启了编写我国现代体操科教科书的先河，对后来各个历史时期编写体育教科书发挥了基础性作用，是我国第一部政府编写体操教科书的代表。由于是学部编译图书局印刷兼发行，并由政府推广、实施，该套教科书使用广、影响大。

第三编　民国时期的教科书

第三章 民国初期的体育教科书（1912—1922）

一、社会背景

（一）政治经济背景

辛亥革命虽然推翻了清王朝统治，但并没有结束帝国主义在中国的统治，中国名义上是一个共和国家，实际上是一个半殖民地半封建社会的国家。军阀掌握政权，与帝国主义相勾结，帝国主义列强在中国继续实施经济侵略和政治压迫。中国在半殖民地半封建社会的泥潭里越陷越深。

辛亥革命的胜利提高了中国资产阶级的社会地位，促进了社会经济的发展，封闭型的封建社会被打破，封建的自然经济不断解体，资本主义生产方式得到发展。民族工业虽仍处在外国资本主义和本国封建主义的双重压迫下，但随着科学技术的发展和生产力的提高，中国的主要工业在极其艰难的处境下，仍呈现出了发展的态势，有力地促进了经济的发展。尤其是第一次世界大战期间，出现了中国民族工业发展的"黄金时期"。同时，中国民族资本主义经济的发展对中国政治、文化生活也产生了一定的影响。但在封建军阀和帝国主义列强的压迫下，中国民族资本主义经济的力量是很软弱的，并没有成为中国社会经济的主要形式。

（二）社会文化背景

辛亥革命胜利后南京临时政府颁布了一系列革除"旧染污俗"的政令，推进了社会风气的改良。《中华民国临时约法》和一系列有关教育的法令，废除了清末时的"忠君""尊孔"宗旨，代之以"公民道德"的培养，取消了小学读经等。[①] 民国政府采取了禁缠足、禁鸦片、禁赌博、改称谓、废跪拜、禁止贩卖

---

① 郑师渠. 中国文化通史·民国卷 [M]. 北京：北京师范大学出版社，2009：16.

人口、倡女权、易服饰等措施来消除对人性的压抑。宋教仁、蔡元培等还发起成立了社会改良会，力主"以人道主义去君权之专制，以科学知识去神权之迷信"①。这些政策和主张曾一度给民国社会带来崭新的气象。

以袁世凯为首的北洋军阀集团窃取了辛亥革命的胜利成果后，制定了以"尊孔复古"为主要内容的文化政策，加紧对资产阶级新文化的清算。袁世凯就任临时大总统后不久，于1912年9月颁布了《整饬伦常令》，提倡封建礼教，号召尊崇伦常。1913年6月，发布《通令尊崇孔圣文》，并于1914年1月决定在全国祀孔；1914年9月颁布《祭孔令》，宣布全国恢复清朝祀孔礼制。在教育上，还恢复了民国初年教育部曾经明令废止的学校读经。这种以尊孔复古为核心的文化政策，使民初社会弥漫着一股文化倒退的逆流，为袁世凯和张勋复辟帝制制造舆论，使刚刚萌生的民主文化倍受摧残，刺激了一场规模浩大的新文化运动的兴起。

1915年9月15日，以陈独秀创办《青年杂志》（第2卷起改名为《新青年》）为标志，新文化运动广泛兴起，形成了以《新青年》为核心的新文化阵营。新文化运动的基本内容是呼唤现代意识，提倡"民主"与"科学"；对孔子和以儒学为代表的旧礼教、旧道德发动了猛烈攻击，举起了"打倒孔家店"的大旗；并发起文学革命，提倡白话文，反对文言文，提倡新文学，反对旧文学。新文化运动是辛亥革命在文化思想领域的继续，是资产阶级新文化同封建阶级旧文化的一次激烈交锋，它在政治上和思想上给封建主义以空前沉重的打击，破除了封建教条对人们思想的束缚，使得当时的社会在政治、经济、文化及其社会生活、思想观念、信仰习惯等诸多方面逐渐发生巨大变化，对中国人特别是广大知识青年的觉悟起了巨大推动作用，同时也为五四运动的发生和马克思主义的广泛传播创造了条件。

总之，民国初年是东方传统文化和西方外来文化在中国激烈碰撞的时期，也是中国由传统型社会向现代型社会急剧转化的时期。东方传统文化和西方外来文化各有其精华和糟粕，但由于东方传统文化主要是古代农业社会的产物，西方外来文化则主要是近代大机器工业社会的产物，因此在民国初年，东方传

---

① 蔡元培. 中国人的修养［M］. 北京：民主与建设出版社，2015：202.

统文化的消极影响就比较明显。主要表现在以下几个方面：第一，被封建统治者利用，成为维护其封建统治、阻碍社会进步的重要工具；第二，传统文化中的封建糟粕仍然在不同程度上束缚着人们的思想。因此这一时期对于西方文化不是要不要接受和学习的问题，而是如何学习和接受的问题；对于传统文化也存在如何取舍和继承的争论。

（三）教育发展与改革背景

1. 民国初期的教育改革

1912年1月3日，蔡元培被任命为中华民国第一任教育总长，1月9日，教育部正式成立。1912年1月19日，南京临时政府教育部采取紧急措施，通电颁发《普通教育暂行办法》和《普通教育暂行课程标准》，对于稳定全国教育秩序起到了重要作用。[①]

为进一步明确教育的发展方向，经社会各界反复热议，召开了全国临时教育会议。1912年9月2日，教育部正式公布教育宗旨："注重道德教育，以实利教育、军国民教育辅之，更以美感教育完成其道德。"[②] 这是中国近代新式教育产生以来，由政府正式颁布的第二个教育宗旨。与6年前清政府提出的教育宗旨相比，有了巨大的进步。其中，道德教育仍被放在首位，但"忠君""尊孔"这两条最能体现封建道德教育的核心内容被取消了，而将"自由""平等""博爱"作为道德教育的重要内容，而实利主义教育和军国民教育也被赋予了重视自然科学知识、发展资本主义经济，收复国土、抑制军阀割据的新的时代精神。

2. 北洋军阀推行的复古教育

袁世凯篡夺辛亥革命的胜利果实之后，大力推行封建复古教育，篡改民初教育宗旨，力图从根本上改变国民教育的方向。1915年1月1日，袁世凯以《大总统申令》的形式颁布教育要旨，内容为"爱国、尚武、崇实、法孔孟、重自治、戒贪争、戒躁进"，对民国初年的教育宗旨进行了全面篡改，阉割了它的反封建性，从内容到形式，基本上回到了清政府1906年所颁布的教育宗旨的水平。[③]

袁世凯倒台后，他所颁布的"教育纲要"立即遭到否定。1916年9月，教

[①②] 陈元晖，主编；璩鑫圭，唐良炎，编. 中国近代教育史资料汇编·学制演变 [G]. 上海：上海教育出版社，1991：596, 661.

[③] 陈学恂，田正平. 中国教育史研究·近代分卷 [M]. 上海：华东师范大学出版社，2001：223-225.

育部通知各省区撤销 1915 年袁世凯颁行的《特定教育纲要》，同时撤销 1915 年 11 月颁布的《预备学校令》。10 月，教育部公布修正 1915 年 7 月 31 日颁布的《国民学校令》《高等小学校令》和 1916 年 1 月 8 日颁布的《国民学校令施行细则》《高等小学校令施行细则》，删去"读经"及有关内容。

3. 主要教育、体育思潮

（1）民主革命教育思潮

民主革命教育思潮是 20 世纪初教育领域兴起的一股反对封建主义、宣传民主革命的教育思想潮流。它高举资产阶级民主革命教育思想大旗，反对封建专制主义和改良主义教育思想，主张教育民主平等、博爱自由，使受教育者身心得到和谐发展。这种教育思潮是资产阶级民主革命的重要组成部分，在辛亥革命之前宣传民主革命思想，为民主革命服务；在辛亥革命后成为民国初年教育改革的指导方针，促进和发展了民初的教育事业。

蔡元培是这一教育思潮的代表性人物，他在担任教育总长期间极力提倡军国民教育思想，将军国民主义或军事训练作为学校体育的重要内容之一。除此以外，他还认为体育是完成健全人格的教育，只有健全的身体才有健全的精神；体育运动是活泼精神、有利于身体和道德的正当娱乐活动；体育贵在普及，运动竞赛是为了引起民众对体育的兴趣。

（2）反复古主义教育思潮

反复古主义教育思潮是民国初年兴起的一种反对尊孔读经、主张教育必须符合共和精神的教育思潮。它是在民初猖狂一时的复古主义潮流刺激下产生和发展的，是当时社会变迁的必然反映，代表人物有陈独秀、李大钊、鲁迅、胡适等。袁世凯篡夺辛亥革命胜利果实之后，复古主义教育逆流挟持政治上的优势，取得了对教育的发言权，不仅确立尊孔读经的方针，而且改订学制，篡改教育宗旨，为封建复辟做准备。面对这样的情况，清醒的政治家和先进的知识分子奋起抗争，掀起反复古运动，在教育上表现为反复古的教育思潮。其主要观点包括：主张教育必须符合共和精神；批判孔道儒教，反对尊孔；主张"言文一致""文学革命"，反对读经；主张教育机会均等，反对教育的等级化。①

---

① 董宝良，周洪宇. 中国近现代教育思潮与流派[M]. 北京：人民教育出版社，1997：114.

（3）军国民教育思潮的高涨与衰落

辛亥革命后，军国民教育思潮进一步高涨，尤其表现在体育学科中。1912年，蔡元培发表《对教育方针之意见》一文，提出了军国民教育、实利主义教育、公民道德教育、世界观教育、美感教育的"五育"并举的教育方针。他从民主革命的需要出发，极力主张实行军国民教育，并把军国民主义或军事训练作为体育予以推行。他明确提出："军国民主义为体育"，"兵式体操，军国民主义也；普通体操，则兼美育与军国民主义二者"①。蔡元培提倡军国民主义的目的正是实现全国皆兵，外抗强权侵略欺凌，内抑军阀拥兵独霸。体育被视为强国强民、抵御外侮的重要途径和培养军队后备力量的重要手段。1914年1月，继任教育总长的范源濂也积极主张军国民教育，发表了《今日世界大战中之我国教育》一文，表达了类似的观点。在这种思想的指导下，从1912年新的教育宗旨颁布后，军国民教育遂风行全国。这一时期，体育训练在学校里和社会上得到广泛的宣传和重视，体育学科表现尤为突出，体育则仍然是以兵式体操为主的体操课。

第一次世界大战爆发后，日本出兵强占我国山东，于1915年向袁世凯提出企图灭亡中国的"二十一条"，全国掀起了大规模的爱国运动。知识界、教育界激发出强烈的爱国主义精神，纷纷提出要加强军国民教育，加强军事训练与体育，实行全民皆兵，救国图存。1915年，"全国教育联合会"提出《军国民教育实施方案》②，建议：

——小学校学生宜注重作战游戏；

——各学校应添中国旧有武技；

——师范学校及各中等学校之体操课时间内，宜于最后学年加授军事学大要；

——中等以上学校体操应取严格锻炼主义；

——各学校注意学生体格检查；

……

---

① 舒新城. 中国近代教育史资料（下）[M]. 北京：人民教育出版社，1961：1025-1026. 转引自：罗时铭. 中国体育通史·第三卷[M]. 北京：人民体育出版社，2008：201.
② 苏竞存. 中国近代学校体育史[M]. 北京：人民教育出版社，1994：84.

以上这些思想反映了在第一次世界大战时期，军国民教育的体育思想达到高潮。但实际上，这一时期的军国民教育和兵式体操的情况基本和辛亥革命前相似，仍然是以军队的整队（立正、稍息、看齐）、队列（各种转法、步法、队形变换等）及枪械的使用为主要内容，没有太大的发展。①

军国民教育思潮的高潮之后，伴随着新文化运动的发展、自然主义体育思想的传播以及对军国民体育的反思，军国民教育思潮开始呈现低落态势。例如，蔡元培1916年由欧洲考察回国以后，思想认识上基本就不再将体育和军国民教育相提并论。"中国体操学校"发起人之一，著名体育教育家徐一冰就对军国民教育进行了反思，他认为，"体操一科，与生理学、心理学有密切关系，断非无教育无知识之一二兵士可以能胜任也。而小学校为童年运动，其修养尤非从生理心理及美学上研究不可。"为此，他曾向当时的政府提出六点建议，其中前三条与中小学课程教学关系密切，分别是：第一，小学校、中学校体操及游戏，亟宜统一教授。学业之进行，必循阶级，由浅入深。第二，学校体育，亟宜革除兵式教练一门。第三，高等小学、中等师范，亟应添习本国技击一门。②毛泽东也在《体育之研究》中对当时的体操课进行了批判："故愚观现今之体育，率多有形式而无实质。非不有体操课程也，非不有体操教员也，然而受体操之益者少。非徒无益，又有害焉。教者发令，学者强应，身顺而心违，精神受无量之痛苦，精神苦而身亦苦矣。"并提出了"体育一道，配德育与智育，而德智皆寄于体"，"小学之时，宜专注重于身体之发育"，"中学及中学以上，宜三育并重"等观点。③

此时，学校体育的实施过程中也出现了双轨制的特点。④所谓"双轨制"，是指通过1915年上海举办第2届远东运动会，以及受到教育界极力主张体育近代化的影响下，教育部提出"引导学生于体操正课（兵式体操）之外，为种种有益之运动"⑤，因此不少官办学校也开始接受教会学校的做法，在学校的课外体

---

① 苏竞存. 辛亥革命前后的军国民教育的体育思想［J］. 体育文史，1988（4）：19-23.
② 徐一冰. 整顿全国学校体育上教育部文［J］. 体育杂志，1914（2）. 转引自：田国祥，李斌，康彪. 中国学校体育发展史［M］. 兰州：甘肃人民出版社，2011：85-86.
③ 张尚晏. 毛泽东体育思想与高校体育教学改革［M］. 长春：吉林文史出版社，2006：242-243.
④ 罗时铭. 中国体育通史·第三卷［M］. 北京：人民体育出版社，2008：246.
⑤ 郑师渠. 中国文化通史·民国卷［M］. 北京：北京师范大学出版社，2009：484.

育活动时间里，大力提倡和开展近代田径、球类等运动项目，同时在体育课堂教学中，仍坚持以规定的普通体操和兵式体操的教材内容为主。学术界将当时学校体育发生的这一现象，称为"双轨制"，或曰"双轨现象"。

总之，围绕"兵操废弃"和"新旧体育"进行的体育思想大讨论中，西方的体育思想和体育观念以其鲜明的科学主义内涵和独特的人本主义精神，对军国民教育思潮形成了强烈的冲击，使军国民教育思想走向衰落。

二、课程概要

（一）学制、课程设置与课程标准

1. 1912年《普通教育暂行课程标准》

南京临时政府教育部颁布了《普通教育暂行课程标准》共11条，规定了初等小学、高等小学、中学及师范学校的课程设置、各学年教授科目、每周教学时数及各级学校的暂行课程表，并对于因地域、财力等因素可以变通之处也都予以说明。其中，初等小学校共4年，所学科目为修身、国文、算术、游戏、体操，视地方情形，可以加设图画、手工、唱歌之一科目或数科目，女子加课以裁缝；高等小学共4年，所学科目为修身、国文、算术、中华历史、地理、博物、理化、图画、手工、体操（兼游戏），女子加裁缝，视地方情形，可以加设唱歌、外国语、农工商业之一科目或数科目；中学校也为4年，所学科目为修身、国文、外国语、历史、地理、数学、博物、理化、图画、手工、法制、经济、音乐、体操，女子加家政裁缝。[①]

2. 壬子癸丑学制

南京临时政府教育部在颁布了《普通教育暂行办法》和《普通教育暂行课程标准》之后，立即着手新学制的编制工作。1912年（壬子年）7月10日，全国临时教育会议召开，讨论并通过了所拟定的《学校系统》，并于同年9月颁布实行。以后又陆续颁布了各级各类学校法令，到1913年（癸丑年），逐步形成

[①] 陈元晖，主编；璩鑫圭，唐良炎，编.中国近代教育史资料汇编·学制演变[G].上海：上海教育出版社，1991：597.

了一个完整的学校系统,史称"壬子癸丑学制"。壬子癸丑学制规定:普通教育整个学程为18年,分三段四级。初等教育7年,为第一段,分为两级,初等小学4年,男女同校;高等小学3年,男女分校。中等教育4年,为第二段,也是男女分校。第三段是高等教育6至7年,分预科、本科。学前儿童得入蒙养院。此外,还有师范教育和实业教育两个系统。[①]

此后,随着袁世凯的篡权和倒台,壬子癸丑学制规定的初等小学被改为国民学校,而对于有关体操科的教材内容、教学安排基本保留了原有的要求。但对国民学校的体操课增加了两项:"视地方情形,得在体操教授时间或时间以外,授适宜之户外运动或游泳","体操时所习成之姿势,务宜恒久保持"[②]。前者表明了此时体操课的"双轨制"倾向,而后者体现了体育对于养成正确身体姿势的价值。

(二)教科书制度

民初的教科书制度是以民营出版社编写和出版、由教育部审查为主要特点的审定制,其间也曾经有过国编教科书的尝试,但都没有改变或冲击到编审制。[③]

1. 对清末教科书的处理

《普通教育暂行办法》和《普通教育暂行课程标准》规定:"凡各种教科书,务合乎共和民国宗旨。清学部颁行之教科书,一律禁用……凡民间通行之教科书,其中如有尊崇满清朝廷,及旧时官制、军制等课,并避讳、抬头字样,应由各该书局自行修改,呈送样本于本部,及本省民政司、教育总会存查。如学校教员遇有教科书中不合共和宗旨者,可随时删改;亦可指出,呈请民政司或教育会通知该书局改正。"[④]

1912年5月,教育部公布《审定教科图书暂行章程》。这个章程可以说是民国第一个有关教科书编审制度的法令法规。章程共11条,规范对象包括小学校

[①] 陈学恂,田正平. 中国教育史研究·近代分卷[M]. 上海:华东师范大学出版社,2009:175.
[②] 课程教材研究所. 20世纪中国中小学课程标准·教学大纲汇编:体育卷[G]. 北京:人民教育出版社,2001:9.
[③] 杨禾丰. 北京政府时期教科书制度与出版[J]. 兰州学刊,2006(6):42-43.
[④] 陈元晖,主编;璩鑫圭,唐良炎,编. 中国近代教育史资料汇编·学制演变[G]. 上海:上海教育出版社,1991:597.

教师、学生用书以及中学校学生用书。① 规定图书应于出版前呈教育部审定，审定内容包括印刷纸张、行款册幅、封面式样及价格等方面，教育部以公报形式宣布已经审定的图书，经过审定的图书可以在每册书面载明"某年月日经教育部审定"字样。

2. 壬子癸丑学制及北洋政府时期的教科书制度

壬子癸丑学制中关于教科书制度主要有《审定教科用图书规程》和《各省图书审查会规程令》等，这一系列的法令法规确定了教科书的审定办法及要求，组成了较为完整的民初教科书审查制度体系。其中《审定教科用图书规程》规定："初高等小学校、中学校、师范学校教科用图书，任人自行编辑，惟须呈请教育部审定……各省组织图书审查会，就教育部审定图书内择定适宜之本，通告各校采用。其规程另定之。"② 这表明，一方面力图统一全国教科书编审权力于教育部，要求各书局依据教育部颁发的相关法令法规和标准来编印教科书，并且各级学校须采用教育部已审定出版的教科书进行教学；另一方面考虑到民初教育的实际情况，依靠地方加强教科书的审查，由各省图书审查会监督检查各校教科书的使用情况。

关于教科书的编写，北洋政府一直有部编教科书的设想。1914年5月25日，北洋政府颁布了《教授要目编纂会规程令》《教科书编纂纲要审查会规程令》，开始着手编纂各科教授要目（类似于今天教学大纲和课程标准）。1915年，袁世凯颁布封建复古的《特定教育纲要》后，除了对民初教科书重新审查之外，还在教育部内另设教科书编纂处，加强部编教科书的工作。编纂处从初小入手，编各科纲目，共编各教科书、教材纲要、教材调查表等123册草本。③ 于1916年公布了《初等小学校体操科教授要目草案》和《高等小学校体操科教授要目草案》，对小学体操教材内容做了进一步的细化。④ 随着袁世凯的倒台，编纂处解散，部编教科书的工作暂告结束。

---

①② 陈元晖，主编；李桂林，戚名琇，钱曼倩，编. 中国近代教育史资料汇编·普通教育[G]. 上海：上海教育出版社，1995：456，457.
③ 杨禾丰. 北京政府时期教科书制度与出版[J]. 兰州学刊，2006（6）：42-43.
④ 田国祥，李斌，康彪. 中国学校体育发展史[M]. 兰州：甘肃人民出版社，2011：44.

三、教科书概貌

(一)教科书出版总体情况

这一时期的体育教科书,主要是由商务印书馆、中华书局编写和出版的供体育教师使用的"体操教授书"或"体操教本"。刘斌在其博士论文中根据《教科书之发刊概况》和中华民国教育部编《第一次中国教育年鉴》戊编,以及教育部布告审定教科图书,统计了这一时期的体育教科书共15册。[1] 张庆新根据多方资料归纳汇总,这一时期共编写小学体育教科书15种17册,中学体育教科书4种7册。[2] 王有朋整理的书目中这一时期的小学体育教科书有14种17册,中学体育教科书5种5册。[3] 但这些教科书很多已经无法找到原书,部分书是否为中小学体育教科书仍存疑。(见表3-1)

表3-1 民国初期中小学体育教科书出版情况统计表

序号	教科书名称	编者	出版单位	出版时间
1	中华初等小学体操教授书	徐傅霖编	中华书局	1912年1月
2	中华高等小学体操教授书	徐傅霖编	中华书局	1913年4月
3	课外简易体操	(日)可儿德原著,中华书局编译所译述	中华书局	1912年9月
4	新制中华体操教授书(初等小学校用)	徐傅霖编	中华书局	1913年7月
5	新制体操教本(中学校适用)	徐傅霖编	中华书局	1917年4月
6	新制中华体操教授书(初级小学国民学校用)	徐傅霖编	中华书局	1913年7月

---

[1] 刘斌.从体操到体育——清末民国中小学体育教科书研究[D].长沙:湖南师范大学,2011:93.

[2] 张庆新.中国近现代体育教材史的研究[D].北京:北京师范大学,2008:5.

[3] 王有朋.中国近代中小学教科书总目[M].上海:上海辞书出版社,2010:434-443,778-781.

续表

序号	教科书名称	编者	出版单位	出版时间
7	共和国教科书新体操（初等小学教员用）	徐傅霖编纂	商务印书馆	1912 年
8	共和国教科书新体操（高等小学教员用）	徐傅霖编纂	商务印书馆	1913 年 5 月
9	共和国教科书兵式教练（中学校用）	徐傅霖编纂	商务印书馆	1913 年
10	共和国教科书普通体操（中学校用）	徐傅霖编纂	商务印书馆	1914 年
11	兵式体操教科书（中学）	黄元吉编译	商务印书馆	1914 年 4 月
12	初高等小学新体操参考书	徐傅霖编辑	中国图书公司	1913 年 5 月
13	初等小学新体操教授书	徐傅霖编	中国图书公司	1913 年 5 月
14	高等小学新体操教授书	徐傅霖编	中国图书公司	1913 年 5 月
15	体操教科书	（英）冈白斯德、克埃著，刘光照译述，沈步洲、（英）惠恩普审订	麦美伦图书公司	1913 年 8 月
16	师范学校新教科书体操	徐傅霖编辑	商务印书馆	1914 年
17	小学游技	谭竞公编纂	商务印书馆	1915 年 4 月
18	分级器械运动	麦乐意编译	上海基督教青年会全国协会书报部	1916 年 1 月
19	拳术	向逵编著	中华书局	1916 年
20	西洋拳术	陈霆锐译述	中华书局	1917 年 7 月

续表

序号	教科书名称	编者	出版单位	出版时间
21	三民主义小学体操教本	杨彬如编	世界书局	1918年
22	行进游技法（初小）	汪应钧编	商务印书馆	1917年1月初版，1924年1月第6版
23	体操步法撮要	（美）麦克乐著	商务印书馆	1917年12月
24	体操教授细目（甲、乙、丙编，甲、乙为国民学校，丙为高小）	赵光绍编	商务印书馆	甲、乙编1917年初版，丙编1918年初版
25	中华新武术（中学）四册	马良创编	商务印书馆	1918年
26	小学适用体操教材	赵光绍编	商务印书馆	1921年
27	设计的儿童游戏	杨彬如编	商务印书馆	1922年
28	柔软体操	（美）麦克乐著	浙江省教育会	1921年9月

（二）教科书总体特点

1. 体现军国民教育思想，以普通体操、兵式体操和游戏为主

民国初期的体操教科书多以军国民主义为编写的指导思想，如《共和国教科书新体操》强调："本书按高等小学程度编辑，注意生理精神两方面，取材适当，确合军国民教育主义。"[①]

根据军国民教育的宗旨，民国初期的体操教科书沿袭了清末体操教材以普通体操、兵式体操和游戏为主的特点。受民初军国民教育思想的影响，体操教科书中兵式体操的内容进一步强化，一方面是某些内容从中学下移到高小，例如使用枪械等内容，在清末教科书主要出现在中学，而在民初则提前到了高小；

---

① 徐傅霖．共和国教科书新体操［M］．上海：商务印书馆，1913：5．

另一方面则是军事训练的内容体系更加丰富和完整。

根据课程标准的要求，高小以上男生要加课兵式体操，因此高小和中学体操教科书都包含了大量的兵式体操内容。中华书局1913年出版的《中华高等小学体操教授书》专门列有"兵式教练"一章，其主要内容包括：徒手各个教练、持枪各个教练（包括有枪之操法、枪刺之装卸、装枪、弹药之抽出、行走时之装枪及退药、射击、执枪行走、快走及冲锋等）、分队教练、小队教练（包括小队之编成等25项队列练习）等。商务印书馆1913年出版的中学教科书《共和国教科书兵式教练》是"参考步兵操典、射击教范、野外要务编辑而成的适合于学校教科，而军国民应有之智识技能的军事体操教材"，分为单个教练、连教练、射击术、野外警戒、礼节5章。①

随着军国民教育思想从高潮走向衰落，教科书中的兵式体操内容也从强化逐渐走向消失。1917年出版的中学校适用的《新制体操教本》就没有再详细介绍兵式教练的内容，而是提出："教练参酌本国之步兵操典行之。但军队之操法，施之学生，其间自有差异，不无斟酌之处，总之，取其精神，不甚注重技艺也。"②本应在中学教科书中大书特书的兵式教练内容则被简略处理，还特别提出在学校进行兵式体操的教学应该与军队的军事训练有所区别，其目的不应是教授学生全面掌握具体的军事技能，而更多的是通过兵操的锻炼，培养学生勇猛顽强、沉着果断、遵守纪律、注重合作等品质。表明在新文化运动的兴起、军国民主义教育思想开始受到批评的背景下，以培养士兵为目的的兵式体操已经被有意淡化。

2. 体现教育宗旨，注重挖掘体育的多种价值

民国初期的体操教科书对于体育的认识并没有局限在"尚武""强兵"的范畴内，而是更加注重健身性和教育性。健身性主要从促进身体发育、增进健康和强壮体格等角度来考虑，教育性则从遵守规律、善于合作等角度来考虑。并且认为体操科与修身科"有密切关系"。③④

---

① 陈镇华，陆恩淳，李世铭. 中国体操运动史[M]. 武汉：武汉出版社，1990：114.
② 徐傅霖. 新制体操教本[M]. 第三版. 上海：中华书局，1920：8.
③ 林壬，周维城，孙世庆. 实用各科教授法讲义[M]. 上海：中华书局，1921：102.
④ 张毓骢. 师范学校新教科书教育学. 北京：商务印书馆，1919：29.

表 3-2 体操教科书对教育宗旨的落实

教育宗旨	教科书中阐述的体操科价值	教科书中的代表性内容
道德教育	养成守规律尚协同之习惯；促进从顺、果断、沉着、勇气、同情等诸德。	兵式教练、游戏，如高小教科书提到："竞技者对于审判者当有绝对服从之义务。"
实利教育	观察、想象、判断、审美、思考等诸作用也。	各年级教科书主要在游戏中培养这些能力，中学教科书中水泳及舢术等实用性很强的教材内容也有这种作用。
军国民教育	发达各器官之机能；令动作机敏耐久，精神快活刚毅。	兵式教练、器械体操。
美感教育	使身体优美，发育端正；使身体各部平均发育，养成端正姿势。	高小教科书：游戏乙种，即舞蹈；初小、中学教科书：身体姿势、徒手体操，普通体操。

例如，《新制中华体操教授书》第一章"体操科之目的"从生理目的、训练目的两方面进行阐述，认为体操科与修身科有密切联系。生理目的：使身体优美，发育端正；使身体之康健，保护而增进之；使身体强壮、耐久、机敏。训练目的：保精神之快活，而养勇气、果断、沉着、忍耐、审美、从顺等德；进注意、观察、思考、想象等作用；使实行意志，敏速而且紧密；养成守规律尚协同之习惯。[①]

教科书中关于教育宗旨的阐述，表明民初的体操教科书在清末教科书的基础上对体育的价值有了进一步的认识，以适应新的教育宗旨的要求。但民初体操教科书的教育性仍然停留在理念上，实际上由于普通体操和兵式体操内容偏多，大多是学生根据教师号令来进行刻板操练的内容，对于激发学生主动学习、积极锻炼的内容没有任何涉及，不利于学生主动成长和个性发展。

3. 教材内容重视学生的性别和年龄特点

从身体发育特点来看，由于初小阶段男女生的性别差异不大，而民国中学堂实行男女分校，因此体操教科书中关注性别差异主要是在高等小学教科书中。

根据《小学校教则及课程表》的要求，高等小学男生加授兵式体操，对女生没有额外说明。但是在《中学校令施行规则》中，提出女子中学免课兵式体操，可代以舞蹈、游戏。根据这样的要求，虽然高小男女生合班上课，但由于

---

① 徐傅霖. 新制中华体操教授书 [M]. 上海：中华书局，1913：1.

男生要学兵操，因此教科书中特意安排了适合女生的舞蹈学习内容。以《中华高等小学体操教授书》为例，第四章游戏内容分有甲种和乙种两部分，乙种为舞蹈教材，共介绍了8种舞蹈。

四、代表性教科书

（一）《新制中华体操教授书》（初等小学校用）

1. 基本信息

（1）书名：《新制中华体操教授书》

（2）编者：徐傅霖；阅者：戴克敦、沈颐、陆费逵

（3）出版单位：中华书局

（4）出版时间：1913年7月

2. 教科书结构与内容

全书共分九章，供初等小学使用。第一章阐述体操科之目的，第二至八章介绍体操的姿势、动作及注意事项等，第九章介绍了几十种游戏。正文内容配有插图、表格，插图绘制清晰，表格简洁易懂。

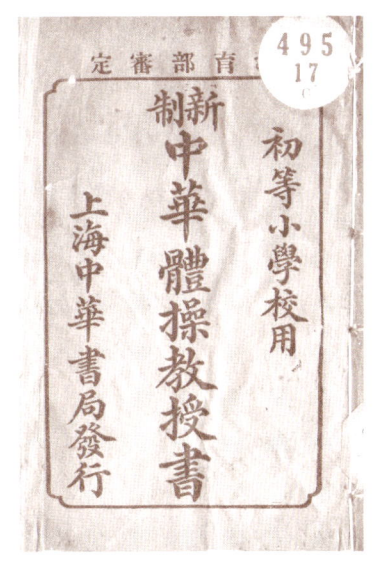

图 3-1 《新制中华体操教授书》

（二）《中华高等小学体操教授书》

1. 基本信息

（1）书名：《中华高等小学体操教授书》

（2）编者：徐傅霖；阅者：戴克敦、沈颐、陆费逵

（3）出版单位：中华书局

（4）出版时间：1913年4月（初版）

2. 教科书结构内容

全书共分四章，供高等小学三个学年使用。三个学年的每个学年均分为十二个教程，在书中通过表格列出教程的顺序、姿势及动作、摘要。规定每个

教程授课四至五周。主要内容分别为各个体操、连续体操、兵式教练、游戏等，以连续体操和兵式教练为主。

（三）《新制体操教本》（中学校适用）

1. 基本信息：

（1）书名：《新制体操教本》（中学校适用）

（2）编者：徐傅霖

（3）出版单位：中华书局

（4）出版时间：1917年4月（初版）

2. 教科书结构与内容

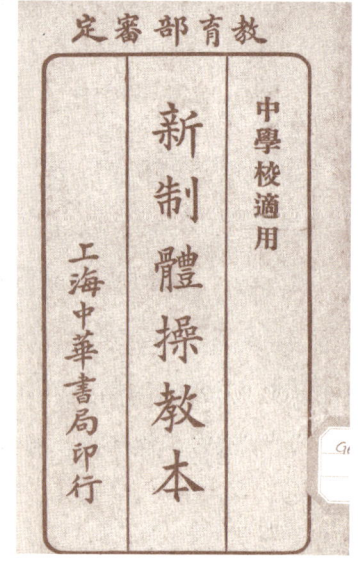

图3-2 《新制体操教本》

全书分为三编，第一编为"总论"，第二编为"方法"，第三编为"教师之准备"。第一编分为三章，第一章为"体操教授之要旨"，第二章为"教材"，第三章为"姿势"。第二编分为四章，第一章为"体操之准备及排列"，第二章为"体操"，第三章为"游戏"，第四章为"课外游戏"。第三编分为六章，第一章为"教材之选择及配当"，第二章为"教授之形式"，第三章为"教程之编法"，第四章为"教授上之注意"，第五章为"体操科之设备"。

（四）《共和国教科书新体操》（初等小学校使用）

1. 基本信息

（1）书名：《共和国教科书新体操》（初等小学校使用）

（2）编者：徐傅霖；阅者：戴克敦

（3）出版单位：商务印书馆

（4）出版时间：1921年9月（初版）

2. 教科书结构与内容

全书共分四卷，每卷分为四章，供初等小学使用。主要内容涵盖了体操科的目的、管理、注意事项、队列队形及各种体操练习等。

（五）《共和国教科书新体操》（高等小学教员用）

1. 基本信息

（1）书名：《共和国教科书新体操》（高等小学教员用）

（2）编者：徐傅霖

（3）出版单位：商务印书馆

（4）出版时间：1913年5月（初版）

2. 教科书结构与内容

全书共分三卷，每卷分为六章，供高等小学使用。全书开头分为目次和编辑大意，每卷内容包括绪论、教授之注意、教材、补充课、雨天特课和课外讲授。具体内容包括全身之运动、特殊之运动、美国式哑铃操、艇术等。

（六）《共和国教科书普通体操》（中学校用）

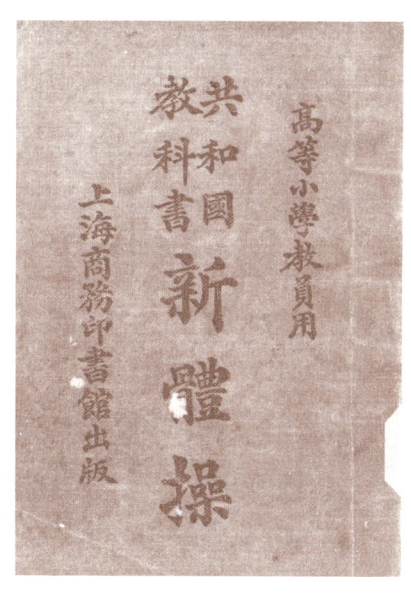

图3-3 《共和国教科书新体操》

1. 基本信息

（1）书名：《共和国教科书普通体操》（中学校用）

（2）编者：徐傅霖

（3）出版单位：商务印书馆

（4）出版时间：1914年5月

2. 教科书结构与内容

全书共分三章。主要内容包括绪论、体操的类别、体操的一般理论（体操的姿势、速度、次数、连续、调律等）、各种体操练习及游戏等。全书图文并茂，便于教学。

（七）《高等小学新体操教授书》（秋季始业教师用书）

1. 基本信息

（1）书名：《高等小学新体操教授书》（秋季始业教师用书）

（2）编者：徐傅霖

（3）出版单位：中国图书公司

（4）出版时间：1913年5月

2. 教科书结构与内容

全书内容分为3个学年，每个学年由若干教程构成，每一教程包括9节内容。具体的 9 节内容包括准备运动、首胸运动、上肢运动、调和运动、肩背运动、腹部运动、腰部运动、跳跃运动和呼吸运动，各学年的各教程对应不同的具体动作项目，如准备运动在第一学年的四个教程分别安排了整顿法正步行进、后转横行、左右转后转及前后进、用向导之整顿法。本书部分内容配有插图。

（八）《体操教授细目》

1. 基本信息

（1）书名：《体操教授细目》

（2）编者：赵光绍；校订：孙揆

（3）出版单位：商务印书馆

（4）出版时间：1918 年

2. 教科书结构与内容

全书分为甲编、乙编、丙编。各编较详细地排列出了各年级每个学期每次课的具体教材内容，有些类似现在的学期教学进度计划。具体教授内容主要是队列队形、体操练习和各种游戏等。

第四章　二十世纪二三十年代的体育教科书（1923—1937）

一、社会背景

（一）政治经济背景

孙中山于1924年采取"联俄、联共、扶助农工"政策之后，加强了国民党对各个领域的控制。1924年至1927年，国民革命兴起、发展，北伐战争推翻了北洋军阀的统治，打击了帝国主义的侵略势力。经过北伐战争和东北易帜，南京国民政府在形式上统一了全国。南京国民政府采取了一系列恢复国民经济措施，社会政治环境相对稳定，取得了一定的发展。政治思想方面，进一步强化了国民党意识形态的主导地位，利用执政优势，在中小学开展党化教育。

1931年日本发动"九一八事变"，侵占我国东北；1935年，日本进一步进犯华北，民族危机日益严重。中国共产党领导的工农红军经过长征抵达陕北，1936年和平解决西安事变，国共第二次合作初步形成。

（二）社会文化背景

教育领域学习西方各国的教育学说，仿效资本主义国家的教育制度与管理办法，重新制定了教育宗旨、教育政策，颁布了新的教育法令、法规等。我国中小学体育教育也在这一阶段发生了天翻地覆的变化。这一时期是我国学校体育思想较为活跃的时期之一，除自然体育思想之外，还有体育军事化思想和主张以中国传统体育（武术）为主的思想，是自然体育思想与民族主义体育思想共存的时期，以至引发了"土洋体育"之争，继而又有"体育教育化"与"体育军事化"的争辩。这些争论涉及中国学校体育的指导思想和"土洋体育"的性质、功能和利弊等问题，对我国学校体育思想发展产生了积极的影响，也使许多人认识到中国传统武术必须科学化，学习外国应根据国情来取舍。

20世纪30年代，一批从美国学习体育的留学生回国，如袁敦礼、吴蕴瑞、方万邦等，他们发表文章或著书立说，极大地丰富了我国体育理论学说思想体系。1927年以后，比较明显地体现了自然主义体育思想。同时，在德国学习体育的留学生也先后回国，如程登科、肖宗国、吴澂等，他们积极传播德国的法西斯体育思想。

以实用主义教育学说为基础的美国自然主义体育理论，强调"本能"的理论基础，认为体育即生活，体育要以儿童为中心，适应儿童现在的生活需要，而不是为了将来的需要。强调体育要适应儿童的兴趣，培养民主、自由思想和适应个性发展。① 强调体育的目的在于教育人，"体育是以身体大肌肉活动和适应环境为工具，而谋达到教育目的的一种教育"②，体育应以传达文化与创造文化为目的，即"教育第一，文化第一"③。这种教育主要培养社会行为、道德标准和民族精神，以及基本生活技能和善用闲暇与娱乐等。强调体育生活化，提倡"体育必须和生活打成一片，使体育成为生活的实践"④，主张开始注重学生的身心发展。这些体育思想或多或少地体现在这一时期的体育教科书中。

（三）教育发展与改革背景

1918年11月11日，第一次世界大战结束，实行"军国民主义"的德国投降，军国民教育开始衰落。教育界与体育界进一步提出学校废止兵操的建议。1919年以后，兵操在学校体育中逐渐失去原来的重要地位。1919年10月在太原召开的第五次"全国教育联合会"，通过《改革学校体育案》指出："近鉴世界大势，军国民主义已不合新教育之潮流，故对学校体育自应加以改进。"⑤ 1922年11月1日正式公布了《学校系统改革令》，废除了旧的教育宗旨，提出了新的标准。1922年，北洋政府仿效美国学制制定和颁布了新学制，全国教育联合会组织了"新学制课程标准起草委员会"草拟中小学课程纲要。1923年公布了《新学制课程标准纲要总说明》⑥，正式把学校的"体操科"改名为"体育"，小

---

① 邹继豪，季克异，林志超，等．面向21世纪中国学校体育［M］．大连：大连理工大学出版社，2000：23．
② 吴蕴瑞，袁敦礼．体育原理［M］．上海：勤奋书局，1933：128．转引自：苏竞存．中国近代学校体育史［M］．北京：人民教育出版社，1994：188．
③ 崔乐泉，杨向东．中国体育思想史（近代卷）［M］．北京：首都师范大学出版社，2008：238．
④ 周登嵩．学校体育学（简编本）［M］．北京：人民体育出版社，2005：19．
⑤ 王则珊．学校体育理论与研究［M］．北京：北京体育大学出版社，1995：11．
⑥ 课程教材研究所．20世纪中国中小学课程标准·教学大纲汇编：课程（教学）计划卷［G］．北京：人民教育出版社，2001：108．

学体育新学制课程标准起草者为王小峰，初中、高中体育新学制课程标准起草者为麦克乐。课程内容剔除了学校的兵操，改为以田径、球类和游戏为主。由此，我国学校体育发生重大变革，即由学习日本的教育体制转为学习美国的教育制度和思想，教育宗旨的思想基础由实用主义取代了军国民主义。

1923年至1937年是体育教科书发展的繁荣期。新学制的颁布对我国体育教科书的发展具有划时代的意义，学校教育的理念和教材内容、教学目的、教学方法以及教学时间都发生了重大的变化。从这一时期开始，西方现代体育逐步进入我国中小学体育教科书体系，成为我国体育教科书的核心内容。

新学制规定，小学和中学的修业年限由过去的"七四制"改为"六三三制"，废除了旧的教育宗旨，提出了七项新的标准，对中小学体育的总课时做了重新规定。

二、课程概要

（一）学制、课程设置与课程标准

新学制实施后的教材内容更加丰富，增添了田径、球类、游戏等内容，多样化的体育教材内容更符合中小学生的生理心理特点，有利于提高他们学习体育的积极性。初中阶段把生理卫生纳入体育课，高中阶段的体育课增加了卫生法、健身法和其他运动等，体育知识和生理卫生知识紧密结合，使中小学体育教学向体育与卫生结合的方向发展。

从教学目的来看，实施新学制前体育教学的目的主要是"使儿童身体各部平均发育，强健体质，活泼精神，兼养成守规律、尚协同之习惯"[①]，把学生的发展扎根于为集体服务。实施新学制后体育教学的目的为"发扬游戏本能，锻炼身体，适应普通生活的思想，养成爱好运动的习惯，增进个人健康"，明确提出要"顺应儿童爱好活动的本性，发展个体之本性及人格"。强调体育教学要符合

---

① 课程教材研究所. 20世纪中国中小学课程标准·教学大纲汇编：体育卷[G]. 北京：人民教育出版社，2001：9.

社会的发展和学生的个人发展，有很明显的实用主义思想倾向。①

新学制规定中小学每学年都开设体育课，初中、高中分别讲授卫生、生理学；小学体育占总课时的10%，初中体育课为16学分（每学期每周2学时为1学分），包括生理4学分；高中体育课为10学分，包括健身法、卫生法。兵式体操完全从体育教科书中消失，田径、球类、游戏、普通体操成为学校体育的主要内容。

1929年，国民政府颁布了《小学课程暂行标准：小学体育》《初级中学体育暂行课程标准》《高级中学普通科体育暂行课程标准》。规定小学学制为6年，每学年都要开设体育课，第一至四学年每周150分钟，第五、六学年每周180分钟。课程标准规定小学的课程内容主要有3类，即游戏类、舞蹈类和运动类。初中包括游戏、天演的活动、护身技能、自试活动、韵律活动、野外活动、个人体操改正及医疗体操7类，每周3小时，每学期1学分，共6学分。高中阶段每周2小时，每学期1学分，共6学分，内容主要包括游戏活动、天演的活动、护身技能、自试活动、韵律活动、野外活动及个人体操等。

1932年，国民政府又颁布了《小学课程标准体育》《初级中学体育课程标准》《高级中学体育课程标准》。课程标准对教材做了如下规定：《小学课程标准体育》规定小学一至四年级每周150分钟等。与暂行课程标准相比，小学标准的"目标"增加了"快活"的个人品格，"作业类别"对课内课外不做区分，并在"运动"中增加了"简易国术"；各学年的作业要项内容有所增加；"教学要点"删除了部分条目，原有的"最低限度"要求全部删除。初中标准和高中标准改动较大，对框架结构进行了调整，原来的"作业事项""教法要点"调整至"实施方法概要"，教材大纲分为三个学年，删除了"毕业最低限度"，增加了详细的"分级方法"作为附录；在具体内容上也有一些调整。

1936年，国民政府颁发了《小学中高年级体育课程标准》《初级中学体育课程标准》《高级中学体育课程标准》，分别对教材做了规定。小学以游戏、韵律活动、体操、运动等为主要内容，初中以体操、机巧运动、活泼器械运动、器械运动、田径、球类、天然活动、国术、舞蹈、游戏、改正体操、和缓运动等

---

① 赵立功. 我国中小学体育课程价值与实现［M］. 石家庄：河北人民出版社，2015：141.

为主，高中包括体操、器械运动、团体混合器械运动、田径、球类、天然活动、国术、舞蹈、游戏、改正体操、和缓运动等。

（二）教科书制度

与清朝末年和民国初期比较，南京国民政府对体育教材内容的规定有很大变化。

一是小学阶段增加了卫生常识和中国传统体育的内容，兼顾不同性别的学生，如增加了高年级的男生田径运动、女生韵律活动的内容。小学到中学的体育教材内容有一定连续性。还有一个比较显著的特点就是课程标准中逐渐明确了教材选编范围。民国初期对体育教材范围的规定比较宽泛，如初级小学虽然规定了游戏、普通体操等内容，但没有分学年提出具体的要求，只大略指出范围。壬戌学制颁布以后，尤其是课程标准颁布时期，教材的选择、编写和组织主要依据体育课程标准而定。

二是选材标准开始逐渐走向具体。民国初期的体育教科书对体育教材内容选择标准的规定比较粗略，或者以教育宗旨代替选材标准，或者仅在教则上略有提示。课程标准对中小学体育教科书的规定具体，体现出国民政府加强了对体育教科书的控制。

三、教科书概貌

（一）教科书出版总体情况

这一时期的体育教科书，主要由商务印书馆、中华书局、中国健学社、上海儿童书局、勤奋书局等出版。其中以王怀琪从1923—1933年编写的"三段教材"，束云逵、蔡雁宾编纂的《复兴体育教本》，王复旦编纂的《复兴初级中学体育教本》和王毅诚编纂的《复兴高级中学体育教本》，教育部编写的《小学体育教授细目》《初中女生体育教授细目》《初中男生体育教授细目》《高中体育教授细目》和吴蕴瑞编著的《体育教学法》，方万邦编著的《新体育教学法》，最具影响力，多次再版，使用面较为广泛。（见表4-1）

表 4-1　二十世纪二三十年代中小学体育教科书出版情况统计表

序号	教科书名称	编者	出版单位	出版时间
1	体操教授新论	王秋如编	商务印书馆	1923 年 5 月
2	初级体育教练法	钱江春、戴昌凤译	中华书局	1923 年 11 月初版
3	走步体操游戏三段教材	王怀琪编纂	中国健学社	1923 年 12 月
4	走步体操游戏三段教材正编	王怀琪编纂	中国健学社	1928 年 1 月
5	走步体操游戏三段教材补编	王怀琪编纂	中国健学社	1925 年 12 月
6	走步体操游戏三段教材三编	王怀琪编纂	中国健学社	1933 年
7	小学体育设备法	王小峰编	商务印书馆	1924 年 5 月
8	小学体育教学法	王小峰编	商务印书馆	1925 年
9	小学适用体操教材	赵光邵编	商务印书馆	1924 年 6 月
10	新学制最新游戏法	（美）施退力著，黄斌生译	商务印书馆	约 1926 年
11	优美体操	袁莹编纂	商务印书馆	1926 年
12	不用器具的游戏教材	杨彬如编	商务印书馆	1926 年
13	新学制体育教材	（美）麦克乐、沈重威合著	商务印书馆	1928 年 4 月
14	小学适用体操教材续编	赵光邵编	商务印书馆	1930 年
15	初中柔软体操教材	吴圣明编	中国健学社	1927 年 8 月
16	三民主义体操教本	杨彬如编著	世界书局	1929 年 5 月
17	歌舞游戏	朱士方编译	上海能学社	1929 年 7 月
18	游戏与教育	王国元著	中华书局	1930 年 1 月
19	体操教材续编（小学用书）	赵光邵编	商务印书馆	1930 年 8 月
20	初级小学体育教本（8 册）	胡绍之、崔作山合著	并州新报社	1930 年 7 月
21	高级小学体育教本（8 册）	胡绍之、崔作山合著	并州新报社	1930 年 5 月
22	游戏新教材	陈志超、高元浚编	中华书局	1926 年 9 月初版，1931 年 5 月第 7 版
23	小学早操教材	虞继邃编		1931 年 12 月

续表

序号	教科书名称	编者	出版单位	出版时间
24	柔软体操	（美）麦克乐编	青年协会书报部	1931年11月
25	率角法	金子铮编译	大东书局	1932年9月
26	儿童游戏（全一册）	陆复成编著	上海儿童书局	1932年5月
27	儿童游戏新法	陈鹤琴、屠哲梅合编	上海儿童书局	1932年
28	体育教学法	孙和宾编著	上海东亚体育专科学校	1932年9月
29	儿童活动	上海市市立万竹小学编	编者刊	1933年1月
30	中小学适用体育游戏教材	王庚编著	中华书局	1933年2月
31	新课程标准小学体育教本小学姿势训练（各级适用）	项翔高编著	勤奋书局	1933年5月
32	最新游戏教材	朱士方编译	上海体育书店	1933年5月
33	儿童游戏和运动法	蔡雁宾编	新中国书局	1933年5月
34	儿童设计仿效体操	蔡雁宾编	新中国书局	1933年5月
35	体育教材	杭州市政府教育科编	编者刊	1933年6月
36	小学体育教法	屠镇川编著	世界书局	1933年6月
37	儿童游戏（小学教科书）	编写组	湘赣儿童书局	1933年8月
38	晨操新教材（全一册）	徐一行著	儿童书局	1933年11月
39	舞蹈新教本	蒋佩英、陈慕兰著	勤奋书局	1933年
40	唱歌游戏（甲编、乙编）（低年级适用）	潘伯英编著 胡敬熙编著	勤奋书局	1933年10月
41	故事游戏（低年级适用）	项翔高编著	勤奋书局	1933年10月
42	摹仿游戏（低年级适用）	王庚编著	勤奋书局	1933年10月
43	追逃游戏（低中年级适用）	王庚编著	勤奋书局	1933年10月
44	摹拟游戏（中年级适用）	王庚编著	勤奋书局	1933年10月
45	竞争游戏（高中年级适用）	王庚编著	勤奋书局	1933年
46	竞技游戏（低中高年级适用）	王庚编著	勤奋书局	1933年10月

续表

序号	教科书名称	编者	出版单位	出版时间
47	乡土游戏（低中高年级适用）	王庚编著	勤奋书局	1933年10月
48	听琴动作（低年级适用）	胡敬熙编著	勤奋书局	1933年10月
49	小学歌舞（中年级适用、高年级适用）	杜宇飞、郁兹地编著	勤奋书局	1934年4月
50	小学土风舞（低中年级适用、高年级适用）	杜宇飞编著	勤奋书局	1933年
51	模仿运动（低中年级适用）	邵汝幹编著	勤奋书局	1933年10月
52	小学机巧运动（中年级适用）	邹吟庐编著	勤奋书局	1933年
53	小足球（高中年级适用）	陈奎生编著	勤奋书局	1933年10月
54	小学田径运动（高中年级适用）	阮蔚村编著	勤奋书局	1933年10月
55	小学远足登山（低中高年级适用）	阮蔚村编著	勤奋书局	1933年10月
56	小学器械运动（高年级适用）	陈奎生编著	勤奋书局	1933年10月
57	小学游泳（高年级适用）	阮蔚村编著	勤奋书局	1933年10月
58	小学排球（高年级适用）	阮蔚村编著	勤奋书局	1933年10月
59	小学篮球（高年级适用）	阮蔚村编著	勤奋书局	1933年10月
60	小学姿势训练（低中高年级适用）	项翔高编著	勤奋书局	1933年9月
61	小学准备操（低中高年级适用）	邵汝幹编著	勤奋书局	1933年10月
62	现代小学健康学育实施法	梁士杰编	儿童书局	1933年4月
63	复兴体育教本（初小用，4册）	束云逯、蔡雁宾编著	商务印书馆	1933年7月
64	复兴体育教本（高小用，2册）	蔡雁宾、束云逯编著	商务印书馆	1933年8月
65	体育教材：唱歌游戏	蔡雁宾编辑	大东书局	1934年8月
66	初小体育教本（8册）	张天百编辑	世界书局	1933年10月—1934年10月

续表

序号	教科书名称	编者	出版单位	出版时间
67	体育教学法	吴蕴瑞编著	立达书局	1933 年 7 月
68	新体育教学法	方万邦编著	商务印书馆	1933 年 7 月
69	小学初中分级体育活动教材	凌陈英梅编著	中华基督教女青年会全国协会	1934 年 1 月
70	童子军训练（第二辑 中级）	陈邦才、叶养源主编，朱重明等编辑	中国童子军江苏理事会	1934 年 7 月
71	柔软体操与步法	萧百新著	商务印书馆	1933 年 12 月初版 1934 年 7 月再版
72	不用器械的小学体育新教材	张能潜编	儿童书局	1934 年 2 月初版，1934 年 10 月第 2 版
73	少队游戏（小学教科书）	中央总队部总训练部编	少队中央总队部	1934 年 4 月
74	小学教材及教学法	李清悚编著	正中书局	1935 年 4 月
75	小学教材及教学法	俞子箴编著	正中书局	1936 年 2 月
76	复兴初级中学体育教本（第一至三册）	王复旦编著	商务印书馆	1934 年 9 月—1935 年 10 月
77	复兴高级中学体育教本（第一至三册）	王毅诚编著	商务印书馆	1934 年 8 月—1935 年 5 月
78	短期小学课间操教材	国立编译馆编纂	商务印书馆	1935 年 9 月
79	小学体育实施法	郑法编	商务印书馆	1935 年 9 月
80	中国游戏	梅羹儒编	中华书局	1935 年 7 月
81	球类运动概说	骆骥才编	中华书局	1935 年 7 月
82	田径运动概说	陈鸿仪编	中华书局	1935 年 10 月
83	走步	王怀琪编	中国健学社	1935 年 1 月
84	小学体育之理论与方法	陈奎生著	勤奋书局	1935 年
85	小学体育教材及教法	杨彬如编	世界书局	1935 年

续表

序号	教科书名称	编者	出版单位	出版时间
86	新编女童子军初级课程	范晓六主编	二二五童子军书报用品社	1935 年
87	新编童子军初级课程	范晓六主编	二二五童子军书报用品社	1935 年 3 月
88	新编童子军初级课程（战时增订本）	范晓六主编	二二五童子军书报用品社	1936 年
89	大家来游戏	高少是编	中华书局	1936 年 1 月
90	谁学得像	高少是编	中华书局	1936 年 5 月
91	国防训练的小学游戏教材	姚家栋编	商务印书馆	1936 年 2 月
92	小学教科书评论	吴研因等著	正中书局	1936 年 5 月
93	小学体育教授细目	教育部编	勤奋书局	1936 年 3 月
94	初中男生体育教授细目	教育部编	勤奋书局	1935 年 9 月第 1 册，1934 年 8 月第 2、3 册
95	初中女生体育教授细目	教育部编	商务印书馆	1936 年 7 月
96	初中男生体育教授细目	教育部编	商务印书馆	1936 年 2 月
97	高中男生体育教授细目	教育部编	商务印书馆	1936 年 2 月
98	学生体育指导	蒋槐青编著	大光书局	1936 年 6 月
99	小学体育	俞子箴编著	康健书局	1937 年 2 月
100	复兴体操	胡子霖编	康健书局	1937 年 5 月
101	幼稚的游戏	邹德惠编	商务印书馆	1937 年 2 月
102	小学体育教材及教法	杨彬如编	新亚书店	1937 年 4 月
103	小学体育教育实施法	姚家栋编著	正中书局	1937 年 1 月
104	体育教学法	吴蕴瑞编著	勤奋书局	1937 年 2 月
105	毽子游戏教材	鲍叔良编著	勤奋书局	1937 年

（二）教科书总体特点

1. 贯彻以"学生为本"的理念，由模仿日本转向学习美国

以"学生为本"是实用主义教育的体现，实用主义教育主张"教育即生长""以儿童为中心""从兴趣出发""个性自由"等，教科书强调"自身体上言之，

游技能得善良的全身运动""自精神上言之，游技能得意思之自由与快乐""自训练上言之，游技能养成个人的及社会的善良德性""自教授上言之游技方法简易，需时不多，适合于儿童心理"①。

2. 内容更加完善，西方现代体育教材内容占比较大

体育教材中还出现了适合残疾和体弱学生的教材内容，如《体操教授细目》专为不能正常参加体育课的学生编写了运动量小、内容相对简单的柔软体操。有的教材还有体育教学设备的配备要求，如《初小体育教本》就安排有一章来介绍体育设备。

从体育教材内容的比重来看，西方现代体育项目在教科书中的分量越来越重，还有围绕球类编写的单项教材，如《小学排球（高年级适用）》《小学篮球（高年级适用）》、田径单项教科书、舞蹈单项教材等。尤其是到了高年级，西方现代体育的比重更大，统计《高中男生体育教授细目》三年六学期的六册的教材内容，游戏出现在 38 个单元中，其他内容出现在单元中的次数为：器械操 60，攻守法 35，篮球 37，足球 31，排球 21，垒球 21，德国式手球 18，健身操 55，游泳 42，田径 42，举重 12。这些项目中，属于现代西方体育内容的球类运动占了 31%，游泳、田径、健身操、举重约占 36.6%，共占 67.6%。

3. 教材的编排体例丰富多样，自成体系

教材的排列有一定的系统性和科学性。这一时期，有的教材是以单节课为单位安排教材内容，有的是以周为单位安排。例如胡绍之、崔作山合著的《初级小学体育教材》，1930 年由并州新报社出版，这套教材按每周教学 3 课时，一学期教学 20 周计算，每册共计 60 课来安排教材内容，每课分准备动作、主要动作及结束动作三大部分。王复旦编写的《复兴初级中学体育教本》也是按照课时进行编排，根据每周 3 课时（其中 1 小时国术不安排在教材中）来安排教材内容，如初中第二册第三周的教材内容为：第一小时、第二小时为田径赛，第三小时为国术。1936 年由教育部编写、商务印书馆出版的《初级中学体育教授细目》《高级中学体育教授细目》则以周为单位编排教材。将各项内容设计为 20 分钟的小单元进行教学，每节课 50 分钟，除课堂常规外可安排 2 个单元进行

---

① 赵光绍. 体操教材［M］. 上海：商务印书馆，1921：58-59.

教学，教材按周安排各项教学内容，每周除安排 1 个单元学习国术，还有 5 个单元安排 4—5 项内容进行教学（个别内容在一周中安排 2 个单元）。而同样是由教育部编写的《小学体育教授细目》则是按年级和大单元来编制和安排教材内容。其理由是："小学教学注重有目的的与自发活动的设计方法，须打破科目的界限，使其整个活动成为一个大单元，若体育教材亦按周编辑，则毫无伸缩之余地，有失小学教育之本旨。"① 此外，还有以项目为单位编写的，如麦克乐等编写的《新学制体育教材》将所有的教材内容归为第二部，然后按章分别介绍各个项目，如将步法作为第二部分的第一章，将游戏作为第二部分的第二章，一共编写了十章的教材内容。

4. 教科书忠实地反映体育课程标准和体育课程目标

分析 1929 年至 1936 年的体育教科书的内容，可以发现教科书依据课程标准编写的程度在逐步提高。如商务印书馆出版的《复兴体育教本》《复兴初级中学体育教本》《复兴高级中学体育教本》，在编辑大意中都明确指出这些教材分别是按照教育部颁布的小学、初中、高中体育课程标准进行编写的。再如，教育部编写的《初中男生体育教授细目》就包括了游戏、球戏、田径、器械运动（包括机巧运动、活泼器械运动及木马双杠等）、护身活动（含国术），并在附录中提供了游戏和溜冰教材内容，供有条件的学校替换使用，并且根据男生的心理特点设有编选韵律活动的内容。这些内容安排都与初中体育课程标准的规定基本一致。② 此外，《小学体育教授细目》《初中女生体育教授细目》《高中男生体育教授细目》等教材的内容基本上也是按照课程标准的要求编写的。

5. 注重教法的提示

民国时期的中小学体育教科书均为教师用书，大部分教科书中都有教法的提示。如 1934 年张天百编写的《初小体育教本》，每册的第一章均为体育教学法概要，主要包括各教科书在教学中所使用的教学方法、教材的分配以及每一学期的教学要点等。如第一册的教学法概要中，首先对教师的示范做了要求，应多做示范动作、示范的方向、示范的位置、示范的次数等。其次指导教师在教学中怎样融入学生群体，如教师教学要兴高采烈，不要过于严肃，应把自己

---

① 教育部. 小学体育教授细目（第一册）[M]. 上海：勤奋书局，1936：编辑导言。

的精神融入教学中。第三是关于教学中的语言,包括口令、教科书的讲解等。第四是教学注意事项和其他学科的联系等。教科书对教学方法阐述得非常详细、明了,而且实用。此外,在《小学体育教授细目》中除了介绍如何进行各项内容的教学,还专门介绍了在乡村单级小学,面对一个班有多个不同年龄段学生且只有一位教师的情况下如何进行体育课教学。

6. 教科书审定机构几经调整,制度逐渐完备

1927年8月,国民政府教育行政委员会在《学校实施党化教育办法草案》中规定:"要把学校的课程重新改组,使与党义不违背又与教育学和科学相符合,并能发扬党义和党的政策。"1927年10月,中央教育行政机构由中华民国大学院替代教育行政委员会。在大学院教育行政处下,专设书报编审组。12月,大学院公布《教科图书审查条例》,主要内容包括:中小学教科用图书"非经中华民国大学院审定者,不得发行或采用",教科书"以不背党的主义、党纲及精神,并适合教育目的、学科程度及教科体裁者,为合格";应行审查的教科书,按其性质分为三民主义、国文国语、外国语、社会科学、自然科学、职业各科以及音乐、图画、手工、体操;已经审定的教科书,"应在书面上记明某年某月经大学院审定字样";审定后的教科书,"如经过两年时间,经大学院认为不合时宜者,得取消其审定效力"。[①]

1928年,大学院重新改为教育部,所有前大学院一切事宜均由教育部办理,教科书的编审则归编审处掌管。编审处分为三组,第一组负责编译教育学术方面的图书,第二组负责审查图书,第三组负责征集保藏奖励国内出版物及标本仪器、教育用品、国际出版物的交换等事宜。1929年1月,国民政府教育部公布《教科图书审查规程》,规定:学校教科书未经教育部审定或已失审定效力者不得发行或采用;送审图书,由部签示应修改之处,受审人应遵照修改呈核,以半年为限,逾期不予审查;已经审定者,应于书面上记明年月日教育部审定字样;审定之图书,有效期为两年。[②]

南京国民政府于1932年6月设立的国立编译馆,是民国时期存在时间最长的编审教科书的学术机构。编译馆以"发展文化,促进学术暨审查中等以下学

---

① 刘哲民. 近现代出版新闻法规汇编 [G]. 上海:学林出版社,1992:357-358.
② 李华兴. 民国教育史 [M]. 上海:上海教育出版社,1997:490.

校用书"为宗旨，其编审体制大体延续到1949年。1933年4月22日，国民政府裁撤教育部编审处，公布《国立编译馆组织条例》，规定编译馆主要任务是编译阐明文化及高深学术的著作。

四、代表性教科书

（一）《复兴体育教本》

1. 基本信息

（1）书名：《复兴体育教本》

（2）编者：束云逵、蔡雁宾（初小），蔡雁宾、束云逵（高小）

（3）出版单位：商务印书馆

（4）出版时间：1933年

图4-1 《复兴体育教本》

2. 编写背景与编写依据

本套教材按照1932年教育部颁行的小学课程标准编写。该课程标准的主导思想是在自然主义体育思想影响下，提示"锻炼体格、发展技能、培养品德"的基本思路，强调健身是这一时期体育的宗旨。

3. 教科书结构与内容

本套教材分为初小第一至四册、高小第一至二册，共6册，结构为本学年的体育实施月历、每周所用的正副教科书及其教具索引、第一编正教材、第二编补充教材和第三编附录五部分内容，初小第一册还包括编辑大意和编辑总说明。实施月历为学年教学计划安排，自8月至第二年7月，每月安排几项正教材和补充教材内容；正教材包括40项各种形式的体育及游戏活动，如初步训练、篮球、排球、接力赛跑、芙蓉花舞、豆囊掷围等；补充教材包括数项体育及游戏活动，如司令球、拔河以及唱歌游戏、模仿运动等。整体来说，正教材和补充教材内容性质并无明显差异，并且均按照小学年级的提升而提升了内容难度。正教材的编排顺序为教材、教材说明、教法、备注，均编成详细教案，配有图例表示动作，便于教授和学习。各册附录内容各不相同，按年级依次为姿势训练和考查方法、课外运动的指导方法，关于立的姿势训练、儿童身体发育的程序、儿童游戏发育的程序，运动，儿童体育成绩考查的研究、早操午后操的设施和教材，体育组织的概要、体格检查和身体的发育，筹备运动会的注意点、运动会的各种记录单、课外运动的组织法。

（二）《复兴初级中学体育教本》

1. 基本信息

（1）书名：《复兴初级中学体育教本》

（2）编者：王复旦

（3）出版单位：商务印书馆

（4）出版时间：1934年

2. 编写背景与编写依据

本套教材依据1932年教育部颁行的初中体育课程标准，结合初中学生的身体、年龄、技术程度和生理、生活的需要而编写。

3. 教科书结构与内容

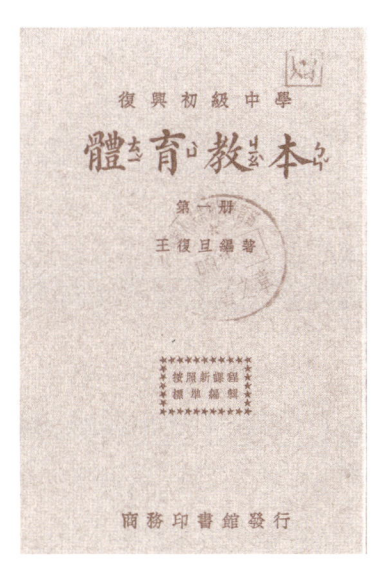

图4-2 《复兴初级中学体育教本》

本套教材共3册，供初中一至三年级使用。内容包括编辑大意、总论、早操、正课、课外运动五部分。总论包括目标、实施方法概要、班级组织法、时间支配四节；早操包括要旨、规划、秩序、教材等7节内容；正课分为上、下学期两节，每学期设置18周课程，设置有田径、球类等体育活动类课程，也有"国耻周"这样的爱国主义教育类体操活动课程，还有期末的技能测验与考试内容；课外运动包括时节支配、课外比赛、节假日体育设计等五节内容。

（三）《复兴高级中学体育教本》

1. 基本信息

（1）书名：《复兴高级中学体育教本》

（2）编者：王毅诚

（3）出版单位：商务印书馆

（4）出版时间：1934年8月，1935年1月、5月

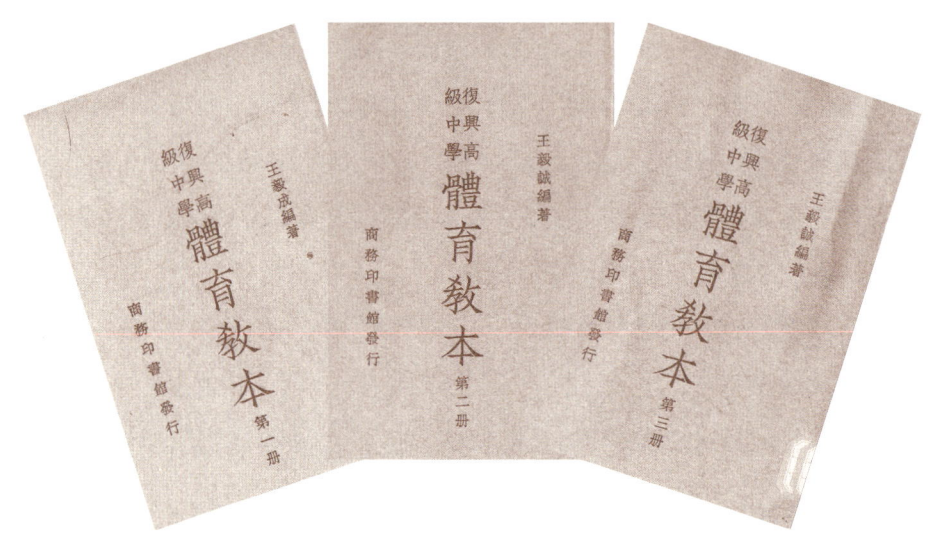

图 4-3 《复兴高级中学体育教本》

2. 编写背景与编写依据

本套教材依照1932年教育部颁行的高中体育课程标准，并参考美国密执安大学体育主任梅乔治博士所著《高中体育教程》编写。

3. 教科书结构与内容

本套教材共3册，供高中三年六学期使用。第一册内容包括编辑大意、绪论、标准课程、高中体育教程四部分。绪论共6节，包括健康的效果、教育的效果、如何实现体育效率、体育课程举例、体育设备、体育教授法概要；标准教程共7节，包括教员与教材、论走步、论口令、论走步体操法、论柔软体操、论器械操、论团体运动；高中体育教程共3节，包括教程概论、高中一年级体操教材、高中课外运动田径赛练习法。第三章高中体育教程为全书主体内容，

明确了每周教授时长（2 小时），规定了学生每周体育训练的最少时长（3 小时 45 分钟），还制订了详细的体操、田径授课计划。

第二册内容包括通论和第二学年上学期教程两章。通论包括教材大纲和训练要点两节，分别包括游戏、器械运动、国术、舞蹈等十部分和健康检查、卫生设备、技能检测等五部分内容。第二学年上学期教程包括 18 个课时的教授内容，自九月至第二年 6 月。第二章为全书主体内容。

第三册内容包括教程和球类运动筹备评判述要两章。第一章教程共 12 课时内容，自九月至第二年 3 月下；第二章球类运动筹备评判述要共 10 节，包括运动会组织要点、各项球类运动、比赛制度等。

（四）《小学体育教授细目》

1. 基本信息

（1）书名：《小学体育教授细目》

（2）编者：吴蕴瑞

（3）出版单位：上海勤奋书局

（4）出版时间：1936 年

2. 编写背景与编写依据

本套教材依照 1932 年教育部颁布的小学体育课程标准及 1934 年教育部召集《体育教授细目》编辑委员会所修改的《小学体育目标》编写。各年级教学的各类体育项目及教材，均与新修改的各学年作业要项表相符合。

3. 教科书结构与内容

本套教材共 4 册，分四编。第一编为总论，分为五章，包括目标、各学年作业要项、教学要点、正课及课外时运动时间之支配、教学实施说明及案例；第二编为作业要项说明，分为五章，包括游戏、韵律活动、体操、运动及其他；第三编为各类教材示例，分为五章，前四章内容对应第二编前四章展开；第四编为单级小学体育课编制之方法，包括五条附录，内容为体育场所、设备的安排及比赛的组织办法。

本套教材结构与内容设置不同于初中和高中教科书，按照小学教学注重有目的与自发活动的设计方法，打破科目界限，使整个活动成为一大单元的原则，内容按年组编制，以保留伸缩余地。第一编和第二编为本套教材的第一册，第三编第一章为第二册，第三编第二章为第三册，第三编第三至五章和第四编为第四册。内容设置为由浅入深，体操内容多系瑞典式。

（五）《初中男生体育教授细目》《初中女生体育教授细目》

1. 基本信息

（1）书名：《初中男生体育教授细目》《初中女生体育教授细目》

（2）编者：教育部

（3）出版单位：商务印书馆

（4）出版时间：1936年

2. 编写背景与编写依据

本套教材在教育部主持编辑各级学校体育教授细目的建议基础之上，本着供给新颖教材、树立体育教授标准、试验并建设全国适用的教科书的宗旨而编写。《初中女生体育教授细目》参照《初中男生体育教授细目》的格式，采用其教材教法编写。

3. 教科书结构与内容

本套教材各3册，分别供初中男生、女生第一至第三学年使用。每一学年分为上、下学期，每学期分为20周，每周的内容为5个单元。具体课程内容包括游戏、球戏、田径运动、器械运动和护身运动，各项课程内容的设置比例均在例言中予以说明。《初中男生体育教授细目》文中多配有动作插图，《初中女生体育教授细目》有不少舞蹈内容，并配有谱例。

（六）《高中男生体育教授细目》

1. 基本信息

（1）书名：《高中男生体育教授细目》

（2）编者：教育部

（3）出版单位：商务印书馆

（4）出版时间：1936年

2. 编写背景与编写依据

本套教材在教育部主持编辑各级学校体育教授细目的建议基础之上，本着供给新颖教材、树立体育教授标准、试验并建设全国适用的教科书的宗旨而编写。

3. 教科书结构与内容

本套教材共 6 册，供三个学年上、下学期使用。与初中教材相同，每册分为 20 周，每周 5 个单元。正文中多配有动作插图，便于教授和学习。

（七）《新学制体育教材》

1. 基本信息

（1）书名：《新学制体育教材》

（2）编者：（美）麦克乐、沈重威

（3）出版单位：商务印书馆

（4）出版时间：1928 年

2. 编写背景与编写依据

1923 年 8 月，在北京清华学校召开了"中华教育改进社体育组第二届年会"，决议案请麦克乐编订运动标准及体育教授纲目，请各地体育教员试验，至下届年会再讨论修改。麦克乐编写了译自美国的中小学体育教材，于 1928 年由沈重威加以充实后出版，即为此书。[①]

3. 教科书结构与内容

全书分为总则和教材两大部分。总则包括体育的意义、体育的需要和价值、体育教育的目的、体育教材的内容和选配、体育组织概要、体育领袖、标准试验和其他奖励方法、体育教授的精神八章。教材包括步法、游戏、个人和团体武的竞争、垫上运动、运动、机巧运动、学生姿势的概要、柔软体操、敏捷运动和舞蹈十章。

---

① 国家体委体育文史工作委员会，中国体育史学会. 中国近代体育史［M］. 北京：北京体育学院出版社，1989：118.

第五章　抗日战争全面爆发至新中国成立前的体育教科书（1937—1949）

一、社会背景

（一）政治经济背景

1937年7月7日，抗日战争全面爆发，日本帝国主义侵占我国广大国土，使我国遭到严重破坏，疮痍满目，人民颠沛流离，饥寒交迫。经过全国人民艰苦卓绝的浴血奋战，最终迎来了抗日战争的伟大胜利。抗日战争是中国近代以来抗击外敌入侵第一次取得完全胜利的民族解放战争，成为中华民族由衰败到振兴的转折点，为中国的独立和解放奠定了基础。抗战胜利不久，解放战争爆发，至1949年国民党统治被推翻。由于连年战争及国民党统治腐败，通货膨胀严重，经济濒临崩溃。

（二）教育发展与改革背景

1938年3月，国民政府召开临时全国代表大会，制定了"抗战建国"的基本国策，通过了《战时各级教育实施方案纲要》，以"三育并进""文武合一""教育目的与政治目的一贯"等为方针，并提出："学校体育与社会力求普遍设施，整理体育教材，使与军训童训取得联贯。强迫课外运动，以锻炼在学青年之体魄，并注意学生卫生方法之指导及食物营养之充足。"[①] 这一纲要提出使体育与军训合一，与童子军合一，与卫生教育合一，其目的偏重在兵源的补充和兵源品质上。[②] 在抗战极其艰苦的岁月里，中国教育在逆境中不断奋进。大批学校和体育工作者迁往内地，促进了西南、西北地区体育教育的发展。在国民党统治区，国民党一度为加强学校体育的管理，成立了学校体育的领导机构，先

[①] 中国第二历史档案馆. 中华民国史档案资料汇编·第五辑第二编·教育（一）[G]. 南京：江苏古籍出版社，1997：9.

[②] 许义雄，徐元民. 中国近代学校体育（上）——目标之发展 [M]. 台北：师大书苑有限公司，1999：182.

后颁布了不少学校体育法令，并在此基础上于1940年3月公布了《各级学校体育实施方案》。这是我国近代史上第一个比较全面的学校体育实施方案，对我国近代学校体育的发展起到了积极的作用。但由于学校体育从传统观念和政策制度上不被重视，所制定的一些法令和措施并没有得到贯彻和实施。学校体育经费严重缺乏，运动场地器材设备简陋不堪，体育课被视为"小四门"可有可无，课上"放羊式"现象普遍存在，课外只注重训练少数选手争夺锦标，因而学校体育发展缓慢，甚至畸形发展。

中国共产党领导下的革命根据地十分重视学校体育的开展。在苏区和解放区内，各级各类学校都开设有体育课和课外体育活动，活动内容丰富多彩，经常举行各种类型的运动竞赛和运动会。在物质条件十分困难的情况下，广大师生想方设法，因陋就简，土法自制，缓解了场地器材不足的局面，使根据地的体育活动呈现欣欣向荣的新气象。1941年创建的延安大学体育系，为解放区培养了一批体育干部和师资力量，使根据地的学校体育有了很大发展，也为新中国学校体育的开展奠定了基础。

抗战胜利后，国民政府完成了教育的善后工作。但是，国共内战导致教育发展也受到严重影响。毛泽东提出民族的、科学的、大众的文化教育之新民主主义教育理论，教育为无产阶级政治服务的方针，使边区、解放区的教育事业不断发展，并在有计划地从战时教育向正规教育转变过程中，迎来了新民主主义革命的伟大胜利。

二、课程概要

（一）学制、课程设置与课程标准

1. 学制、课程设置

为适应抗战需要，这一时期的学制有一些变动。初等教育采用多轨制，可分为一年制、二年制和六年制。中学三三制与四年制、六年制并行。[①]

[①] 石鸥，吴小鸥. 中国近现代教科书史（上册）[M]. 长沙：湖南教育出版社，2012：424.

1942年10月，教育部颁布《小学课程标准总纲》，低中年级设团体训练、音乐、体育、国语、算术等8门科目。一至三年级体育教学时间为每周120分钟，所占周总教学时间的比例，一年级为11.1%，列第3位；二年级占10.3%，列第4位；三年级为9.3%，列第4位；四年级体育教学时间每周150分钟，占周总教学时间的11.1%，列第4位。高年级设团体训练、音乐、体育、国语、算术、社会（公民、历史、地理分科设置）、自然、图画、劳作9门，体育每周180分钟，占周总教学时间的12%，列第3位。

1940年2月，教育部颁布《初级中学课程标准》，设置公民、体育、童子军、国文、算学、自然科学（博物、生理及卫生、化学、物理）、历史、地理、劳作、图画、音乐11门科目。体育每周2学时，占周总学时的6.5%，列第4位。

1940年2月，教育部颁布《高级中学课程标准》设15门科目，体育连续3个学年开设，每周2学时，占周总学时的6.5%，列第4位。

2. 课程标准

（1）小学体育课程标准

教育部颁布《小学体育科课程标准》（1942年3月）规定：学制6年，每学年开设体育课，教材大纲分为整队与走步、体操、韵律活动、游戏与运动、国术5类。同时指出："各种教材，必须于规定学年内全部教学完毕；各校除照上列教材教学外，得酌授补充教材，并讲解体育及卫生常识；各校倘设备完全，环境许可，高年级儿童得酌习游泳一项，惟须严密管理；上列各项教材要目，本部将分别编辑小学体育教材及小学简易国术教材，以供各校应用。"[1]

（2）中学体育课程标准

教育部颁布《修正初级中学体育课程标准》（1940年12月）规定：学制3年，每学年开设体育课，教材内容包括体操（包括走步与各式体操）、韵律活动（各种舞蹈）、游戏运动（各种非正式游戏）、机巧运动（垫上运动、器械运动及叠罗汉）、球类运动（各种通行球戏）、竞技运动（田径赛竞走、越野跑及各种

---

[1] 课程教材研究所. 20世纪中国中小学课程标准·教学大纲汇编：体育卷[G]. 北京：人民教育出版社，2001：26.

障碍跑、接力跑等之个人与团体竞技）、自卫活动（拳术、角力、摔角）、水上及冰上运动（游泳、划船、滑冰等）、其他运动（爬山、骑射、自由车、宿营、踢毽子等）9类，每周2小时。

教育部颁布《修正高级中学体育课程标准》（1940年12月）规定：学制3年，每学年开设体育课，教材内容包括体操（包括走步与各式体操）、韵律活动（各种舞蹈与舞剧）、游戏运动（各种非正式游戏）、机巧运动（垫上运动、器械运动及叠罗汉）、球类运动（各种通行球戏）、竞技运动（田径赛竞走、越野跑及各种障碍跑、接力跑等之个人与团体竞技）、自卫活动（拳术、劈刺、击剑、角力、摔跤等）、水上及冰上运动（游泳、水球、救生、划船、滑冰等）、其他运动（骑射、驾驶、露营、滑翔、跳伞等）9类，每周2小时。

教育部颁布《六年制中学体育课程标准草案》（1941年）规定：学制6年，每学年开设体育课，教材内容包括体操（包括走步与各式体操）、韵律活动（男生包括土风舞、踢踏舞等，女生包括各种舞蹈与舞剧）、游戏运动（各种非正式游戏）、机巧运动（垫上运动、器械运动及叠罗汉）、球类运动（各种通行球戏）、竞技运动（男生包括田径赛竞走、越野跑及各种障碍跑、接力跑等之个人与团体竞技，女生包括田径赛竞走等之个人与团体竞技）、自卫活动（男生包括拳术、劈刺、击剑、角力、摔角等，女生包括拳击、剑术等）、水上及冰上运动（男生包括游泳、水球、救生、划船、滑冰等，女生包括游泳、救生、划船、滑冰等）、其他运动（男生包括爬山、自由车、踢毽子、露营、骑射、驾驶、滑翔、跳伞等，女生包括爬山、自由车、踢毽子、露营等）9类，每周2小时。

此外，上述3个中学体育课程标准均指出："教材之选配以部颁初中体育教授细目为标准，教员得自选适当教材加以补充。各校除照上项所列教材教学训练外，并宜随时讲授体育常识，暂无健身房或室内运动设备之学校，遇天雨地湿不能在户外运动场上课时，即可利用此时间在教室内讲解体育常识，同时仍作适当之室内游戏运动。"[①]

综上所述，体育课程与此前相比更加注重健康和技击类的项目。例如，小学阶段增加卫生常识和中国传统体育项目（如国术）的内容，同时强调不同性

---

① 课程教材研究所. 20世纪中国中小学课程标准·教学大纲汇编：体育卷 [G]. 北京：人民教育出版社，2001：434，438-439，444.

别的教材内容有所区别,如对高年级男生田径运动、女生韵律活动要求加重分量。对于教科书的编审没有相关规定,但在课程标准中提出了教材选配的一些要求。

(二)教科书制度

全面抗战爆发后,国民政府成立了各级学校各科教材编订委员会,强化了对教科书的管理和控制,严密关注学生的言论、行动、思想、学业和身体状况。南京国立编译馆作为国家编辑教科书的机构,于1932年正式成立。全面抗战爆发前,国立编译馆主要承担教科书的审定工作;全面抗战开始后,又承担了教科书的编辑整理工作。[①]1943年国定本教科书发行,国定本教科书即由国立编译馆负责编写。

这一时期的课程标准与教科书出版有密切的关系。1940年教育部组织修订中小学课程标准,1943年开始实行新的课程标准,显示了国民政府对于国定教科书的初步规划设计。1943年11月教育部发布训令,要求公民、国文、历史、地理四科必须采用国立编译馆统编的国定本,四科之外的教科书由国立编译馆审定。中小学教科书完成了由审定制到国定制与审定制并行制的转变。[②]

新中国成立前夕,已经解放的地区如华北区的华北人民政府教育部便成立了教科书编审委员会,为解决1949年秋季中小学入学教学用书问题,着手审定、修订了老解放区和原国民党统治区的中小学课本。[③]

三、教科书概貌

(一)教科书出版总体情况

1937年前后,由国立编译馆编纂、商务印书馆出版了一套教科书,这套教科书数量不是很多,主要是面向小学校的公民、国语、算术、自然等科目。[④]抗战时期,教科书的出版者有商务印书馆、中华书局和正中书局等多家机构,后

---

① 石鸥,吴小鸥.中国近现代教科书史(上册)[M].长沙:湖南教育出版社,2012:427.
② 徐辉.抗战大后方教育研究[M].重庆:重庆出版社,2015:71.
③ 石鸥,方成智.中国近现代教科书史(下册)[M].长沙:湖南教育出版社,2012:5-6.
④ 毕苑.中国近代教科书研究[D].北京:北京师范大学,2004:47.

来中华书局在 1937 年后一度改营印刷业,不注重出版。因此,全面抗战开始后,商务印书馆和正中书局等担负了中小学教科书出版的主要任务。

这一时期,体育教科书的编写出版延续学习美国,其数量和 20 世纪 20 年代末到 30 年代前期的出版高潮相比,有一定落差,几乎每期都要拿出一定篇幅介绍各种体育教材内容的《勤奋体育月报》[①]也于 1937 年 7 月停刊。中国共产党领导的抗日革命根据地及解放区的学校体育教育也有了一定程度的发展,出现了由新华书店发行的体育教材。小学体育教科书明显多于中学体育教科书。(见表 5-1、表 5-2 和表 5-3)

表 5-1　抗日战争全面爆发至新中国成立前小学体育教科书出版情况统计表

序号	书名	编者	出版单位	出版时间
1	游戏教材	张铁珊编	潞河乡村服务部	1938 年 6 月
2	室内体操	王应麟编	商务印书馆	1939 年
3	小学体育科教材和教法	束云逵编	商务印书馆	1940 年 3 月
4	叠罗汉教材	余永祚主编	江西力学书店	1940 年
5	徒手体操教材	余永祚主编	江西力学书店	1940 年
6	个人竞技游戏教材	余永祚主编	江西力学书店	1940 年
7	体育教材大全	崔玉玢、阎华棠合编	燕京大学体育系	1940 年 10 月
8	小学垫上运动与叠罗汉	周鹤鸣编著,吴澂校订	教育部	1943 年
9	小学体育	高梓编著	正中书局	1943 年
10	学校舞蹈教材(全一册)	高少是编译	中华书局	1940 年 4 月
11	小学游戏教材	陈炯桢	仙游师范学校	1944 年 10 月
12	高小滑翔补充教材	余祥麟,白启荣编著	正中书局	1944 年
13	小学整队与走步教材	陈韵兰,赵汝功编著	教育部特设体育师资训练所	1944 年 1 月

[①]《勤奋体育月报》社主办,1933 年 10 月创刊,每卷 12 期,共出 4 卷 10 期。

续表

序号	书名	编者	出版单位	出版时间
14	小学整队与走步教材	陈韵兰，赵汝功编著	正中书局	1948年
15	唱游	陈韵兰编	正中书局	1945年
16	小学竞技运动教材与教法	王复旦编著，冯公智校订	正中书局	1945年
17	体育教材	何能夏编著	沙县教育图书出版社	1945年
18	小学体育教材选辑	吴邦伟、高枞选辑	编者刊	1945年
19	小学体育训练图解	郑法编著	七七出版社	1945年8月
20	游戏拾零	苏中军区直属政治部编	编者刊	1945年11月
21	小学徒手操	吴澂、王子鹤编著	重庆教育部国民体育委员会	1945年11月
22	小学徒手操	吴澂、王子鹤编著	正中书局	1948年8月
23	中心国民学校体育教材教法	俞子箴、袭镇藩合编	江西省中国兴业出版公司	1946年6月
24	体育教学法及教材图解	周学旦编著	教育图书出版社	1946年10月
25	中级童子军	中国童子军江苏省支会理事会	大时代书局	1946年
26	中级童子军训练	中国童子军浙江省理事会	童子军教育用品供应社	1940年
27	中级童子军训练	周伯平	少年教育用品供应社	1944年
28	中级童子军	胡立人编	中华书局	1947年
29	大时代中级童子军	中国童子军江苏省支会理事会	大时代出版社经销处	1947年
30	童子军游戏教材教法	曹庸芳著	商务印书馆	1947年12月
31	体育教师手册	吴文忠编著	中华书局	1947年1月

续表

序号	书名	编者	出版单位	出版时间
32	球类运动教材	吴文忠编著	商务印书馆	1946年12月
33	几种机巧运动	王庚编著	商务印书馆	1947年10月
34	几种球类运动	王庚编著	商务印书馆	1947年10月
35	我们的田径运动	赵宇光编著	商务印书馆	1947年10月
36	户内户外游戏	阮良编著	商务印书馆	1947年10月
37	我们的竞争游戏	张宝樨编著	商务印书馆	1947年10月
38	唱游教材及教学法	邓铸成编	晨光书局	1947年11月
39	游戏教育概论（讲义）	王庚编	中华体育师范学校	
40	游戏教材教具教法	顾琨、侯铭合编	新中国书局	1947年5月
41	经用的幼儿游戏材料	王儿、董任坚合编	中华书局	1947年9月
42	小学体育教本（第一至六册）	沈寿金编著	正中书局	1947—1948年
43	几种乡土游戏	张宝樨编著	商务印书馆	1947年
44	小学韵律活动补充教材	彭泽芬编著	正中书局	1948年7月
45	小学游戏	冯公智编著	正中书局	1948年8月
46	小学体育教材教法（上、下册）	邹法鲁编著	新夏图书公司	1948年
47	小学体育教材教法	邹法鲁编著	世界书局	1948年9月
48	唱游舞蹈教材	庞媛玉编著	新四川文化社	1947年6月

续表

序号	书名	编者	出版单位	出版时间
49	小学体育科教材和教法一册	束云逵编纂，朱经农、沈百英主编	商务印书馆	1948 年
50	小学体育科教材和教法	束云逵编	商务印书馆	1948 年 4 月
51	最新实验小学游戏教材	（美）米瑟尼著，王毅诚译	世界书局	1948 年 3 月
52	唱游教材	顾绶卿编	晨光书局	1948 年
53	小学体育教本	沈寿金编著	正中书局	1948 年
54	南京市小学体育巡回辅导团教材	高梓编	正中书局	
55	小学垫上运动与叠罗汉	周鹤鸣编著，吴澂校订	正中书局	1948 年 8 月
56	室内游戏三十种	金知温编著	华年出版社	1948 年 5 月
57	表演教材	黄一德编著	大可书店	1948 年 9 月
58	儿童游戏	冀中教育社编	新华书店保定总分店	1949 年
59	儿童游戏踢毽子			1949 年
60	小学团体操教材及教学法	俞海林编	中国儿童图书出版公司	1949 年 3 月
61	小学体育教师手册	张觉非，俞子箴编	中华书局	1949 年
62	小学韵律活动	高校编著	正中书局	1949 年
63	实用户外游戏教材	吴耀麟编	商务印书馆	1949 年 4 月
64	最新体操教科书	陆枑译	共和书社	
65	教育体操法提要	李春辑		
66	女子小学体操范本	中国图书公司编辑	中国图书公司	

表 5-2　抗日战争全面爆发至新中国成立前中学体育教科书出版情况统计表

序号	书名	编者	出版单位	出版时间
1	体育科战时补充教材	黄金鳌编著	商务印书馆	1940 年
2	国民健身操	吴澂、王子鹤合编	重庆国民体育季刊社	1942 年
3	徒手体操教材教法（上、下册）	俞晋祥、葛衢康编	体育与健康教育研究社	1942 年
4	家庭健身操	（美）麦克乐编，陈韵兰译	教育部国民体育委员会	1943 年
5	垒球	宋君复编	教育部	1943 年
6	垒球	宋君复编	正中书局	1948 年 8 月
7	体育教材	何能夏编	福建改进出版社	1943 年
8	体育之基本原理与实际	王学政著	商务印书馆	1943 年
9	从体育中培养品格	（美）麦克乐著，江良规、吴琅笙译	教育部国民体育委员会	1944 年
10	擒拿	邓德达编著	教育部	1944 年
11	战时体育补充教材	程登科编著，王复旦校	教育部国民体育委员会	1944 年 10 月
12	初中器械运动	周鹤鸣编著	正中书局	1945 年
13	短兵术	温敬铭编著，张之江校订	正中书局	1945 年
14	中学舞蹈教材（上、下册）	高梓编著	正中书局	1945 年
15	家庭健身操	陈韵兰编译	正中书局	
16	室内游戏	黄蔷英编	商务印书馆	1945 年 7 月
17	军警体育	程登科编著	教育部国民体育委员会	1945 年
18	体育教材	陈炯桢编	永春力行中学	1945 年
19	建国教科书初级中学童子军（第一至六册）	陈立夫主编	正中书局	1936 年初版 1945 年再版

续表

序号	书名	编者	出版单位	出版时间
20	新中国教科书初级中学童子军（第一至六册）	薛元龙等编著	正中书局	1946 年
21	新编童子军初级课程	范晓六主编	二二五童子军书报用品社	1947 年 6 月
22	复兴初级中学体育教本（第一至三册）	王云五编	商务印书馆	1947 年
23	摔角术	张文广编著	正中书局	1948 年 8 月
24	田径赛补助运动	吴文忠编译	教育部国民体育委员会	1943 年
25	田径赛补助运动图解	吴文忠编译	中国体育图书社	1946 年 7 月
26	体育的基本原理	叶琛著	大中国图书局	1948 年
27	初中器械运动	周鹤鸣编著	正中书局	1949 年

表 5-3 抗日战争全面爆发至新中国成立前中小学合编体育教科书出版情况统计表

序号	书名	编者	出版单位	出版时间
1	分级体育活动教材（小学、初中适用）	凌陈英梅著	中华基督教女青年会全国协会	1943 年
2	中小学适用叠罗汉教材	捷尔滋著，阮蔚村译	勤奋书局	1949 年 4 月

（二）教科书总体特点

1. 体育课程与教科书的颁布与实施存在很大差异

抗日战争全面爆发至新中国成立前，国民政府颁布了多部有关体育教科书的法规文件，进行了两次课程标准的修订工作。有关学校体育的法规、标准、大纲、章程中，对体育课程目标、教材内容、教学方法等都做了较为明确的规定。但由于战乱等原因，这些体育课程法规、文件及要求，以及从体育教授细目为教材搭配进行教学改革的计划，均未得到全面实施，体育课程和教科书的相关规定形同虚设。

2. 为战时需要，中学以上增加军事训练内容

抗日战争使得这一时期的体育教科书呈现迎合战时需要的特点。教育部规定在中学以上进行普遍的军事训练，针对男女生提出不同的训练内容，重视军事、国防所需运动技能的项目及非常时期的身体锻炼，对学生进行爱国主义教育。有关当局也加强了对学生的身体训练和军事训练。体现了以军事精神完成体育军事化的思想。根据战时体育方针和1940年3月公布的《各级学校体育实施方案》的要求，学校体育普遍增加了战时教科书的内容，编写了《战时体育教材》和《童子军》教材等。

3. 编审制度不断变革，由国家审定的基本宗旨没有改变

自清末废科举、兴新学，我国编写体育教科书以来，一直采用私家编写出版、国家审定的方式。各出版社公开竞争、各显其能，"优存劣汰"，为提高教科书质量创造了条件。不少私家出版的教科书"其编制、方法、取材内容，每多稗贩"，"对于国家政策之推行，不能互相呼应"[1]。鉴于此，国民政府教育部于1932年设立教科书编辑委员会，后改隶国立编译馆。国立编译馆成立初期，主要从事教科书籍的审查，"全国经费用于审查教科图书者十分之七"[2]。1932年，国民政府教育部先后颁布《教科图书审查规程》《审查教科图书共同标准》，明确规定各级各类学校采用的教科书不能违背国民党主义、党纲及精神，要适合教育目的，学科程度及教科体裁为合格。

4. 编写出版数量小学多于中学，教材内容有所扩展

体育教科书编写出版数量依旧是小学多于中学。教科书的选编注意国情，既有国际上普遍实施的田径、体操、韵律操等竞技体育内容，又有民族传统体育、节令风俗体育及培养学生适应生活的野外活动，对培养学生卫生习惯和保健知识方面也给予了一定重视。新编了一批单项教材，既有师资培训用书，也有作为学校教材的拓展。总体来看，教材内容有所扩展，以走步、体操、游戏为主的三段教科书内容逐渐演变为以田径、球类、体操和韵律活动为主的体育活动。教材内容体系逐步走上生活化、娱乐化、竞技化，但以竞技化的教材内

---

[1][2] 宋原放. 中国出版史料·现代部分（第一卷下册）[M]. 济南：山东教育出版社；武汉：湖北教育出版社，2001：299，297.

容为主。

(三) 教科书实施状况

由于经费不足、设备简陋，管理混乱、各行其是，师资质量差、数量不足等问题的存在，体育课往往形同虚设，上述规定连同法令本身并未得到切实施行。颁布的体育课程标准只是文件课程，其实施情况从各种地方志、史学资料及老一辈人的回顾中可见一斑。

秦玉书回忆："三十年代到四十年代，河南学校体育的状况，据我了解，无本质上的差别……当时，一般中小学都有体育课和童子军课，三三年左右，高中除体育课外，又加上军训。当时的体育课，既无正式教科书，也无教学大纲，体育老师会啥教啥，上课能站站队，粗枝大叶地讲讲课堂内容和方法要领，再多给学生做点指导，就算很不错了。"①

杨寿恺回忆：解放前的10年，南宁私立尚实中学体育教师要担任6个班的体育正课教学。省教育厅颁发的《中学体育的规定》规定学生体育成绩不及格不得升学和毕业。体育正课每周2节，教科书与教学方法没有统一规定。②

以上这些材料可以看出，这一时期体育课程不同程度地得以实施，一般学校都有体育课，即使在抗日战争时期的困难条件下，有些学校仍然能坚持上体育课。但是，多数学校的体育课，教学不认真，缺乏教学计划，甚至每课教学事先都无计划，由于缺乏应有的运动场地设备，很多学校无法按规定的教科书内容上课。一般中学体育课以打球为主，上课点名后，进行几分钟的队列训练和准备体操，就分为几组自行打球，教师在一旁观望或做裁判，形同放羊，称为"放羊式"教学。田径教材只是在学校开运动会以前，临时安排几次教学。器械体操教材，一般学校由于缺乏设备，学生多不感兴趣，更不受重视。但也有少数中小学体育课教学认真，课外体育活动开展得较好。③

---

①② 苏竞存.中国近代学校体育史[M].北京：人民教育出版社，1994：166，169.
③ 张庆新.中国体育教材史论[M].北京：中国农业大学出版社，2011：68-71.

四、代表性教科书

(一)《小学体育教本》

1. 基本信息

(1) 书名:《小学体育教本》

(2) 编者：沈寿金

(3) 出版单位：正中书局

(4) 出版时间：1947—1948 年

图 5-1 《小学体育教本》

2. 编写背景与编写依据

本套教材依据国民政府教育部颁发的《小学体育科课程标准》(1942) 关于整队、走步、听琴动作、故事游戏、追逃游戏、竞争游戏的规定编写。

3. 教科书结构与内容

全套教材共 6 册，分为第二学年上学期和下学期两章，每章包括 8 节共计 22 周课次，主要内容有整队、各种游戏、体格检查、测量身高体重、考查成绩等。

教材编制采用教案式，以周为单位，六册教材分别供一至六学年使用。对教学方法，不嫌烦琐，力求详尽。游戏运动依气候季节稍有差异，春秋季较平和，冬季较剧烈。

(二)《小学韵律活动补充教材》

1. 基本信息

（1）书名：《小学韵律活动补充教材》

（2）编者：彭泽芬

（3）出版单位：正中书局

（4）出版时间：1945年12月（初版）

2. 编写背景与编写依据

本套教材主要依据国民政府教育部颁发的《小学体育科课程标准》（1942）关于韵律活动的规定编写。

3. 教科书结构与内容

本书是专门编写的小学韵律活动教材，全书分为体育基本动作和舞蹈（歌唱、歌舞）两章，每章均分甲、乙、丙三级内容，之后在每级内容中按照序号排列出各个教材内容。全书的章节数比较少，整体结构清晰，一目了然。

教材的构成包括章节名称、单个教科书名称、动作方法、乐谱、排列方式、具体做法，歌词部分属于童谣性质，比较活泼，文字风格比较简洁。

(三)《初中器械运动》

1. 基本信息

（1）书名：《初中器械运动》

（2）编者：周鹤鸣

（3）出版单位：正中书局

（4）出版时间：1949年2月（初版）

2. 编写背景与编写依据

本套教材主要依据教育部颁发的《修正初级中学体育课程标准》（1940）和《六年制中学体育课程标准草案》（1941）关于机巧运动中器械运动及叠罗汉部分的规定编写。

图 5-2 《初中器械运动》

3. 教科书结构与内容

全书分为器械运动之意义、教学、部位与名称、器械之设置与保管、初中各年级单杠教材、初中各年级双杠教材、初中各年级木马教材、初中叠罗汉教材八章。第一章至第四章为关于器械运动的相关教学资料，第五章至第八章为初中单杠、双杠、木马、叠罗汉教材。教材内容结构清晰，前面是理论知识部分，后面是实践操作部分，按照课次的方式逐一呈现。

（四）《中级童子军》

1. 基本信息

（1）书名：《中级童子军》

（2）编者：中国童子军江苏省支会理事会.

（3）出版单位：大时代书局

（4）出版时间：1946年10月（初版）

2. 编写背景与编写依据

1938年3月通过的《战时各级教育实施方案纲要》，要求体育教材与军训、童子军课程取得联贯。1940年2月颁布的《初级中学课程标准》，设置公民、体育、童子军等11门课程。

图5-3 《中级童子军》

童子军组织由英国人罗伯特·贝登堡于1907年创建，1912年首先由严家麟引入国内，1949年新中国成立，童子军教育随之停止。初创时期，作为"舶来品"的中国童子军教育，主要是简单地仿效、照搬欧美，直至国民党在形式上统一全国，依靠政权的力量，加大整合力度、控制童子军教育，使童子军教育开始在中国大地生根发芽，迅速推广。国民党普及的童子军教育，整体分为幼童军（一般为8—11岁）、童子军（一般为12—18岁）、青年童子军（18岁以上），教育的课程也依次分为初级、中级、高级三级。《中级童子军》是依据童子军课程的阶段性教育要求，于1946年推出的童子军教材。作为单行本教材，仅涉及小学中级童子军的相关内容，与以往的体育教学内容全覆盖的编排模式相比，本书内容集中而统一，呈现出它的独特性。

3. 教科书结构与内容

全书分为三民主义要略、服务、方位、童子军步与健身运动（女）、旗语、侦察、生火、救护、炊事、礼仪、缝补与缝织（女）、洗涤、露营与远足（女）、储蓄十四章。每章教材内容体例为合格标准加小标题和教材内容。全书的文字风格以生动活泼、轻松自如为主。在内容处理上，很多选择出于战时需要的考量，但并未带给学生紧张压抑之感。教材以第一人称和第二人称为主，采用谈话的口吻讲解，通俗亲切，更易融进学生的脑海。文本的字里行间多是透露期许与肯定，例如在根据植物测定方位的章节中，"只要你随时注意植物的生态……相信你在任何时间内……很明了地辨识出方向来"[①]，即便是艰苦的军步训练，教材中也能道出心声，"初学军步的，往往心慌意乱，速度和步长，前后不能一律，不是过快，定是过慢，这是必经的过程，只须用功练习，一定可以成功"[②]。教科书中的文字能为学生传递信心，激发活力，用积极正面的情绪感染、带动学生训练，吸引青少年爱读、爱学、爱练。

4. 教科书的使用、地位与影响

本书体现"总章"中规定的"忠孝仁爱、信义、和平"的"最高训练原则"，培养"智、仁、勇兼备之青年"的宗旨，在培养强健体魄的过程中，实现道德修养的强化。"储蓄"考验人的恒心，"军步""健身""远足"离不开毅力和耐力的支撑，"旗语""侦察"是对观察和推理能力的有效锻炼，"缝补"等手艺注重技巧、效益和创造精神，"礼仪"则是对儒家文化传统的继承，"救护""服务""日行一善"注重培养社会责任感和爱国意识，力图在培养儿童少年强健体魄的过程中，强化道德修养。本书适应了抗日战争期间国民政府"抗战救国"的基本方略。

---

①② 中国童子军江苏省支会理事会. 中级童子军 [M]. 上海：大时代书局，1941：12，18.

第四编　新中国成立后的教科书

第六章　新中国成立初期的体育教科书（1949—1953）

一、社会背景

（一）政治经济背景

1949年10月1日新中国成立，中国历史发生了重大转折。新中国成立初期，面临巩固人民政权、恢复和发展生产、争取财政经济状况根本好转的繁重任务。1953年，中共中央公布了过渡时期总路线，包括两方面内容：一是逐步实现社会主义工业化，这是总路线的主体；二是逐步实现对农业、手工业和资本主义工商业的社会主义改造。

1949年9月29日，中国人民政治协商会议第一届全体会议通过的《中国人民政治协商会议共同纲领》规定："中华人民共和国的文化教育为新民主主义，即民族的、科学的、大众的文化教育。人民政府的文化教育工作，应以提高人民的文化水平、培养国家建设人才，肃清封建的、买办的、法西斯的思想，发展为人民服务的思想为主要任务。"[①]

（二）教育发展与改革背景

1949年12月23日，教育部召开了第一次全国教育工作会议。会议提出了教育改革方针：以老解放区新教育经验为基础，吸收旧教育有用的经验，借助苏联经验，建设新民主主义教育。方针具体规定了教育改革的步骤和方向，对这一时期的教育改革和发展起到了直接的指导作用。教材建设方面，1949年10月，中共中央宣传部部长陆定一在全国新华书店第一届出版工作会议的闭幕词中提出："教科书要由国家办，因为必须如此，教科书的内容才能符合国家政策，而且技术上可能印得好些，价格也便宜些，发行也免得浪费。"他还指出："教科

[①] 中国人民政治协商会议共同纲领[M]. 北京：人民出版社，1952：14-15.

书对国计民生，影响特别巨大，所以非国营不可。"①

1950年9月，出版总署召开全国出版会议，会上提出中小学教材必须全国统一供应的方针。据此，出版总署和教育部决定共同组建人民教育出版社。中央对成立编辑出版中小学教材的专业出版社高度重视，毛泽东亲笔为人民教育出版社题写了社名。同年12月1日人民教育出版社正式成立。出版总署副署长叶圣陶兼任社长、总编辑，教育部视导司司长柳湜兼任副社长、副总编辑。人民教育出版社由教育部和出版总署共同领导。

新中国成立后，党和国家领导人十分关心青少年儿童的身体健康。1950年6月19日，毛泽东写信给教育部长马叙伦，提出"健康第一"的要求，1952年题词"发展体育运动，增强人民体质"。确定了德智体全面发展的教育方针、体育方针。中央人民政府政务院1951年8月6日公布《关于改善各级学校学生健康状况的决定》指出："增强学生身体健康，乃是保证学生完成学习任务，并培养出有强健体魄的现代青年的重大任务之一。"②其中特别指出体育活动的内容，应当是"多种多样"的。并指出以马克思列宁主义、毛泽东思想为指导，以革命根据地的学校体育经验为基础，吸收国民党时期学校体育的合理内容，改造旧的体育课程与教科书，借鉴苏联的体育课程与教材内容体系，大量培养和补充体育师资，从无计划、各自为政、放任自流向按计划、集中统一管理转变，初步形成适应社会主义计划经济体制的学校体育理论与实践模式。③

1951年，教育部先后召开第一次全国中等教育会议和第一次全国初等教育会议，通过了《中学暂行规程（草案）》《小学暂行规程（草案）》和相应的教学工作计划。全国中等教育会议提出："普通中学的宗旨和培养目标是使青年一代在智育、德育、体育、美育各方面获得全面发展，使之成为新民主主义社会自觉的积极的成员。"④并以法规的形式规定中小学体育是必修课程之一，每周授课2课时，教材内容既要身体锻炼，又要讲授体育卫生保健知识。这些法规文件的

---

① 中央教育科学研究所. 中华人民共和国教育大事记（1949—1982）[M]. 北京：教育科学出版社，1984：3-4.
② 国务院法制办公室. 中华人民共和国法规汇编（1949—1952）（第一卷）[M]. 2版. 北京：中国法制出版社，2014：502.
③ 李晋裕，滕子敬，李永亮. 学校体育史[M]. 海口：海南出版社，2000：36.
④《中国教育年鉴》编辑部. 中国教育年鉴（1949—1981）[M]. 北京：中国大百科全书出版社，1984：147.

精神和内容，为体育教学指明了方向，成为体育教学的指导文件。

当时，为消除封建主义、帝国主义在中国文化教育方面的影响，中小学教育同各方面工作一样，强调向苏联学习。教育部体育指导处翻译了苏联的中小学体育教学大纲，供各地区参考使用。东北地区和京津沪等大城市，举办了各种类型的体育教师讲习班，对体育教师提出了"正规化"要求，先后编写了中小学体育教学参考资料和临时体育教科书，其中以东北地区的五年一贯制《小学体育临时教材》影响较大。

二、课程概要

（一）学制、课程设置与课程标准

1. 学制

第一次全国初等教育会议提出，从1952年起，五年内小学由原有六年四二分段制改为五年一贯制，并要求到1954年完成五年制小学全套新课本的编印工作。

1951年10月1日，政务院颁布了《关于学制改革的决定》。决定指出："我国原有学制（即各级各类学校系统）有许多缺点……在目前，全国学制的完全统一虽然还有一定困难，但是确定原有的和新创的各类学校的适当地位，改革各种不合理的年限与制度，并使不同程度的学校互相衔接，以利于广大劳动人民文化水平的提高，工农干部的深造和国家建设事业的促进，却是必要和可能的。"[1] 学制规定：小学修业年限5年，7岁入学，实行一贯制，取消初高两级的分段制，小学应给予儿童全面的基础教育。中学修业年限为6年，分初、高两级，修业年限各为3年，均得单独设立。教材内容采取一贯制的精神，同时照顾到分段的需要。新学制的确立，为中小学课程及体育课程的设置奠定了基础。

---

[1] 中华人民共和国教育部办公厅. 教育文献法令汇编（1949—1952年）[G]. 1958：29.

2. **课程设置与学科比重**

1949—1953年的4年间，国家先后颁布了2个小学教学计划、3个中学教学计划和1个小学体育教学大纲（课程标准）。

（1）小学课程设置与学科比重

2个小学教学计划包括1952年颁布的《小学暂行规程（草案）》、1953年颁布的《小学（四二制）教学计划（草案）》。前者是五年制小学计划，后者为六年制教学计划，两个计划关于体育课程的规定基本一致。从体育周课时看，五年制计划规定一至三年级每周2课时，四、五年级每周1课时；六年制计划则规定一、二年级每周1课时。体育占总课时的比重一直保持在6%左右，在开设课程中均列第3位。1952年五年制计划规定了体育目标，1953年的教学计划都对课外体育活动做出了较为明确的要求。

（2）中学课程设置与学科比重

3个中学教学计划包括1952年颁布的《中学暂行规程（草案）》、1953年颁布的《中学教学计划（修订草案）》和1954年颁布的《1954—1955学年度中学各年级各学科授课时数表》。体育课程在3次中学教学计划修订中，较为稳定，周体育课时一直保持在2课时，体育学科占总课时的百分比保持在6.3%—6.7%的范围，体育课程占总课时的位次始终在第5—7位。1950年的教学计划对体育课程的内容、范围、实施及男女生差异做了原则性规定；1952年的教学计划把军事体育纳入了体育课程内容。

3. **课程标准与课程目标**

《小学体育课程暂行标准（草案）》[①]明确规定了小学体育教学目标，主要包括：培养儿童健康体能、健美体格，以打好为人民、为国家的建设、战斗而服务的体力基础。培养儿童游戏、舞蹈、体操等运动兴趣和习惯，以发展身心，并充实康乐生活；培养儿童国民公德和活泼、敏捷、勇敢，遵守纪律，团结、友爱等品质，以加强爱国主义思想和集体主义精神。这一目标，既提出了对儿童身体健康和思想品德的要求和目标，又提出了体育与国家建设、与为人民服务的关系，要对学生进行爱国主义和集体主义的教育，打好为人民服务的身体

---

① 小学体育课程暂行标准（草案）[G]//课程教材研究所. 20世纪中国中小学课程标准·教学大纲汇编：体育卷. 北京：人民教育出版社，2001：32.

基础。

《小学体育课程暂行标准（草案）》是新中国颁布的第一个"体育课程标准"，此后被"大纲"替代。它不是体育教学大纲，而是"大纲"的雏形，对当时的小学体育教学起到了一定的规范和推动作用，对我国体育课程建设具有重要和深远的意义：提高了小学体育课程在小学教育中的地位，规范了小学体育课程与教学目标及教材内容，对小学体育课程教学起到科学的指导作用，指明了小学体育教师努力的方向。

4. 体育教材内容规定

（1）小学体育教材内容规定

《小学体育课程暂行标准（草案）》具体规定了教材纲要和根据不同年级（五年制小学）的体育教材纲要和各项教材内容的比重。

《小学体育课程暂行标准（草案）》规定：学制5年，每学年开设体育课，主要包括整队和步伐、体操、舞蹈、游戏、技巧运动、球类运动、田径赛7类。其中游戏、舞蹈占的比例较大，整队和步伐、体操次之，技巧运动、田径运动、球类运动在小学三年级以上才出现。一至三年级每周2学时，四、五年级每周1学时。

《小学体育课程暂行标准（草案）》"说明"特别指出"条件具备的学校，五年级可加拳术"，强调了中华民族传统体育的重要性和从实际出发的要求。在"教学要点"中，对小学体育课的组织、教法、成绩评定都做了具体规定，并提出教学中要重视男女生的差别，"四、五年级后可施行男女分组教学"[①]，各地区可根据本地实际情况，体育教学的内容和要求要有一定的灵活性。"教学要点"中，还明确提出小学生的体育课要进行成绩考核，根据学生在体育课堂上的表现、学习态度、知识技能、健康卫生等作为评定分数的内容。

（2）中学体育教材内容规定

1950年8月，教育部颁发了《中学暂行教学计划（草案）》。计划规定了中学体育课的教材内容，"包括集体操、体格检查和保健知识。体育正课和课外体育活动应有合理划分。男女生的差异应作适当的照顾。"[②] 这一教学计划对中学体

[①][②] 课程教材研究所. 新中国中小学教材建设史 1949—2000 研究丛书：体育卷[M]. 北京：人民教育出版社，2010：43.

育教学工作具有指导意义。

（二）教科书制度

新中国成立初期，中小学教科书处于过渡时期，没有全国通用的教科书，各地以地区为基本单位使用教科书，由中央主管部门规定各地使用教科书的范围。由于各地政治、经济发展不平衡，中小学教科书的编写、出版和发行的实力比较悬殊。因此，由大行政区人民政府教育部门成立专门的教科书编审委员会，负责教科书编审工作。尚未来得及建立全国性的教科书编审机构。

由于各地中小学使用的教科书多种多样，版本不一，具体做法为继承、改编解放区的教科书，沿用、改造民国时期的教科书，引进、编译苏联的教科书。[①]

三、教科书概貌

（一）教科书出版总体情况

新中国成立伊始，并没有完全摈弃国民党统治时期的体育教科书，而是通过审定、修订的方式选择质量好、使用范围广的继续使用。如俞子夷编著的各类体育教科书。由于新中国成立初期的政治、经济形势以及大行政区划分等影响，各地政府依据自身情况自行编写体育教科书，因此出现了不少地方性的教科书。比如东北行政区内由哈尔滨市人民政府教育局、松江省人民政府文教厅、东北行政委员会教育局各自编写的分别由东北新华书店、新华书店东北总分店、东北人民出版社出版发行的中小学体育教材，北京市中小学体育教师学习会编写的分类别的体育教材。出现了翻译自苏联的中小学体育教材。从整体上看，小学教科书数量相对较多。（见表6-1）

---

① 石鸥，方成智．中国近现代教科书史（下）[M]．长沙：湖南教育出版社，2012：3-6．

表6-1 新中国成立初期中小学体育教科书出版情况统计表

序号	书名	编者	出版单位	出版时间
1	体育教材	哈尔滨市人民政府教育局编	东北新华书店	1950年4月
2	中小学体育教材（参考资料）	松江省人民政府文教厅编	松江省体育分会	1950年
3	实用体操教材	冯和光编	新华书店东北总分店	1950年8月
4	中小学体育教材和教法	郭效汾编撰	新华书店东北总分店	1950年
5	儿童新游戏	沈耀楣编著	广益书局	1951年3月
6	我们能劳动（唱游教材）	吴邦伟编	青年出版社	1951年
7	新体操教材	刘惠编	北新书局	1951年
8	新体操教材	张觉非著	勤奋书局	1951年5月
9	中学机巧运动	邬吟卢编	勤奋书局	1951年1月
10	新小学体育	吕廷立编著	益昌书局	1951年
11	新小学体育（增订本）	吕廷立编著	益昌书局	1953年
12	辽西省中小学用临时体育教材	辽西省教材编写组		1951年
13	沈阳市中小学临时体育教材	沈阳市教材编写组		1951年
14	游戏教材	北京市中小学体育教师学习会编	大众书店	1951年
15	球类教材	北京市中小学体育教师学习会编	大众书店	1951年
16	机巧教材	北京市中小学体育教师学习会编	大众书店	1951年
17	田径教材	北京市中小学体育教师学习会编	大众书店	1951年
18	舞蹈教材	北京市中小学体育教师学习会编	大众书店	1952年

续表

序号	书名	编者	出版单位	出版时间
19	徒手体操及队列解说教材	北京市中小学体育教师学习会编	大众书店	1953年
20	小学体操教材	杨熙曾，朱望达编	文化出版社	1952年
21	小学游戏教材	马伟良编	文化出版社	1951年
22	新体操教材	张觉非编	勤奋书局	1952年
23	集体运动竞争游戏教材	俞子箴编著	勤奋书局	1952年
24	集体运动追逃游戏教材	俞子箴编著	勤奋书局	1952年
25	集体运动竞赛方法与教材	俞竹铭编著	勤奋书局	1952年
26	新小学徒手体操教材教法	俞竹铭编著	康健书局	1952年
27	苏联体育教材	（苏）契列甫柯夫等著，仇标编译	北新书局	1952年
28	小学新体育教材教法	（苏）罗奇克等著，仇标等译	北新书局	1953年6月
29	初中新体育教材教法	（苏）罗奇克主编，集体翻译	北新书局	1953年
30	小学基本体操	杨熙曾编	北新书局	1953年
31	新唱游教材	史敏主编	北新书局	1953年
32	体育（临时）教材	黑龙江省文教厅、黑龙江省体育分会编印		1952年5月
33	小学体育临时教材（一至五年级各一册）	东北行政委员会教育局编	东北人民出版社	1953年
34	小学体育参考教材第一辑	赵树青著	大众美术社	1953年
35	小学体育科教学参考资料	孙曾述，程濯秀编著	江苏人民出版社	1953年
36	小学体育科教学参考资料	赵竹光编著	春明出版社	1953年12月初版
37	新游戏教材	朱炳煦编	北新书局	1953年

续表

序号	书名	编者	出版单位	出版时间
38	新小学军事体育游戏教材	俞子箴编著	康健书局	1953 年
39	新小学集体体育表演教材教法	俞子箴编著	康健书局	1953 年
40	最新小学体育教材教法	俞子箴编撰	康健书局	1953 年 9 月
41	小学新游戏教材（第一、二册）	俞子箴编写	华光书局	1953 年
42	中小学球类游戏教材	俞子箴编著	陆开记书店	1953 年
43	体育基本知识和小学体育教材教法	人民教育出版社编辑	浙江人民出版社	1953 年
44	苏联学校体育教材	（苏）坡利加尔泼夫等撰，张仲诚等译	中国青年出版社	1953 年 11 月
45	苏联团体操教材	（苏）伐修金著，许快雪编译	北新书局	1953 年 1 月

（二）教科书总体特点

1. 体育教科书受政治影响，引进苏联课程体系

1950 年开始，教育部启动新中国的体育课程标准（教学大纲）和教材的建设工作。这一时期，我国改造了旧的体育教科书，引进了苏联的体育课程教材体系，国内中小学主要是学习苏联体育教学大纲的内容。教材内容有基本体操、游戏、舞蹈、球类、技巧运动和田径赛，其中技巧运动和田径从三年级才开始出现。由于体育课教学没有学生用书，这一阶段的教材形式主要有教学大纲、试用教材、教学参考书等。这些教材以苏联十年制学校体育教学大纲和体育教学法的内容为范本。虽然移植、照搬痕迹明显，但是它为后一阶段中小学体育教学大纲的制定和实施打下了基础。

2. 体育教科书在内容、教法等方面存在历史痕迹

国民党统治时期，中国曾存在三种不同政权统治下的不同性质的体育，对体育教学思想、内容、形式各方面有一定的影响。新中国成立初期有些地区必然会留有历史痕迹。这些体育教材、教法和形式方面的历史积淀，也是形成新

中国成立初期的体育教科书模式的基础。虽然教学指导思想可以丰富、创新，但不可能将原有的教材、教法和形式完全摒弃。这种历史的积淀现象到1954年东北人民政府编辑出版的《体育试用教材》中仍然可以看到一些痕迹。

3. 体育教科书所承载的内容有不同程度的减少

这一时期小学体育教学内容以基本体操和游戏为主要手段，与国民党统治时期相比，减少了战时体育的军事训练内容，但是西方近代体育项目（如球类）和中国传统体育项目（如武术）也有所缺失。党和政府加强教科书的建设，体育教科书处在逐步恢复的阶段，正向形成社会主义性质的体育教科书方向发展。

（三）教科书实施状况

新中国成立初期，全国百废待兴。虽然出台了文件规定体育课必须在中小学开设，教育部和出版总署也公布了教科用书表，但并未对包括体育在内的几门学科采用何种教材做出规定。因此，很多地方没有开设体育课，即使开设体育课的大部分地方也由于没有体育教科书使得体育教学无章可循，一片混乱。例如，20世纪50年代初期辽宁省沈阳市、锦州市的体育工作，限于当时师资和体育设备的不足，又无统一的定型教科书，体育课只能靠教师自编教材上课，教材内容基本上是站排、整队、走步、徒手操以及跳绳、踢毽子等活动。一般按8—9个班级配备一名体育教师，每班每周两节体育课。

四、代表性教科书

（一）《实用体操教材》

1. 基本信息

（1）书名：《实用体操教材》

（2）编者：冯和光

（3）出版单位：新华书店东北总分店

（4）出版时间：1950年8月

2. 编写背景与编写依据

新中国成立初期，国家颁发了《小学体育课程暂行标准（草案）》，提出了教材编选要点。编辑本书的主要目的在于供给各级学校体育教材，作为体育教师参考资料的一种。

3. 教科书结构与内容

全书包括工农兵模仿操、田径运动模仿操、球类运动等，模仿操分为基本部位、上肢动作、下肢动作、四肢联合动作、躯干动作等部分。所有内容均采用插图在上、动作名称或动作方法描述在下的方式。本书采用竖排文字加插图的方式呈现教材内容。整本书结构清晰。

4. 教科书的使用、地位与影响

本书供各级学校使用，并作为体育教师的参考资料。相比其他教科书，本书的编辑体例有一定的创新性。

（二）《北京市小学体育教材参考资料》

1. 基本信息

（1）书名：《北京市小学体育教材参考资料》

（2）编者：北京市中小学体育教师学习会

（3）出版单位：大众书店

（4）出版时间：1951—1953年

2. 编写背景与编写依据

《北京市小学体育教材参考资料》根据教育部颁行小学课程标准中规定的游戏、舞蹈、整队和步伐、体操、技巧运动、田径赛、球类运动，学习苏联体育经验、劳卫制精神，在已有的各类教材中选择在教学中确有成效且适用者，经过研讨改编集合而成。

图6-1 《北京市小学体育教材参考资料 游戏教材》

3. 教科书结构与内容

本套教材包括《游戏教材》《田径教材》《球类教材》《机巧教材》《舞蹈教材》《徒手体操及队列解说教材》6册。教材结构清晰，文字描述浅显易懂，按照年级、难度逐层递进呈现教材内容。

《游戏教材》包括模仿游戏、竞争游戏、追逃游戏、球类游戏、军事游戏、室内游戏、智力游戏、故事游戏、民间游戏九种，每种游戏包括数项具体的游戏内容，并介绍了游戏项目的人数、用具、方法及规则。

《田径教材》全书分为田赛教材和径赛教材两章九节。田赛包括立定跳远、急行跳远、急行跳高、垒球掷远、投掷游戏、六磅铅球，径赛包括跑、接力跑、障碍物跑。

《球类教材》分为足球、篮球、排球和垒球四部分，足球分为盘球游戏、停球游戏、踢球游戏、传球游戏、顶球游戏和抢球游戏六部分，篮球按五至六年级分为四个学期设置内容，排球分为排球游戏和低网排球，垒球分为游戏、基本练习及说明、比赛练习、正式比赛。

《机巧教材》共五章，第一章为绪论，包括序论、教法、设备；第二章为第三学年教材教法，包括准备运动、垫上运动、平衡木运动；第三章为第四学年教材教法，较第二章增加了横跳箱运动；第四章为第五学年教材教法，较第二章增加了跳箱运动、单杠、双杠和叠罗汉；第五章为第六学年教材教法，内容与第四章相同。

《舞蹈教材》除基本步法和秧歌步按贯穿第一至六学年设置外，其余主体内容按学年划分，各学年内容各有不同。第一学年包括韵律活动、歌谣、唱歌表演，第二学年包括韵律活动、唱歌表演、简易集体舞、歌舞剧，第三学年包括歌舞、集体舞，第四学年包括集体舞蹈、小舞剧，第五学年包括秧歌舞、集体舞蹈，第六学年包括秧歌舞、集体舞蹈。

《徒手体操及队列解说教材》共五章，第一章为序论，包括对徒手体操应有的认识、怎样组织徒手体操教材、队列的目的三节；第二章为徒手体操的教学法，包括早操和课间操的教学法、以徒手体操为体育课主教材时的教学法、体育正课以徒手体操为序运动时应注意事项、整队步伐的教学要点四节；第三章为队列解说，包括静止间的基本动作、行进间的基本动作、队形变换、集合解散及垫步法四节；第四章为徒手体操的基本部位及重点动作举例，包括徒手体操的基本部位、徒手体操中各种运动的重点动作举例两节；第五章为徒手体操模仿体操低中高教材图解。

4. 教科书的使用、地位与影响

本套教材除供给北京市小学体育教师作为教学主要参考外，经书店印制后，还供应到其他城市。据发行统计，每类行销均在1万册以上，多次再版。

这套教材编写了系统的内容，通过教材编研工作，使北京市体育教师进一步明确了体育教学的科学性与系统性。另外，有了这样一部比较系统的教科书，对于新中国成立初期的北京市小学体育教师教学给予了具体的帮助，对体育教学质量提高起到了一定的作用。

（三）《小学体育临时教材》

1. 基本信息

（1）书名：《小学体育临时教材》

（2）编者：东北行政委员会教育局

（3）出版单位：东北人民出版社

（4）出版时间：1953年

图 6-2 《小学体育临时教材》

2. 编写背景与编写依据

由于教学的需要，这一时期东北地区各省（市）都在自行编写本省（市）临时试用体育教科书。这套书是新中国成立初期，东北地区主要是沈阳市体育教学工作者在学习苏联中小学体育教学大纲的基础上，结合具体情况而编写。

3. 教科书结构与内容

本套教材共 5 册，按年级编写，供小学一至五年级使用。全书分为小学体育的目的和任务、体育课的组织形式、使用教材时注意事项、各年级体育教材的编配四章内容。各年级体育教材的编配为主要内容，包括体操和游戏。体操包括秩序运动、准备运动、整理运动、跑、跳、投掷、攀登、平衡，三年级开始增加舞蹈；游戏包括最活泼游戏、活泼游戏、补充教材，三、四年级增加了冰上游戏，五年级增加了冬季游戏。列出了每部分内容的时间分配表，文字描述简洁，口令、预备、动作步骤清晰，但没有提及重难点或是课后练习方法等。总体上教学指导性较强。

4. 教科书的使用、地位与影响

这套教材的编写，使东北地区的体育教学有了计划，改进了教学方法，提高了体育教学质量，也为全国通用大纲和教科书的制定和编写提供了参考。

（四）《集体运动竞争游戏教材》《集体运动追逃游戏教材》《集体运动竞赛方法与教材》

1. 基本信息

（1）书名：《集体运动竞争游戏教材》《集体运动追逃游戏教材》《集体运动竞赛方法与教材》

（2）编者：俞子箴（俞竹铭）

（3）出版单位：勤奋书局

（4）出版时间：1952 年

2. 编写背景与编写依据

本套教材旨在通过集体运动游戏，贯彻爱国主义精神，利用有意识的、集体娱乐的形式，对人民进行品德教育和身体锻炼，启发集体生活的乐趣，激起革命竞赛的情绪，培养集体观念和自觉自愿的纪律性、组织性，促进人民的体力、智力、爱美的正当发展。

集体运动竞赛方法的选择，以在群众中的实践考验为基础，本着适合一般人的心理、对运动发生兴趣和能使多数人有同时参加运动的机会的原则。

3. 教科书结构与内容

本套教材为勤奋体育丛书的集体运动教材，共 3 册。教材内容均有一定的教育目的，有与政治教育结合的，有与国防生产建设结合的，有与体力锻炼结合的，也有与文化学习或普通常识结合的。三本教材体量均不大，页码最多的《集体运动竞争游戏教材》也仅58页。

《集体运动竞争游戏教材》全书编写了物资交流、写字比赛、活捉敌将、搬运军粮、夺圈比赛、三足竞走等57个游戏，对每个游戏的教学要点和教材内容做了详细的介绍。全书理论部分仅占4页，篇幅简短。实践教材内容则大多采用人数、用具、布置、方法、规则以及少量插图逐一呈现的方式。

《集体运动追逃游戏教材》结构与《集体运动竞争游戏教材》相同，先是介绍什么是追逃游戏、教学要点，再介绍抗美援朝、驱逐美帝、捉匪特、保护森林、张网捕鱼、争夺武器、抢手巾、卫人防线等42个游戏。

《集体运动竞赛方法与教材》共包括四部分主要内容，分别为集体运动竞赛方法、五角星赛跑竞赛方法、连续立定跳远竞赛办法、集体运动竞赛教材。集体运动竞赛方法包括直径竞赛法、接方竞赛法、织梭竞赛法、递增竞赛法和分区竞赛法；五角星赛跑竞赛方法与连续立定跳远竞赛办法为布置、用具、裁判等具体内容；集体运动竞赛教材包括合作竞赛、支援前线、拔河比赛、异程接力等13项内容。

4. 教科书的使用、地位与影响

相对于其他合并本、单行本教科书来说，本套教材指向游戏中的集体运动竞争游戏和追逃游戏，并配有《集体运动竞赛方法与教材》作为指导用书。编者俞子夷对教科书研究颇深，编写的游戏内容丰富，花样翻新，精彩纷呈，本书深受学生欢迎。

第七章　学习苏联经验，编写新中国的体育教科书（1954—1957）

一、社会背景

（一）政治经济背景

1953年至1957年，我国国民经济第一个五年计划顺利完成，建立了社会主义工业化的初步基础，积累了社会主义建设的宝贵经验。1956年，完成了对农业、手工业和资本主义工商业的社会主义改造，实现了把生产资料私有制转变为社会主义公有制，使中国从新民主主义社会跨入了社会主义社会，我国初步建立起社会主义的基本制度。同年9月，中国共产党第八次全国代表大会胜利召开，确定把党的工作重点转向社会主义建设。

1954年9月20日，第一届全国人民代表大会通过了《中华人民共和国宪法》。《宪法》规定："中华人民共和国公民有受教育的权利。国家设立并且逐步扩大各种学校和其他文化教育机关，以保证公民享受这种权利。国家特别关怀青年的体力和智力的发展。"明确了广大青少年接受教育的权利，体现了国家根本大法对教育事业的确认和保障。

（二）教育发展与改革背景

1953年5月，中共中央政治局召开会议专门讨论了教育工作，提出要抽调大批干部编写全国通用教科书，并在决议中指出："学生健康不好，要增加营养，搞好卫生，减轻负担，克服忙乱现象。"[①] 1954年5月，中央体委公布了《"准备劳动与卫国"体育制度暂行条例》，1956年2月国家体委公布了《中华人民共和国"劳动和卫国"体育制度条例（修改草案）》。[②] 1954年，中央体委、高教部、

[①] 中央教育科学研究所. 中华人民共和国教育大事记（1949—1982）[M]. 北京：教育科学出版社，1984：77.

[②] 石鸥. 新中国中小学教科书图文史：音乐·美术·体育[M]. 广州：广东教育出版社，2015：292.

教育部、共青团中央等六部门为在中等以上学校开展群众性的体育活动发出联合指示,指出"体育运动是德、智、体、美全面教育的重要组成部分",要求"着手试行体育正课改革","凡试行劳卫制和推行劳卫制预备级的学校,均应以劳卫制及其预备级为中心,把体育正课、课外体育活动、运动竞赛、早操等有机地统一起来"。[①]这时全国体育教学改革形势的发展,普遍要求制定全国统一的教学大纲,使体育教学正规化。

1954年开始,教育部成立了编订全国统一的中小学体育教学大纲的机构,人民教育出版社成立了体育教材编辑室,着手进行大规模的调查研究和总结体育教学改革经验。在制定大纲的过程中,比较系统全面地研究了苏联的有关资料,并以苏联中小学体育教学大纲为"蓝本",编订全国统一通用的《小学体育教学大纲(草案)》《中学体育教学大纲(草案)》。这项工作于1956年完成,由教育部颁发,人民教育出版社出版,并在全国试行。这为我国学校体育课程教材建设和体育教学改革奠定了基础,极大地推动了体育教学的发展。全国的体育教学清除了旧中国学校体育思想的影响,克服了体育教学的随意性,走上了正规化道路。

二、课程概要

《小学体育教学大纲(草案)》《中学体育教学大纲(草案)》是新中国成立后独立编写的第一套体育教学大纲,是一套在总结我国体育教学改革经验基础上并充分汲取苏联经验而制定的具有中国特色的体育教学大纲,极大地推动了学校体育的发展,使大中小学体育教学走上了正规化道路。

1954—1957年的4年间,国家先后颁布了3个小学教学计划、4个中学教学计划和1个小学体育教学大纲、1个中学体育教学大纲。

(一)课程设置与学科比重

1. 小学课程设置与学科比重

3个小学教学计划包括:1954年颁布的《小学(四二制)教学计划(修订

---

① 人民体育出版社. 中华人民共和国体育运动文件汇编[G]. 北京:人民体育出版社,1955:78-79.

草案)》、1955年颁布的《小学教学计划》以及《关于小学课外活动的规定》、1957年颁布的《1957—1958学年度小学教学计划》。3个小学教学计划均为六年制教学计划，反映出对体育课程的规定是基本一致的。从体育周学时看，1954年两个六年制计划规定一、二年级每周1学时，三至六年级每周2学时，1955年和1957年两个计划都规定体育每周2学时。从占总学时的比重看，体育课呈增加趋势，从6%增至8%左右，在开设课程中均列第3位。3个教学计划都对课外体育活动做了较为明确的要求。

2. 中学课程设置与学科比重

4个中学教学计划包括：1954年颁布的《1954—1955学年度中学各年级各学科授课时数表》、1955年颁布的《1955—1956学年度中学授课时数表》、1956年颁布的《1956—1957学年度中学授课时数表》和1957年颁布的《1957—1958学年度中学教学计划》。体育课程在4次中学教学计划修订中，较为稳定，周课时一直保持在2学时，体育学科占总学时的百分比保持在6.4%—7%，体育课程的位次始终在第5—7位。1956年的教学计划规定体育课每周要抽出1小时进行军训，并精简原有体育教科书；1957年强调体育课要加强卫生教育。

3. 体育课程的目标与任务

1956年颁发的这套体育教学大纲明确规定了中小学体育教育的目的和任务。中小学体育教育"是全面发展教育的一个组成部分"。小学体育教育的目的是"促进少年儿童成为全面发展的新人，为将来参加社会主义建设和保卫祖国做好准备"，中学体育教育的目的是"培养学生成为全面发展的社会主义建设者和保卫者"[①]。

小学体育教育的基本任务是：促进儿童正在成长的身体获得正常的发育，锻炼他们的体格，增进他们的健康。教给儿童教学大纲中所规定的基本体操和游戏的技能，使他们能把这些技能应用到日常生活中去；发展他们身体的素质（灵敏、迅速和有力量）；培养儿童勇敢、活泼、积极、主动、互助友爱和坚韧的精神；培养他们的组织性和纪律性；培养儿童个人卫生和公共卫生的习惯；培养儿童对体操和游戏的爱好和经常自觉地参加的习惯。

---

① 课程教材研究所. 20世纪中国中小学课程标准·教学大纲汇编：体育卷[G]. 北京：人民教育出版社，2001：37-74，459-519.

中学体育教育的基本任务是：锻炼身体，增进健康，促进身体的正常发育；教授学生大纲规定的体操、游戏和各种主要竞技运动的知识与技能，在教学过程中发展学生身体的素质（灵敏、迅速、力量和耐久力等）；培养学生具有爱国主义思想、爱好劳动、集体主义精神、自觉的纪律及坚毅、勇敢、机敏、乐观等共产主义的品质；学校教育必须和卫生结合，逐渐养成学生在学习、生活和工作中个人与公共卫生的习惯；培养学生爱好体操、游戏竞技运动的兴趣和经常自觉参加锻炼身体的习惯。体育教育的结果，应使学生掌握大纲规定的各项练习的知识与技能，获得身体的全面训练，保证初中学生毕业前达到1954年中央体委颁布的《"准备劳动与卫国"体育制度暂行条例》和项目标准少年级的及格标准，高中学生毕业前达到劳卫制一级的及格标准。

4. 选择体育教材内容的原则

根据学校体育、体育教学的目的任务，提出了选编体育教材内容的"四性"原则，即全面性原则、科学性原则、实用性原则、健康性原则。对教材内容及其目标提出了发展学生"身体素质"的要求，对身体素质的概念加以界定，其中包括发展速度、灵敏、力量和耐力等。

根据实用性和健康性的选材原则，在教材分类体系中避开追求运动技术的倾向，以发展学生人体基本活动能力和锻炼身体为目标，将体育教材内容按一般发展（从苏联引进的术语，意思是对身体进行全面的、一般性身体发展的锻炼，与专门发展人体的某种能力的教材内容相对应）和准备练习（"练习"一词作为名词，与动作的意思相仿，这些练习是为从事主要教材时的一些准备性的活动）、悬垂支撑（包括单杠、双杠和带有悬垂支撑的典型动作）、攀登爬越、平衡、技巧（垫上运动）、搬运（包括大量实用性的搬移器械、物品和抬人等）、走和跑、跳跃、投掷（这三项教材内容包括实用性的身体基本活动能力，也包括田径运动的基本技术）。

教材将技术性较强或锻炼身体的内容作为主要内容，为了完成主要内容而选编辅助性或过渡性内容，作为教法手段出现。把教材内容简单地划分主次，有利也有弊，但在当时对改变只教运动技术、不重视发展身体素质、教科书单调枯燥的局面具有一定的正面效果，使教师和学生耳目一新，激发了学生的学习积极性，推动了体育教学改革，提高了体育教学质量。

人民教育出版社编辑出版的第一套体育教材《小学体育教学参考书》和《中学体育教学参考书》，对当时的体育教学改革起了推动和启蒙作用。教材根据体育教学大纲详细地介绍和分析了教材内容、教学要点、教学步骤与方法，并且介绍了体育教学论的基础理论和知识，包括有关体育教学原则、教学法原理、学校体育与体育教学管理等理论。在调查研究和统计的基础上，撰写了中小学生的年龄特征，对学生的生理和心理特点、规律与体育教学的关系做了详细阐述，对体育教学向科学化发展，起到了启蒙的作用。

但是，这套教材还有一些缺点和问题，主要表现在以下几个方面：

简单地移植苏联的内容，忽视了我国实际，不能完全体现中国学校体育教科书的特点，其重大缺点是没有把中华民族传统体育瑰宝武术列入教材内容。过分强调以发展学生人体基本活动能力为中心和教材内容与生产、生活实际练习的简单化，一定程度上忽视了体育运动的文化传承价值，破坏了必要的运动项目的系统性和完整性，误导人们错误地认为"只要有田径、体操就是竞技体育"。教材内容过多且烦琐，有的内容机械、刻板，趣味性不强，这是造成此后中小学体育教学中产生形式主义的原因之一，一定程度上使学术思想形成一个"框框"，不利于思想解放，不利于创造和积累经验。

两种影响相比，正面效果是主要的，负面影响是次要的，在教科书建设的发展中逐渐克服和消除了负面影响。

（二）教学大纲

1.《小学体育教学大纲（草案）》（1956年3月）

大纲规定学制为6年，每学年开设体育课，教材主要是基本体操（包括队列练习和体操队形练习的基本动作、一般发展和准备的练习、走和跑、跳跃、投掷、攀登和爬越、平衡等）和游戏。一、二年级以游戏为主，并学习简单的基本体操；三、四年级基本体操和游戏占同等地位，除重复加深一、二年级的各项作业，内容比较复杂外，还增添了悬垂和搬运重物的练习；五、六年级以基本体操为主，游戏仍占重要地位，除加深三、四年级的各项作业外，还增添了支撑和滚翻的练习。

2.《中学体育教学大纲（草案）》（1956年5月）

大纲规定，初中、高中学制各3年，每学年开设体育课。初中全体及高中女生体育课每周 2 小时，高中男生每周 1 小时。大纲包括基本教材和补充教材（包括滑雪、滑冰和游泳等）两部分。基本教材是全国中学必须贯彻执行的通用教材；补充教材是为适应不同地区，各地中学体育教育发展不平衡或其他条件而编写的。"本大纲基本上适用于兄弟民族地区的中学""另编有教学参考书"[①]。同时，大纲还详细列出初中一年级至高中三年级（高中分男女生列出）各项具体教授内容。

大纲规定小学到大学均开设体育课。各年级时数，除高中男生每周一节体育课外，其他各年级都是两节体育课。小学教材内容是基本体操和游戏，一、二年级以游戏为主，三、四年级基本体操与游戏并重，五、六年级以基本体操为主；初高中各年级体育教材是体操、田径、游戏。从小学高年级开始，对女生的教材做了适当的调整，减少或降低从高处跳下、耐久跑等的要求，相应地增加了舞蹈和平衡等教材。

这套体育教学大纲是参照苏联的各级体育教学大纲的基本内容，吸取苏联经验，结合我国实际，以我国"劳卫制"为基础，根据学生的年龄特征、按照教材内容的系统性编订的。各类教材内容按各年级逐渐加深的方式反复排列，彼此紧密联系。因此，按照教学大纲进行教学，能使学生的身体获得全面锻炼，巩固和提高主要的竞技运动技巧，达到国家"劳卫制"的标准。但该大纲几乎是模仿苏联的，因此中国传统体育项目（如武术）等再次从体育教材内容中消失。

三、教科书概貌

（一）教科书出版总体情况

1954 年，人民教育出版社成立了体育编辑室。由王宝烈等编著的《小学体育教学参考书》和王占春等编著的《中学体育教学参考书》是较代表性体育教科书，人教社还出版了苏联教科书如苏联小学、初中、高中体育教学参考书及

[①] 课程教材研究所. 20 世纪中国中小学课程标准·教学大纲汇编：体育卷[G]. 北京：人民教育出版社，2001：461.

《小学游戏》等。人民体育出版社、浙江人民出版社、湖北人民出版社、河北人民出版社、江苏人民出版社、东北人民出版社等也编写出版了体育教材。（见表7-1和表7-2）

表7-1　学习苏联时期小学体育教科书出版情况统计表

序号	书名	编者	出版单位	出版时间
1	苏联中小学体育教学大纲	中央人民政府教育部翻译室译	人民体育出版社	1954年6月
2	小学游戏（第三、四册）	俞子箴	华光书局	1954年
3	小学体育教学参考材料	徐耀明编著	大陆书局	1954年
4	北京市小学体育试用教材	北京市小学体育教师业务研究组编	大众出版社	1955年
5	北京市中小学生体育教材参考大纲	北京中小学教学参考资料编辑委员会编	人民体育出版社	1955年
6	苏联小学体育教学参考书	（苏）鲁吉克等编，仇标译	人民体育出版社	1954年
7	小学"唱歌""图画""体操和游戏"课	（苏）麦尔尼科夫著，奚建瀛译	人民教育出版社	1955年
8	小学体育科教学参考资料（修订本）	江苏教育编辑部主编	江苏人民出版社	1955年
9	苏联七年制学校体操教学参考书	（苏）A.M.费尔特等原著，张兰田译	人民教育出版社	1956年
10	小学体育教学参考书	王宝烈、郑蕃、张希良等编	人民教育出版社	1956年5月
11	小学体操、游戏、舞蹈教材	杭州市教育局编	浙江人民出版社	1956年
12	小学体育教材参考资料	赵树青著	河北人民出版社	1956年
13	小学体育游戏（一至三册）	俞子箴编	湖北人民出版社	1957年
14	小学游戏	（苏）雅柯甫列夫著，廖淑静、张兰田译	人民教育出版社	1957年

表 7-2 学习苏联时期中学体育教科书出版情况统计表

序号	书名	编者	出版单位	出版时间
1	东北区初级中学体育试用教材	东北行政委员会体育运动委员会编	东北人民出版社	1954 年
2	东北区高级中学体育试用教材	东北行政委员会体育运动委员会编	东北人民出版社	1954 年 4 月
3	中学体育游戏	俞子箴编撰	新鲁书店	1954 年
4	学校体操教材选集	（苏）契尔内士著，许快雪译	人民体育出版社	1954 年
5	北京市中学体育教学参考资料	北京市中小学体育教学参考资料编委会	人民体育出版社	1955 年
6	苏联初中体育教学参考书	（苏）普·阿·鲁吉克主编，张蓝田译	人民体育出版社	1955 年
7	苏联高中体育教学参考书	（苏）切列甫科夫著，张蓝田译	人民体育出版社	1955 年
8	北京市中学女生体育教材参考大纲	北京中小学体育教学参考资料编委会	人民体育出版社	1955 年
9	北京市中学男生体育教材参考大纲	北京中小学体育教学参考资料编委会	人民体育出版社	1955 年
10	中学体育课室内教材（初稿）	湖北省教育厅体保科编	湖北省教育厅体保科	1957 年
11	中学体育教学参考书	王占春、胡钧异、梁炳威等编	人民教育出版社	1957 年 4 月
12	初中游戏（体育教师和少先队辅导员参考书）	（苏）弗·格·雅柯甫列夫著，廖淑静译	人民教育出版社	1957 年
13	苏联中等体育学校教科书体操	А.М. 施列明、М.Л. 乌克兰主编，戚夫等译	人民体育出版社	1957 年 10 月第 1 版

（二）教科书总体特点

1. 体育教科书编写出版数量与内容变化不大，转向以劳卫制内容为主

这一时期由于学习苏联，教材内容除沿袭旧有的教科书外，在一段时间内强化体操教学中的轻器械操，即引进苏联的体操内容，但是不排除课前的类似于军事训练式的队列练习。各年级教材根据青少年的年龄特征，按照全面地发

展他们的身体各部分和各种运动能力，以保证循序渐进地达到劳卫制标准的原则来规定。小学的体育教材内容以基本体操和游戏为主要手段，缺少西方近代体育项目（如球类等）、中国体育传统项目（如武术等）。1954年中央体委颁布《"准备劳动与卫国"体育制度暂行条例》，在全国推行，广大青少年学生在"锻炼身体、建设祖国、保卫祖国"的口号下参加劳卫制锻炼。

2. 出现第一套全国通用中小学体育教科书

大纲对体育教材进行了详细的规定，小学一至六年级体育教学的主要手段是基本体操和游戏，中学教材按照大纲规定的体育教学内容分为基本教材和补充教材，1956年和1957年，人民教育出版社根据大纲编写出版的《小学体育教学参考书》《中学体育教学参考书》，名为"参考书"，实际为代用教材，在全国通用。教材根据大纲编写教学内容、教学方法、教学要点，明确了中小学体育教学的目标与任务、体育教学的原则与教学法原理。本书是新中国成立后第一套较为全面的体育教材教法参考书，是我国学校体育教学工作的总结，在我国中小学体育教师中产生了深远影响。1956年教学大纲颁布以后，全国体育教科书逐渐走向统一。

3. 实施全国统一的必修教材，重视"三基"传授

这一时期所有课程全是单一必修的模式。1956年颁布的体育教学大纲规定也都是必修教材，为了适应地区气候和各地中学体育的发展不平衡或不同条件，编写补充教材，并指出在不影响学生掌握基本教材，或学生已全部学完并掌握大纲基本教材的基础上，如条件允许可采用补充教材。这些规定带来了稳定的体育教材体系，最大的优点就是能够给学生传授系统的基础知识、基本技术和基本技能。在"向苏联学习"的历史背景下，我国学校体育受到苏联体育教学思想的深刻影响，影响最大的是凯洛夫教育思想。在其教学思想的影响下，体育教学十分强调体育文化知识的系统性，把"三基"（即体育基础知识、基本技术、基本技能）教学放在重要的位置上。需要指出的是，这种教育思想传播和实践的结果，对于确立体育在学校教育中的地位有一定的积极作用，对于奠定我国学校体育的基础，对学校体育长远发展有一定的影响。但这一时期的体育教学大纲和教科书，在指导思想和形式上沿袭苏联，教材多且杂，学生浅尝辄止，对增强体质和深入学习则明显不足。

（三）教科书实施状况

1954年东北人民政府颁发初中、高中体育教材《体育试用教材》，加上1953年出版的《小学体育临时教材》，从此有了统一的教材，使教材内容安排更适合学生年龄特点，使体育教学逐渐走向正规化，教学质量也得到提高。1956年各级体育教学大纲颁发后，为了规范体育课教学，提高教学质量，同年7月，教育部在北京举办"全国中小学体育教学大纲学习班"，之后全国各地纷纷举办省级中小学体育教学大纲学习班。1957年3月，教育部下发《关于1957年学校体育工作的几点意见》，对试行体育教学大纲及提高教学质量等问题提出具体要求，并明确规定：体育课每周2学时，要按大纲要求认真上好。

全国各级学校认真贯彻党的教育方针，执行全国统一的体育教学大纲，上好体育课，改变了以往体育教学无章可循、随意进行的局面，为我国体育教学走向规范起到了重要作用。

四、代表性教科书

（一）《小学体育教学参考书》

1. 基本信息

（1）书名：《小学体育教学参考书》

（2）编者：王宝烈、郑蕃、张希良、王汝唐

（3）出版单位：人民教育出版社

（4）出版时间：1956年5月

2. 编写背景与编写依据

（1）建立制定大纲和编写教科书机构

1954年，教育部体育指导处筹备组建"中小学和中师体育教学大纲编写组"，编写组由体育指导处主要成员和从全国选调的十多位优秀体育教师共同组成。新选调的人员

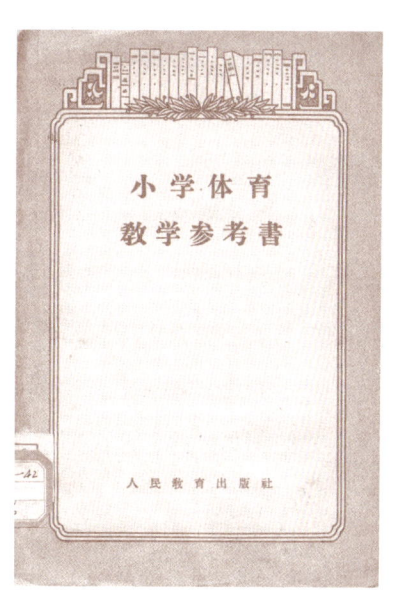

图 7-1 《小学体育教学参考书》

编入人民教育出版社编辑系列，人民教育出版社成立了体育编辑室。

体育指导处由主管副部长直接领导，与主管中小学的有关各司密切合作，有关学校教育的方针政策受行政管理司指导，由中学司司长侯俊岩兼任体育处处长，苏竞存任主任秘书并主持体育指导处的工作。编写组由苏竞存任总负责人，下设小学组、中学组、师范组。

为编好体育教科书，编写组还聘请全国著名的学者担任顾问。担任顾问和咨询的专家学者有：苏联专家凯里舍夫和中央体育学院（北京体育大学前身）、北京师范大学、东北师范大学、上海体育学院的教授以及全国各地的中小学的名师。

（2）学习中央有关文件和方针政策

体育教学大纲和教材编写组学习了毛泽东主席给教育部长马叙伦的信："要各校注意健康第一，学习第二。营养不良，宜酌增经费。学习和开会的时间宜大减。病人应有特殊待遇。全国一切学校都应如此。"[1]

编写组还认真学习了1951年教育部在第一次全国中等教育工作会议上提出的"各科教材必须保持完整的科学性和贯彻爱国主义的精神，必须研究中国，参考苏联，以苏联的中学教科书为蓝本，编写完全适合于中国需要的新教科书"的编写方针。1954年6月5日公布的《政务院关于改进和发展中学教育的指示》要求："为提高教学质量，中央教育部……进一步以辩证唯物论与历史唯物论的观点和理论与实际联系的方法，有计划地修订中学教学计划，修改教学大纲和教科书，并为教师编辑一套教学指导书，这是目前提高学校教育质量的一项最基本的工作。"[2]

体育大纲和教材编写组的人员通过学习国家领导人和中央人民政府的决定，提高了对新民主主义教育和体育的性质、方针的认识，了解了有关编写教科书的相关规定，明确了编写教科书的指导思想和依据：

一是新中国的文化、教育、体育的方针是民族的、科学的、大众的，要肃清封建的、买办的、法西斯主义的思想，以发展为人民服务的思想为主要任务。

---

[1]《中国教育年鉴》编辑部. 中国教育年鉴（1949—1981）[M]. 北京：中国大百科全书出版社，1984：450.

[2] 国务院法制办公室. 中华人民共和国法规汇编（1953—1955）（第二卷）[G]. 2版. 北京：中国法制出版社，2014：234-235.

二是编写大纲和教科书的依据是：保持完整的科学性和爱国主义精神，必须研究中国，参考苏联，以苏联教科书为蓝本，编写完全适合于中国需要的新教科书。

三是新中国中小学教科书的编辑、出版工作由国家统一进行，由国家颁发统一的"用书表"。确定了教科书的统一性和通用性。

四是根据体育的特殊性，确定以"健康第一""发展体育运动，增强人民体质""普及人民体育运动，为生产和国防服务"作为编写体育教学大纲和教科书的指导方针。

（3）研究苏联体育教学大纲和教科书

1951年至1953年，教育部翻译了苏联的中小学和师范学校的体育教学大纲，下发到各省、自治区、直辖市，并号召学习、体会其精神实质，指出在学习苏联经验时要结合我国实际，强调要编出完全适合中国的教科书。

（4）研究和考察中国学校体育的实际情况

体育教科书与其他学科教科书的不同之处有：民族的文化习俗不同，青少年的身体形态、素质和身体能能力以及班级人数不同，体育教师、体育场地和设备条件等方面也不相同。因此，调查研究我国实际，就成为编写体育大纲和教科书的关键问题。

（5）查阅新中国成立以前和解放区中小学体育的文献资料

体育教材编写组十分重视革命根据地和解放区的学校教育和开展体育的经验。中国共产党非常重视在群众中开展形式多样的体育活动，在陕甘宁边区政府颁发的《小学法》中，小学教育总目标是："促进儿童的民族觉悟，养成儿童的民主作风，启发儿童的科学思想，发展儿童的审美观念，提高儿童的劳动兴趣，锻炼儿童的健康体格。"小学开设的课程"以国语、政治常识、自然常识、算术、体育为主"，体育课初小每周3节，高小每周5节。初小体育课以活动性游戏为主，如赛跑、爬山、跳高、跳远等。边区教育厅还编有《体育游戏》教材，提出学校应有运动场及体育器材设备的要求。在各革命根据地的学校开展各种体育活动，如赛跑、跳高、跳远、手榴弹、铅球、篮球、排球、足球比赛等。[①]

---

① 课程教材研究所. 新中国中小学教科书建设史 1949—2000 研究丛书：体育卷［M］. 北京：人民教育出版社，2010：50.

（6）依据体育教学大纲编写教科书

中小学体育教材编写组经过学习、调查研究和广泛地征求意见，起草了中小学体育教学大纲，并与教科书同时构建。

《小学体育教学大纲（草案）》分为三部分。第一部分是"说明"；第二部分是"大纲"（教材内容纲要）；第三部分是"附件"，即各年级考核项目及学校体育场地设施、器材标准。

3. 教科书结构与内容

本书与《中学体育教学参考书》为成套教材。全书分为小学的体育教育，小学体育课、作息制度中的体育措施和课外体育活动的进行方式，教科书说明，小学体育教育的工作计划和考核四章以及附录。第一、二章及第四章主要是关于学校体育和体育教学管理，共42页，占全书的17.6％，主要采用文字分段描述的方式呈现具体内容。第三章是教材内容，包括基本体操和游戏，共191页，占80％，主要采用文字分段描述加图示和表格的多样化方式呈现。

4. 教科书的使用、地位与影响

这套教材发行后，成为我国各地培训中小学体育教师、指导学校体育和体育教学的主要学习和参考资料，为新中国学校体育的理论与方法奠定了初步基础。

有关学校体育、体育组织领导、体育教师、校医和各有关人员工作的职责说明，得到了教育部有关主管部门的认可，具有一定的权威性和理论价值，对推广中小学体育教学改革起到了重要作用。

大纲、教科书在使用期间，逐渐出现了新的问题。比如，由于机械理解和运用体育教学方法，将合理的运动量和密度变成了单纯追求高值；体育教学增加了一些繁杂的形式，体育教师和学生普遍反映教材内容太多、太零碎；器械体操的单双杠动作难度较大，不易掌握等。

（二）《中学体育教学参考书》

1. 基本信息

（1）书名：《中学体育教学参考书》

（2）编者：王占春、胡钧昇、梁炳威、季明勋、王恒莲、刘畅娴

（3）出版单位：人民教育出版社

（4）出版时间：1957年4月

2. 编写背景与编写依据

编写背景与1956年出版的《小学体育教学参考书》大体相同，编写依据主要是《中学体育教学大纲（草案）》。

3. 教科书结构与内容

全书分为中学的体育，中学体育教育工作的组织，学校体育教育工作的计划和考核，体操、田径、游戏4章。其中第一、二、三章主要是关于学校体育和体育教学管理，共70页，占全书的14.1%，第四章是教材内容，包括体操、田径、游戏，共427页，占全书的

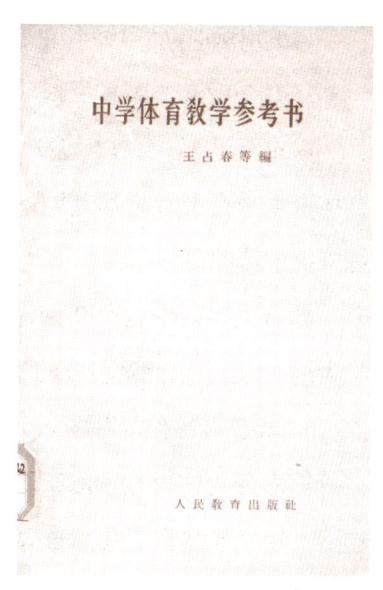

图7-2 《中学体育教学参考书》

85.9%，主要采用分段文字描述加表格和图示等多样化的方式呈现教学内容，舞蹈内容还增加了谱例。整本书的结构清晰，图文并茂。

4. 教科书的使用、地位与影响

这套教材发行后，成为我国各地培训中小学体育教师、指导学校体育和体育教学的主要学习和参考资料，为新中国学校体育的理论与方法奠定了初步基础。

新中国第一套中小学体育教学大纲和教科书出版发行后，全国掀起了学习热潮，体育教学开始走向新型化、正规化，体育教师的积极性得到极大提高，中小学体育课的结构（开始称三个部分或四个部分教学法）、体育教学效果的检测和评价方法等一些重要研究课题受到教师们的重视。学生积极参加体育锻炼，增强了体力，提高了积极性，体育教学质量总体有了提高。

存在的问题与《小学体育教学参考书》相同。

（三）《体育试用教材》

1. 基本信息

（1）书名：《体育试用教材》

（2）编者：东北行政委员会体育运动委员会

（3）出版单位：东北人民出版社

（4）出版时间：1954年2月

2. 编写背景与编写依据

1953年，经中央教育部和中央体育运动委员会审查批准，由东北行政委员会体育委员会及教育局共同组织东北各省市中等学校体育教师，于当年暑期训练班中集体编写。

教材主要依据教育部翻译、中国青年出版社出版的《苏联中学体育教育教学大纲》，结合东北区各校的具体情况编写。

3. 教科书结构与内容

全书分为体育教学的组织与方法、体育教材大纲与细目、范例与附件三章内容。第一章主要是体育教学的基本理论知识。第二章主要按照一、二、三年级分别列出具体的体育教材大纲与细目，体例比较统一，基本是教材内容、目的、要求、具体教材内容的名称、口令或预备、动作的方式。第三章内容为范例与附件。

4. 教科书的使用、地位与影响

本套教材加上预备教材和室内讲授教材，给情况不同的学校自行斟酌采用。由于与东北地区的实际结合还不够，教材插图过少，内容繁复，有的部分难以实施。另有部分内容不符合学生身心特点。

（四）《北京市小学体育试用教材》

1. 基本信息

（1）书名：《北京市小学体育试用教材》

（2）编者：北京市小学体育教师业务研究组

（3）出版单位：北京大众出版社

（4）出版时间：1955年8月

2. 编写背景与编写依据

本书在教育部体育指导处及北京市教育局的指导和帮助下编写。包括两部分，一部分是摘录自《苏联小学体育教学大纲》中适合北京市小学程度的部分，包括徒手体操28

图7-3 《北京市小学体育试用教材》

节，体操凳操练 10 节，游戏 27 种等；另一部分多是北京市教师在学习及实际应用《苏联小学体育教学大纲》中总结出的经验性内容。

3. 教科书结构与内容

全书分为大纲、附录、补充教材、教学工作注意事项四章。第一章分一至六年级介绍具体教材内容，共 90 页。第二章是附录，以表格呈现各类教学计划、考核标准内容。第三章补充教材及第四章采用分段文字描述呈现具体内容。整本书的结构比较清晰，图文并茂。

4. 教科书的使用、地位与影响

教材中完整呈现了全学段、学年、学期、课时教学计划，将以往的教案式教材与文字描述教材整合在一起，有一些创新之处。本套教材在最后关注了基本体操保护法、设备少场地小的学校怎样进行教学这些实际问题，是首次单独出现在体育教材中的内容。此外，本套教材出版时间比较靠前，显示出北京市小学体育教学工作是走在全国前列的。

（五）《北京市中学体育教学参考资料》

1. 基本信息

（1）书名：《北京市中学体育教学参考资料》

（2）编者：北京中小学教学参考资料编辑委员会

（3）出版单位：人民体育出版社

（4）出版时间：1955 年 11 月（第 1 版）

2. 编写背景与编写依据

本书是为了帮助北京市中学体育教师钻研教科书、改进教法，正确使用北京中小学教学参考资料编辑委员会所编的《中学体育教材参考大纲》，以贯彻政务院和北京市委提高教育教学质量的指示而编写的。根据教育部的指示，发行范围限于北京市。

3. 教科书结构与编写体例

全书分为学校体育的目的、任务与组织领导，学校体育工作的计划和考核，教科书说明以及附录参考书目四章内容。第一章采用分段文字描述呈现具体内容，第二章采用分段文字描述加课时计划表格呈现具体内容，第三章采用分段文字描述加教材分配表和图示方式呈现具体内容，第四章附录采用分段文字陈列方式呈现参考书目。整本书结构清晰，图文并茂。

4. 教科书的使用、地位与影响

本套教材与人民教育出版社的《中学体育教学参考书》在很多地方类似。一是学习苏联初中、高中体育教学大纲的教育思想。二是教材内容根据内容性质编写，包括一般发展和准备的操练、平衡运动、滚翻运动、走、跑、跳跃、投掷、游戏等11类，但核心是体操、田径与游戏。三是提出了一个新的名词——学季教学计划，呈现了每个年级的体育教学计划与每项教材的内容及分配表。四是比较重视教法，在各项教材后面都逐一体现了不同的教法。五是附录的17本参考书目全部由人民体育出版社出版，表明人民教育出版社建社前期的一段时间内，人民体育出版社承担了体育教科书出版任务。

第八章 "大跃进"时期，编写缩短学制的体育教科书（1958—1960）

一、社会背景

（一）政治经济背景

第一个五年计划到 1957 年顺利完成，全国工农业生产都有大幅度的提高，社会安定、民风良好。全国人民为了建设新中国，干劲十足，争先恐后地要贡献力量。1958 年 5 月，中共八大二次会议正式通过了"鼓足干劲、力争上游、多快好省地建设社会主义"的总路线。尽管这条总路线的出发点是要尽快地改变我国经济文化落后的状况，但忽视了客观经济规律。农业、工业掀起生产的高潮，带动了其他行业的"大跃进"，高指标、浮夸风泛滥，造成了严重的经济困难。

（二）教育发展与改革背景

1958 年，教育事业也开始了"大跃进"，学校体育进入低谷。各级教育行政部门和学校贯彻中央的"保证学生、教师身心健康和劳逸结合"精神，主要是开设早操、课间操及运动量小的体育活动（如太极拳等民族传统体育），有意识地降低学校体育活动的要求，对灾情严重的地区暂时减少或停止体育课。①

1958 年 9 月 19 日，中共中央、国务院发布《关于教育工作的指示》，提出"党的教育工作方针，是教育为无产阶级的政治服务，教育与生产劳动相结合"，号召动员一切积极因素，充分依靠群众，多快好省地发展教育事业。要求必须采取统一性和多样性相结合的原则，全日制学校、半工半读学校和各种形式的业余学校并举。这一时期，学制改革比较活跃，较大规模的多种学制改革的实验在全国各地蓬勃开展，各级各类学校迅速创立和发展，教学计划、教材和教

---

① 李晋裕，滕子敬，李永亮. 学校体育史[M]. 海口：海南出版社，2000：59-60.

学方法改革也热烈地开展起来。①

由于错误的指导思想和忽视教育的特点及规律，严重干扰了教育事业的正常发展，降低了教学质量。这一阶段的困难使学校体育工作受到严重的影响和挫折。

二、课程概要

20世纪50年代末至60年代中期，是我国开始全面建设社会主义的重要历史时期。教育事业伴随着经济的发展，取得了一定的成绩，积累了一些经验。但是，工作指导方针上的失误对教育事业产生了很大干扰，体育教科书和体育课程经历了一个曲折发展的过程。

（一）学制、课程设置与教学大纲

1. 学制

《关于教育工作的指示》提出："现行学制是需要积极地和妥当地加以改革的……应当规定全国通行的新学制。"② 自1958年秋起，各地纷纷进行缩短中小学学制的改革试验。试验的学制类型有小学五年一贯制，中学五年一贯制，中小学三四二制、五三二制、九二制，中小学九年一贯制、七年一贯制、十年一贯制，初中二年制，中学四年制，中学四二制、三二制、二二制等。这一时期是新中国学制种类最多的一段时期。③

1959年5月24日，中共中央、国务院联合发布了《关于试验改革学制的决定》，指出学制试验应当有领导有计划地指定个别（不是大量的）小学、普通中学进行，要求将指定的学校和试验的办法呈报中央教育部批准备案。此后，进行学制试验的学校有所减少。1960年4月，陆定一在第二届全国人大第二次会议上作《教学必须改革》发言，提出把现行十二年中小学学制缩短到十年左右，全国再次掀起学制试验的高潮。④

---

①② 石鸥，方成智. 中国近现代教科书史（下册）[M]. 长沙：湖南教育出版社，2012：101-102，118.
③ 高奇. 新中国教育历程 [M]. 石家庄：河北教育出版社，1996：106-107.
④ 熊明安，喻本伐. 中国当代教育实验史 [M]. 济南：山东教育出版社，2005：23-24.

为保证学制改革的顺利进行，不少地区和学校编写了适应新学制试验的教材。导致出现学制混乱、课程体系不明、教材质量低下的现象。[①]

2. 课程设置

1958—1960 年，3 个中小学课程教学计划文件先后颁布。包括 1958 年 3 月 8 日教育部颁布的《1958—1959 学年度中学教学计划》、1958 年 5 月 10 日教育部颁布的《初中课程安排表》、1959 年 5 月 24 日发布的《国务院关于全日制学校的教学、劳动和生活安排的规定》。这些文件对体育课程做了一些原则性规定。

表 8-1 "大跃进"时期的课程教学计划关于体育课程的规定

年份	课程教学计划文件	对体育课程的有关规定
1958 年	《1958—1959 学年度中学教学计划》	1. 包括体育共 15 门，其中体力劳动、参观未安排固定学时，但规定初高中各年级每学年劳动 14—28 天，初中各年级及高中一、二年级每年参观 6 天。 2. 体育每周 2 学时，中学 6 年每周共 12 学时，每年共 404 学时，占每年总学时数（6 094）的 6.6%，列第 5 位。
1958 年	《初中课程安排表》	体育课程安排未作变动。
1959 年	《国务院关于全日制学校的教学、劳动和生活安排的规定》	体育活动，可以增强体质，减少疾病，保证学习。除上体育课外，学生的体育活动要和军事训练、劳卫制锻炼结合起来在课外进行，不要占用上课时间。学校训练体育选手应在课余时间进行。学校运动会不宜过多。

3. 教学大纲

这一时期的教学大纲实施的是 1956 年颁布的《小学体育教学大纲（草案）》和《中学体育教学大纲（草案）》。教育部颁布的《1958—1959 学年度中学教学计划》对规定体育课程和教材编写也起到指导作用。

第一套体育教学大纲试行以后，全国中小学体育工作出现新面貌。但是，1958 年下半年开始，由于受浮夸风的影响，体育教学搞起"四红"运动，限期通过劳卫制、等级运动员、普通射手，实行以"劳动代替体育""军训代替体

---

① 李方. 课程与教学论纲 [M]. 广州：广东高等教育出版社，2017：289.

育"等,引起了思想上的混乱。在这期间,全国各地编写了多种体育教科书,比较有代表性的是九年一贯制的《军体》。这套教材由于以实用和军训为主,在理论上站不住脚,又不符合中小学生的心理特点,许多体育教师不赞成,所以未能推广。这一阶段没有颁布中小学体育课程标准,也没有相关体育教材规定的文件资料。

(二)教科书制度

1958年8月,中共中央和国务院发布《关于教育事业管理权下放问题的规定》,指出教育部今后任务之一是"组织编写通用的基本教材、教科书","各地方根据因地制宜、因校制宜的原则,可以对教育部和中央主管部门颁发的各级各类学校指导性教学计划、教学大纲和通用的教材、教科书,领导学校进行修订和补充,也可以自编教材和教科书"[①]。

同年9月,教育部发出通知:今后各地可以自编教材,教育部不再颁发教学用书表。[②]由此,自1950年开始的旨在规范教科书选用目录表的做法停止。

在此背景下,全国教育部门和学校结合各自的实际情况,采用增、删、补、改等方式,对原来通用的人民教育出版社编写出版的教科书进行修订、改编甚至自编,掀起了新中国第一次自编体育教科书的热潮。

三、教科书概貌

(一)教科书出版总体情况

总体来说,这一时期教科书的编写、出版处于不断探索的阶段。由于教科书编写权力下放,各地自行编写的体育教科书占比增大,小学体育教科书尤其明显。各地根据需要编写了多部补充教材,即对正式教材进行补充而编写的教学材料。虽然已经开始反思"全盘苏化",强调独立自主,但仍然有翻译自苏联的教材在出版。具有代表性的教材为1960年人民教育出版社编辑出版的《小学

---

① 中央教育科学研究所.中华人民共和国教育大事记(1949—1982)[M].北京:教育科学出版社,1984:228.
② 瞿葆奎.课程与教材(下册)[M].北京:人民教育出版社,1993:25.

体育教学参考资料》（第一至六册）。（见表 8-2 和表 8-3）

表 8-2 "大跃进"时期小学体育教科书出版情况统计表

序号	书名	编者	出版单位	出版时间
1	高级小学体育教学参考材料	河北省教育厅编	河北人民出版社	1958年9月
2	小学复式班体育教学大纲（草案）及参考书	山东省教育厅编	山东人民出版社	1958年
3	小学体育教学参考书（一至六年级各一册）	山东省教育厅编	山东人民出版社	1958年11月
4	小学体育试用教学大纲及教学参考材料	沈阳市小学教学研究室编	辽宁人民出版社	1958年
5	小学室内体育参考教材	郑如赐编著	人民体育出版社	1958年11月
6	小学体操动作图解	山东省教育厅编	山东人民出版社	1958年
7	北京市小学体育教学参考资料（全一册）	北京市教育局中小学教材编审处	北京出版社	1959年7月
8	北京市小学体育教学参考资料（一、三年级复式班用）	北京市教育局中小学教材编审处	北京出版社	1959年7月
9	北京市小学体育教学参考资料（二、四年级复式班用）	北京市教育局中小学教材编审处	北京出版社	1959年7月
10	小学体育教学补充参考资料	吉林省教师进修学院	吉林人民出版社	1959年
11	小学体育教学经验	人民体育出版社编	人民体育出版社	1959年3月
12	小学体育教学参考资料	福建人民教育出版社	福建人民教育出版社	1959年8月
13	小学体育教学参考资料（第一至六册）	山东省教育厅编	人民教育出版社	1960年
14	陕西省小学体育教学参考资料	陕西省教育厅编	陕西人民出版社	1960年

表 8-3 "大跃进"时期中学体育教科书出版情况统计表

序号	书名	编者	出版单位	出版时间
1	中学体育课室内教材（初稿）	湖北省教育厅体保科编	湖北教育厅体保科	1957 年
2	中学体育教学参考书（体育教师和少先队辅导员参考书）	王占春，胡钧异，梁炳威等编	人民教育出版社	1957 年
3	初中游戏	（苏）弗·格·雅柯甫列夫著，廖淑静译	人民教育出版社	1957 年
4	高中游戏	（苏）弗·格·雅柯甫列夫著，张人民、郝成硕等译	人民教育出版社	1958 年
5	军体	北京教育局革命领导小组中小学教材编写组	编者刊	1958 年
6	上海市中学体育教学参考资料	上海教育局体育教研室编	编者刊	1958 年
7	中学室内体育教学参考资料	上海教育局教学研究室编	新知识出版社	1958 年
8	中学体育教学参考资料	辽宁省教师进修学院	辽宁人民出版社	1958 年
9	学校排球教材	（苏）克列绍夫、（苏）契霍夫著，黎明译	人民体育出版社	1958 年
10	学校田径教材	（苏）捷列兹尼科夫著，张玉增译	人民体育出版社	1958 年
11	学校足球教材	（苏）卡舒洛主编，阎三义等译	人民体育出版社	1959 年
12	初中体育教学参考资料	福建教育学院编	福建人民教育出版社	1959 年
13	高中体育教学参考资料	福建教育学院编	福建人民教育出版社	1959 年
14	中学体育教材纲要	福建教育学院	福建人民教育出版社	1959 年 8 月
15	中学体育教学参考资料（补编）	福建教育学院	福建人民教育出版社	1960 年 2 月
16	中等学校雨天体育教学参考资料	福建教师进修学院编	福建人民出版社	1959 年
17	中学体育常识风雨天室内讲授资料	人民教育出版社改编	人民教育出版社	1959 年

续表

序号	书名	编者	出版单位	出版时间
18	中学器械体操教学法	伍人编	人民教育出版社	1959年9月第一版
19	中学体育常识教学参考书	山东省教育厅编订	山东教育出版社	1959年
20	九年一贯制试用体育教学参考资料（全日制）	北京师范大学体育系普通教育改革小组编	人民教育出版社	1960年
21	陕西省中学体育教学参考资料	陕西省教育厅编	陕西人民出版社	1960年6月

（二）教科书总体特点

1. 限于客观实际，体育教学没有达到教科书设定的目的

有些体育教材，其提出并确立了"从增强学生体质出发"为主要标准的体育教材选编原则，体现了大纲规定的体育课程教学目的和任务的要求。但由于"以劳动代替体育"和"以军训代替体育"的思想影响及种种原因，忽视了体育课程的特殊性，否认了体育课程所具有的其他课程不可替代的教育作用，违背了体育教学的客观规律，阻碍了体育课程教学理论与实践的发展，还导致了体育教学在一定程度上出现了混乱的局面。实际的体育教学并没有达到体育教科书的编写目的，没有完成其设定的基本任务。

2. 体育教科书编写出版数量有所减少，开始重视系统体育教科书建设

小学、中学的体育教学大纲和教科书基本摆脱苏联模式，初步形成有中国特色的体育教学大纲和教科书体系。这一时期，教育部开始重视系统的中小学体育教科书建设。三年时间内，体育教科书编写和出版数量达到30余种，中学体育教科书编写出版数量高于小学。出现了室内体育教科书，这是体育教科书建设的一大进步。

3. 深刻的历史经验和教训需要总结

（1）学校体育与整个教育一样，与国家整个形势发展紧密关联。学生的营养跟不上，要学生上体育课完成过高的指标，不仅达不到增强体质的目标，还会损害学生的身体健康。

（2）体育教学改革不可能一蹴而就，不能急于求成，必须按科学规律办事，从我国的实际、学生的具体情况出发。违反科学，结果只能适得其反，以失败告终。

（3）学校体育和体育教学是以育人为目标，体育的目的和体育教学的学科特点是以改善学生的健康状况、增强体质为主要目标。单纯追求学生掌握体育技术或运动项目成绩数量指标，限期"达标"，都是不全面、不科学的，即使某些运动项目的指标一时上去了，也可能损害学生的健康。

（4）劳动和军训不能替代体育。劳动和军训对学生的健康和身体在一定的条件下是有益的，但不考虑学生的身体，只追求劳动和军训的指标，反而会损害学生的健康。归根结底，劳动和军训与体育的性质、目标、内容、方法以及产生的结果不同，因此不能相互替代，只能是密切结合。

四、代表性教科书

（一）《小学体育教学参考资料》

1. 基本信息

（1）书名：《小学体育教学参考资料》

（2）编者：山东省教育厅

（3）出版单位：人民教育出版社

（4）出版时间：1960年4月（第一版）

2. 编写背景与编写依据

本套教材根据修改后的《山东省关于执行〈小学体育教学大纲（草案）〉的意见》，为帮助山东省小学体育教师或兼任体育课的教师解决教学上的一些困难，结合山东省具体情况而编写。教材增加了田径和球类游戏的内容，删减了过于简单、重复过多和分量过重的内容，适当提高了内容的难度和要求。

图 8-1 《小学体育教学参考资料》

3. 教科书结构与内容

本套教材按年级分为 6 册。以第一册为例，全书分为小学体育的目的和任务及关于小学体育教学参考资料的几点说明、一年级教材内容及分配表、第一学期教学工作计划、第二学期教学工作计划、第一学期课时计划、第二学期课时计划和器材设备七章内容。全书分年级、按课时计划的形式编写。每学年编有 66 课，第一学期与第二学期各 33 课，其中包括两节引导课。第二至六册结构与内容基本相似。

（二）《陕西省小学体育教学参考资料》

1. 基本信息

（1）书名：《陕西省小学体育教学参考资料》

（2）编者：陕西省教育厅

（3）出版单位：陕西人民出版社

（4）出版时间：1960 年 5 月（第一版）

2. 编写背景与编写依据

本书根据陕西省"新编小学体育教学大纲（草案）、原小学体育教学参考书和广大体育教师的要求；并本着帮助教师了解和运用小学体育教学大纲，改进体育教学的目的精神而编写"[①]。

3. 教科书结构与内容

全书分为小学的体育教育，小学体育课、作息制度中的体育措施和课外体育活动的进行方法，教科书分析与说明，小学体育教育的工作计划和考核，室内教科书五章以及附件内容。第一、二章是体育理论部分，第三章是教材的核心部分，第四章小学体育教育的工作计划和考核完全采用表格的方式呈现具体内容，第五章采用分段文字表述的方式呈现具体内容。

（三）《小学复式班体育教学大纲（草案）及参考书》

1. 基本信息

（1）书名：《小学复式班体育教学大纲（草案）及参考书》

（2）编者：山东省教育厅

---

① 陕西省教育厅. 陕西省小学体育教学参考资料［M］. 西安：陕西人民出版社，1960：前言.

(3)出版单位:山东人民出版社

(4)出版时间:1958年12月(第一版)

2. 编写背景与编写依据

为改进山东省小学复式班体育教学工作,根据《小学体育教学大纲(草案)》,结合山东省具体情况编制了本大纲,作为小学复式班体育教学的依据。为帮助教师制定大纲另编有体育教学参考书(附后)及山东省关于执行《小学体育教学大纲(草案)》的意见体操动作图解,供教师参考。各项教学标准按原大纲的规定制订。

3. 教科书结构与内容

全书包括附《小学体育教学大纲(草案)》说明、大纲、第一学期、第二学期、一至四年级应受考查的项目标准、小学复式班教学用具的设备一览表、各学季教学标准的分配、第一学期教学进度表、第二学期体育教学进度表。核心内容为第一学期和第二学期的各32节课,主要采用分段文字描述加少量插图和少量谱例的方式呈现具体内容。

(四)《中学体育常识教学参考书》

1. 基本信息

(1)书名:《中学体育常识教学参考书》

(2)编者:山东省教育厅

(3)出版单位:不详

(4)出版时间:1959年

2. 编写背景与编写依据

本书为提高山东省中学体育教学质量、更好地完成中学体育的目的和任务而编订。其任务是使学生初步了解我国一般体育理论常识和获得体育运动一般生理卫生常识与技术知识,提高社会主义思想觉悟,把所学知识运用到体育实践活动中去。

图 8-2 《中学体育常识教学参考书》

3. 教科书结构与内容

本书内容分为新中国体育、运动生理卫生常识、几种主要运动项目的规则及其他和补充教材四部分。第一部分新中国体育采用分段文字描述加少量表格的方式呈现具体内容，第二部分运动生理常识采用分段文字描述加少量表格和图示的方式呈现具体内容，第三部分运动规则及其他采用分段文字描述加少量表格和场地图的方式呈现具体内容，第四部分补充教材采用分段文字描述加场地图示的方式呈现具体内容。各部分内容按照初中一年级至高中三年级划分，共计28课时。

（五）《小学体育教学参考资料》《初中体育教学参考资料》《高中体育教学参考资料》

1. 基本信息

（1）书名：《小学体育教学参考资料》《初中体育教学参考资料》《高中体育教学参考资料》

（2）编者：福建人民出版社（小学），福建教育学院（初中、高中）

（3）出版单位：福建人民教育出版社

（4）出版时间：1959年

图 8-3　小学、初中、高中体育教学参考资料

2. 编写背景与编写依据

《小学体育教学参考资料》是为适应形势的发展，进一步贯彻"教育为无产阶级的政治服务，教育与生产劳动相结合"的方针和毛主席提出"应该使受教

育者在德育、智育、体育几个方面都得到发展，成为有社会主义觉悟的有文化的劳动者"的指示，提高小学体育教学质量，在原有大纲基础上，根据福建省实际编写。《初中体育教学参考资料》《高中体育教学参考资料》是为帮助中学体育教学改进教学方法，提高教学质量，进一步贯彻教育方针，福建省在试行《中学体育教学大纲（草案）》的基础上，根据福建省特点编订了《中学体育教材纲要》。参照纲要编写出《中学体育教学参考资料》，以供教师教学参考。由此根据中学体育目的任务和省编《中学体育教材纲要》内容来编写。

3. 教科书结构与内容

本套教材包括小学、初中、高中体育教学参考资料和《中学体育教材纲要》《中学体育教学参考资料（补编）》，共计 5 册。

《小学体育教学参考资料》按年级编写，每学期定为 34 课，分为四个阶段来完成。各阶段教材的安排，根据 7—12 岁的儿童的年龄特征和福建省实际情况编订。全书着重全学年体育教学工作计划范例（教材分配）和学期体育教学工作计划范例（教学进步）两部分，并编写了一些补充教材和指导参考资料。具体结构为目录、前言、小学体育补充教材、小学体育教学工作计划、附录。

《初中体育教学参考资料》和《高中体育教学参考资料》结构相同，按年级划分，一、二年级设置有体操、田径、球类和游泳，三年级设置体操、田径、球类。采用分段文字描述加图示的方式呈现具体内容，各部分内容体例基本一致，包括教学任务、动作方法、教学要点、教法建议等，整体内容结构清晰简洁。

第九章　建立正常教学秩序，编写十二年制体育教科书（1961—1965）

一、社会背景

（一）政治经济背景

1959—1961年，连续三年严重的自然灾害以及经济困难，造成供应紧张，人民生活困难，营养不足，学生体质下降，健康状况不佳。1960年底，党中央、国务院提出"调整、巩固、充实、提高"的"八字方针"；扩大的中央工作会议之后，全党对贯彻"八字方针"有了统一的思想认识，调整工作开始全面深入展开。1956年至1966年，是全面建设社会主义的10年。尽管有过失误，但经过全党和全国各族人民的共同努力，国民经济建设取得了重大成就，我国建立起了独立的、比较完整的工业体系和国民经济体系。

（二）社会文化背景

国家体委于1960年3月14—18日在北京召开第一次全国体育科学工作会议，对1960年重大科研课题项目计划做了补充修改，讨论了1961—1962年体育科学发展纲要。由于加强了对体育科研工作的领导，体育科研队伍已经形成，在国家编制《1963—1972年科学技术发展规划纲要》时，增加了体育科学方面的研究课题，对体育科学研究工作的开展起到了积极的推动作用。

1960年至1962年调整期间，以教学为中心，科研工作也进行了相应的调整，提出了科学研究要密切联系教学，为教学服务，要求科学研究要与调查研究、编写教科书、建立健全新的教学秩序和提高教学质量相结合。大多数体育学院课题主要围绕培养目标、面向中学进行调查研究。在体育教学和教学大纲、体育教科书、体育教学方法、教学资料等方面取得了不少成果，形成了从国家到各省、自治区、直辖市体育科研所和各体育院系、科研部门相结合的体制。

1961年，《文汇报》《体育报》开展了体育课是以增强体质为主还是以掌握技术为主的学术讨论。1963年，在全国范围内展开了体育教学任务大讨论，进一步明晰了体育教学各项任务之间的关系。这些研讨工作对提高体育教学质量、促进学校体育发展起到了重要作用。

（三）教育发展与改革背景

为尽快提高体育教学质量，1961年人民教育出版社出版《小学体育教材（教师用书）》《中学体育教材（教师用书）》，把体育教学大纲和体育教材（教师用书）合编在一起。教育部于1961年8月发出《关于参考使用中、小学体育教材应注意的几个问题的通知》，指出这两本教材是教师用书，供全日制中小学体育教师参考使用，也可供中等专业学校（包括中等师范学校）体育教师参考使用。促进了学校体育教科书建设和改革的发展。

1961年9月，教育部长杨秀峰在中共中央工作会议的发言中指出：3年来，教育大革命、大发展、大跃进，取得了成绩，但发展过快，超越了经济条件和学校主观力量的可能，就不可避免地影响了教育质量。教育工作中同样存在浮夸风、瞎指挥、不切实际的错误。[①]

1964年8月，国务院批转教育部、体育运动委员会、卫生部《关于中、小学学生健康状况和改进学校体育、卫生工作的报告》，提出应该十分关心学生身体正常发育，增进学生的身体健康，使学生在德智体诸方面能够生动活泼地、主动地得到发展。报告指出了当前学生健康状况不够好的几个方面，并分析了原因。提出中小学的一切体育工作都必须面向广大学生，以促进学生身体正常发育和身体机能的发展，增强体质。还提出要从当前学生的生活水平和健康情况出发，防止要求过高过急，注意因材施教，不能强求一律。要求上好体育课，适当地组织学生运动竞赛，积极办好青少年业余体校，有条件的，试点推行《青少年体育锻炼标准》。[②]

1964年，部分有条件的学校和单位将《青少年体育锻炼标准》逐步取代了"劳卫制"达标制度。《青少年体育锻炼标准》的实施，使我国青少年体质和体能的测定有了指标依据。各级学校根据标准指导学生进行锻炼，使体育教学得

---

① 中央教育科学研究所.中华人民共和国教育大事记（1949—1982）[M].北京：教育科学出版社，1984：297.
② 北京师范大学教育科学研究所.中小学教育政策法令选编（1949—1966）（下册）[G].1979：133-142.

到加强，也促进了课外体育活动的开展。1965年3月，国家体委又公布了《青少年体育锻炼标准条例（草案）》。

这一时期，体育教学改革呈现出新中国成立以来繁荣发展的大好景象，广大体育教育工作者学习新大纲、教科书的热情高涨，在教学实践中努力探索，不断总结工作经验，取得了新的进展。如对体育课的组织与教学方法方面的研究，探讨了教学的组织形式，即教学分组（随机自然分组、健康分组、男女合班按性别分组等）与分组教学（分组不轮换、分组轮换、分组轮换与分组不轮换相结合等）。教学领域中出现了对体育课的密度与运动量问题的探讨，有助于教师合理安排课程的密度和运动量。这些研讨工作对提高体育教学质量、促进学校体育发展起到了积极作用。

二、课程概要

（一）学制、课程设置与教学大纲

1963年，中共中央先后颁布《全日制小学暂行工作条例（草案）》和《全日制中学暂行工作条例（草案）》，系统总结了新中国教育工作的经验与教训，对中小学教育的任务、培养目标、教学工作、日常管理等基本问题做出具体的规定。全日制中小学必须根据教育部统一规定的教学计划、教学大纲和教科书进行教学，不得任意停课。

1. 学制、课程设置

1961年2月，教育部召开学制试点座谈会，指出试验面过大，要求不再进行九年一贯制试验。1962年10月，中央宣传部长会议纠正了小学教育改革大规模试验的错误，自此试验学校逐渐减少，有的省份停止了试验。

1963年7月教育部颁发了《全日制中小学教学计划（草案）及说明》，规定小学学制为六年制，初中和高中学制为三年制，有的地区是五年制小学、五年制中学。

根据学校暂行工作条例的精神，教育部重新修订各级教学计划，对体育课做出了明确规定。各级各类学校尤其中小学在课程设置上，注意了确保每周两节体育课，在上好体育课的基础上，坚持早操、课间操或眼保健操，每周安排两次课外活动，每次活动的时间保证在一节课以上，这就是"两课、两操、两活动"的体育课程模式。

1963年7月，教育部在实行《全日制中小学新教学计划（草案）》中的规定：中小学6年均设体育课，每周2学时，小学上课总时数为442学时，中学为412学时。在上好体育课的改进中，首先使学校领导和教师明确学校体育的目的和任务，是为增强学生体质服务，着眼于掌握体育的基本知识、技能打基础，又要为培养学生对体育的兴趣、爱好、习惯打基础；在授课内容上，从实际出发进行选择，根据教材内容的目的和基本要求，了解学生的接受能力、现有基础等特点，分清主次，突出重点难点，把最基本的内容教好、学好。

2. 教学大纲

1961年，教育部根据国际形势及国民经济的发展情况，颁布了《小学体育教材（教师用书）》《中学体育教材（教师用书）》。这两个文件均包括教学纲要和教材内容两部分。

表9-1　1961年中小学体育教材纲要内容

主要内容		具体内容
说明		基本任务、编写原则、注意事项、教科书时数分配
基本教材纲要	小学	一、二、三、四、五年级
	中学	初中一、二、三年级，高中一、二、三年级
选用教材纲要	中学	初中一、二、三年级，高中一、二、三年级

（二）教科书制度

1961年2月，中共中央书记处讨论了教材问题，并做出了重要指示，"要求抓紧教材工作，大、中、小学下学期要有教材和讲义"，"编选教材和讲义，要作为教育部门的重要工作"。根据中央的指示，1961年，教育部在充分肯定第一部体育教学大纲和教学参考书的基础上，组织人民教育出版社，在1956年由教育部颁发的第一部大纲的基础上编辑出版了《小学体育教材（教师用书）》和《中学体育教材（教师用书）》。这是根据中央指示、国际形势及国民经济的发展重新制定颁布的中小学体育教学大纲，是新中国第二部体育教学大纲。[①]

我国中小学体育教学大纲由国家制定，全国通用。根据各地基层看不到体育教学大纲、体育教学不方便的情况，本套教材将大纲与体育教材（教师教学用书）合编为一册，"体育教学大纲"和"体育教学参考书"名称不再启用。

这一时期，教育部对各地选择使用中小学教科书进行了规范，颁布了文件。教学用书目录的强制性有所减弱，各地选择教科书的自由度、灵活度比较大。中小学教科书制度可以说是国定制、审定制和地方自主制相结合。

三、教科书概貌

（一）教科书出版总体情况

随着1961年国民经济开始调整，经过前一阶段的探索和经验教训，提升教科书质量日渐成为重要关注方向。最重要的体育教材为1961年人民教育出版社出版的《小学体育教材（教师用书）》《中学体育教材（教师用书）》。[②]（见表9-2）

表9-2 建立正常教学秩序时期中小学体育教科书出版情况统计表

序号	书名	编者	出版单位	出版时间
1	江苏省五年制小学体育教学参考资料	江苏省教材编辑委员会编	江苏人民出版社	1961年3月第一版
2	江苏省五年制中学体育教学参考资料	江苏省教材编辑委员会编	江苏人民出版社	1961年3月第一版
3	小学体育教材（教师用书）	人民教育出版社	人民教育出版社	1961年第一版，1963—1964年第二版

[①] 李晋裕，滕子敬，李永亮. 学校体育史[M]. 海口：海南出版社，2000：61.
[②] 这一时期人民教育出版社出版的教科书，有多本各地出版社重印版。如《小学体育教材（教师用书）》有北京出版社、陕西人民出版社、四川人民出版社、吉林人民出版社、浙江人民出版等重印，《中学体育教材（教师用书）》有山东人民出版社、山西人民出版社等重印，表中未全部列出。

续表

序号	书名	编者	出版单位	出版时间
4	中学体育教材（教师用书）	人民教育出版社	人民教育出版社	1961年第一版，1963年第二版
5	中学体育教材：1—4（试用本）[维语]	新疆维吾尔自治区教育厅、新疆维吾尔自治区体委体育课程编写组编译	新疆人民出版社	1963—1964年
6	体育教学参考资料（供体育教师参考）	陕西省教育厅编	陕西省教育厅	1963年6月

（二）教科书总体特点

20世纪60年代的体育教学大纲（教材纲要）和体育教科书与20世纪50年代的体育教学大纲、教科书相比，基本上摆脱了苏联的影响，在教学目标、指导思想、编排体系等方面，都反映了我国的一些基本经验。本阶段体育教学确立了以增强学生体质为主的体育课程目标，建立了以增强学生体质为中心、以运动项目为主要框架的体育教材内容体系，首次纳入体育基础理论知识教材内容，首次设置体育选修教材，把武术作为教材内容的一部分。值得一提的是，还出现了少数民族语言编写的体育教材。

1. 突出强调了体育教学的目的

学校体育教育的目的是"增强学生的体质，向学生进行共产主义教育，使他们更好地学习、参加生产劳动和准备保卫祖国"[①]。为达到这个目的，教科书注重提出"增进健康"、"全面发展身体基本活动能力"、掌握"基本的体育知识和锻炼身体的技能"、进行"共产主义品德教育"等体育课程教学的4项基本任务。

2. 明确了体育教学"从增强学生体质"出发的指导思想

提出并确立了"从增强学生体质出发"的体育教材内容选编原则，体现了大纲规定的体育课教学目的和任务的要求。强调增强学生体质是选择体育教材内容的首要标准，并界定了增强体质的内容，未提"健康性原则"；强调根据

---

① 人民教育出版社. 小学体育教材（教师用书）[M]. 北京：人民教育出版社，1961：说明.

学生各年龄段的生理和心理特征，从体操、田径、武术、游戏（含球类）中选择教材内容，未提"教材自身的系统性"；强调从学校和学生等的实际出发，选择教材内容；选择教材内容要考虑其思想性、教育性；选择教材内容与劳卫制、民兵训练结合，未提"与生产、生活相结合"。

3. 对教材内容体系有了具体规定

关于教材内容体系，大纲有如下规定：小学教材有体操、田径、武术、游戏（包括球类）、体育基本知识5大项。小学低年级以游戏教学为主，占总学时的50%；小学中、高年级以游戏、体操和田径为主。小学教科书包括教材纲要和教材两部分，教材纲要按年级分项目编写，教材部分则按项目分年级编写，以便教师对各年级教材整体性有全面概括的了解。中学教科书分基本教材和选用教材，基本教材约占总授课时数的80%，内容有体操、田径、武术、游戏（球类）、体育基础知识5大项，这是一般学校都应和都能使用的；选用教材约占总授课时数的20%，供各地、各校根据具体条件灵活地选用其中的某些内容。教材内容基本上是按年级编排的。

4. 武术列入中小学体育教科书，体现民族特点

武术是我国的国粹，是优秀体育文化遗产，深受广大群众喜爱。民国初年（1914年）武术曾正式进入体育课程，此后数十年武术内容一度从体育教科书中消失。这套大纲和教科书再次将武术列入中小学体育教材内容，这是体育课程和教科书建设的一大进步。

5. 加强了教材内容的可行性和灵活性

为适应各地不同情况，中学大纲除了规定全国统一通用的教材内容外，还规定了选用教材内容。各地区各学校可以根据自己的实际，减少或增加教材内容、降低或提高要求，灵活性大大增强，提高了教材内容的适应性，促进了统一性与灵活性的结合。

6. 增加了理论知识教材内容

体育作为一门学科，是理论和实践相结合的一门课程，过去对体育学科理论有所忽视，这部体育教学大纲把体育基础知识作为中小学体育的正式教材内容，并且作为学生必修内容，体现了对体育学科及体育课程认识的深化。

四、代表性教科书

（一）《小学体育教材（教师用书）》《中学体育教材（教师用书）》

1. 基本信息

（1）书名：《小学体育教材（教师用书）》《中学体育教材（教师用书）》

（2）编者：王占春、梁炳威、王宝烈、滕子敬、王寿生、关槐秀、温敬铭、张文广、蔡龙云、程传锐、周荔裳等

（3）出版单位：人民教育出版社

（4）出版时间：1961年

图9-1 《小学体育教材（教师用书）》

图9-2 《中学体育教材（教师用书）》

2. 编写背景与编写依据

（1）编写背景

1958年的教育"大革命""大跃进"，导致各地区掀起了自编教科书的热潮，不少地方编教科书、学校编教科书、教师编教科书，甚至学生也参加编教科书。例如，有中小学教师编的以生产劳动的动作为内容的教科书，即以劳动的动作代替体育；有的随意而为，想教什么就把什么当作教科书内容。在学习苏联问题上，一方面有很大的成就，另一方面也存在偏颇和缺点。

为改变这种局面，1959年3月教育部党组向中共中央报告提出："普通中小

学的教科书应该保证全国必要的统一性和应有的水平。"同年5月，中共中央转发了教育部党组的报告，"建议由教育部组织编写普通中小学和师范学校通用教材"。根据中央精神，教育部责成人民教育出版社重新编写全国通用教科书。[①]

（2）编写依据

《小学体育教材（教师用书）》在总结1956年小学体育教学大纲和体育教学参考书使用经验的基础上，将小学体育教学大纲和教科书合并为一册。《中学体育教材（教师用书）》在教育部1956年编订的《中学体育教学大纲（草案）》和人民教育出版社1957年编的《中学体育教学参考书》的基础上加以修改补充。

这套教材的编写原则强调了以下几点：从增强学生体质出发，根据学生的年龄特征选编教材，坚持从实际出发，力求适合一般学校和学生的情况，教材具有培养学生的共产主义道德品质的作用，高年级与劳卫制、民兵训练相结合。

3. 教科书结构与内容

教材分为小学和中学各一册，中学部分初中、高中合编。这套教材与其他学科教材有所不同，把体育教学大纲和教材合编，全书分为三部分：第一部分是"说明"，相当于体育教学大纲的说明部分；第二部分是"教材纲要"，相当于体育教学大纲的内容，按年级列出各项教材内容；第三部分是"教材内容"，按项目分年级编写，配以插图和教学法的指导与提示。第一、二部分具有大纲的权威性和指导性，第三部分是供教师进行体育教学用的教材，即教师用书，包括教材内容、教学方法、教学注意事项、体育成绩的考核与评价。

教材内容部分按项目分年级编写，除本身的动作、方法外，还就这项教材锻炼身体的意义、动作要领、必要的教法、教材的范例等方面，做了一些说明。

4. 教科书的主要特点

（1）确立了"从增强体质出发"的选材原则；

（2）从指导思想到具体内容都有创新；

（3）将武术教材单独列为一类选编；

（4）统一性与灵活性相结合，加大了教材内容的可行性和选择性；

[①] 课程教材研究所. 新中国中小学教材建设史1949—2000研究丛书：体育卷[M]. 北京：人民教育出版社，2010：78.

（5）增加了体育基础知识和卫生保健知识；

（6）提供各年级各类教材内容的时数分配；

（7）增加部分主要项目的成绩考查和标准；

（8）图文并茂、简练直观。

5. 教科书的使用、地位与影响

（1）教科书的使用

这套教材与第一套教材相比，更贴近我国实际，便于学校贯彻执行，方便体育教师的教学。由于有了新的教学大纲和教材，教学秩序比较稳定，教学质量进一步提高，体育教学取得了可喜成绩。

这套教材开始使用后，全国各地各级各类学校结合实际情况，组织了体育教师进行学习。

（2）教科书的地位与影响

这套教材和体育教学大纲从指导思想到教材内容以及统一性与灵活性、理论与实践相结合等方面都有一定的创新和建树，是根据我国实际情况和经验编定的，体现了对体育课程本土化的努力。纠正了"左"的错误，稳定了教学秩序，提高了教学质量，为建立我国学校体育教科书体系奠定了基础。

大纲作为新中国第二部中小学体育教学大纲，标志着新中国体育课程建设走出了苏联模式，探索本土化体育课程、努力形成自己特色的开端，其确立的以"增强学生体质"为主要目标的体育课程体系，成为新中国第一代体育课程重要的特征之一，奠定了新中国第一代体育课程理论和实践的基础。

本套教材的不足之处在于把大纲和教材合编为一本，对教师使用提供了便利，但对于教育管理部门和学校领导失掉了应有的权威性。在克服外来影响和结合本国实际情况，特别加强中华民族传统文化方面，步子还不够大。

（二）《江苏省五年制小学体育教学参考资料》《江苏省五年制中学体育教学参考资料》

1. 基本信息

（1）书名：《江苏省五年制小学体育教学参考资料》《江苏省五年制中学体育教学参考资料》

（2）编者：江苏省教材编辑委员会

（3）出版单位：江苏人民出版社

（4）出版时间：1961年3月

图 9-3 《江苏省五年制小学体育教学参考资料》

图 9-4 《江苏省五年制中学体育教学参考资料》

2. 编写背景与编写依据

（1）编写背景

1960年11月，中央文教小组召开文教工作会议，研究贯彻中央指示，落实"调整、巩固、充实、提高"的方针，纠正教育工作中的问题和错误，认真执行党的政策。1961年，教育部在充分肯定第一部体育教学大纲和教学参考书的基础上，根据国际形势和国民经济的发展情况重新制定颁布了十年制体育教学大纲。

修订的大纲提出学校体育必须从增强学生体质出发，指出体质的内容包括身体的正常发育，身体机能、基本活动能力和身体素质全面发展，以及身体对自然环境的适应能力。

（2）编写依据

本套教材是根据五年制中小学体育教学大纲编写，也是根据当时一般中小学的情况和以后发展的趋势而编选，适当增加新的内容和提高教学要求，各校可以根据具体情况灵活运用。

3. 教科书结构与内容

全书以"章—节"为层次体现体例结构，以运动项目为基础进行分类。小学教材正文分为三章，第一章是体操，第二章是田径，第三章是游戏。中学教材正文增加了一章球类运动。

在内容上以节为主呈现，基本以任务、要求、动作方法与要领、教学注意事项等次序呈现，不同章节的呈现方式略有不同。教材内容基本上是按年级编排，部分教材内容（如一般发展和准备练习等教材）由于几个年级都适用，是按项目排列的。

4. 教科书的主要特点

（1）内容的设计具有整体性，内容表达清晰、准确；

（2）内容素材的选择具有广泛性、时代性，体现了与社会发展的联系；

（3）注重帮助教师熟悉把握教材体系表格；

（4）运用数量和类型较多的图示呈现。

第十章 "文化大革命"时期的体育教科书（1966—1976）

一、社会背景

（一）政治经济背景

"文化大革命"时期是新中国成立后的一段特殊历史时期，是一场给党、国家和各族人民带来严重灾难的动乱，使党、国家和人民遭到了新中国成立以后最严重的损失。在这场浩劫中，体育遭到了严重破坏，体育事业跌入新中国成立后的最低谷。

1966年5月中央政治局扩大会议和8月八届十一中全会的召开，是"文革"全面发动的标志，两个会议先后通过《五一六通知》和《关于无产阶级文化大革命的决定》。全国各级领导干部包括一般体育工作者受到这场政治运动洪流裹挟，有的遭到了揪斗批判，有的被勒令反复检查交代"罪行"，很多领导干部遭受了非人折磨与凌辱，继而各级工会、青年团、妇联组织中与体育工作有关的机构、企事业单位中专、兼职体育工作人员，也相应失去了管理和组织的工作职能。当时，搞业务抓工作被视为"资产阶级反动路线"出力而遭到批判。

"文化大革命"期间，国民经济仍然取得了一定发展，工业、农业、交通基础建设、科学技术取得了一批重要成就，包括籼型杂交水稻的育成和推广、一些新铁路和南京长江大桥的建成、一些技术先进的大型企业的投产、氢弹试验和人造卫星发射回收的成功等。[①]

（二）社会文化背景

"文化大革命"期间，文化生活内容极度匮乏，极"左"思潮压抑得使人窒息，动辄打棍子、戴帽子、搞无限上纲。除了由几部"样板戏"翻译成文学、

---

① 中央政府门户网站."文化大革命"的十年[EB/OL]. http://www.gov.cn/test/2005-06/24/content_9300.htm.

电影等之外，就是其他为"路线斗争"塑造的高、大、全"英雄形象"。投入体育活动可以适当远离"路线斗争"，成为部分满足和弥补文化生活和精神生活需要的自然选择。

这一时期，体育研究处于完全停顿状况，体育教育受到了严重破坏。1971年7月，周恩来总理在全国体育工作会议上，充分肯定了"文化大革命"前17年体育工作的成绩，使广大体育工作者和教师倍受鼓舞。随着国家各级管理机构和文体活动的恢复，国际体育往来重新开始，特别是1971年中美两国乒乓球队的互访，"小球转动了地球"，打开了中美两国外交的渠道。这对体育教师和学生起到了鼓舞和激励作用。

（三）教育发展与改革背景

1966—1976年十年间，我国教育事业遭到了新中国成立以来最严重的摧残和损失，教育领导和学校是"重灾区"。极"左"思潮搅乱了教学思想，冲散了教师队伍，打乱了教学计划和课程设置，破坏了正常的教学秩序，否定了新中国成立17年来我国教育的一切成绩，教育事业陷入了停滞状态。

同整个教育事业一样，体育课程也遭受了严重破坏，一度完全消失。1966年，在"停课闹革命"极"左"思潮的冲击下，学校正常的教学秩序遭到破坏，全国大多数地区学校的体育课被取消，体育活动被停止，只有少数农村、边远地区学校还有体育课，但随着运动的发展，体育课和体育活动均被取消。"文化大革命"中后期，学校体育得到了一定程度的恢复，但在教学秩序被完全破坏、无政府主义盛行的环境下，体育教学显现出严重扭曲的不正常状态。

1967年2月，鉴于学校的严重混乱状况，中共中央分别发出了《中共中央关于小学无产阶级文化大革命的通知（草案）》和《中共中央关于中学无产阶级文化大革命的意见（供讨论和试行用）》[①]，要求停止外出"串联""复课闹革命"，要求对中学生分期分批进行军政训练。由于军训与体育课的常规要求、队列队形、跑、跳、投、攀援技术训练等内容在形式上有相同和相近之处，为恢复体育课打下了基础。同时也对日后体育课恢复正常状态造成了不利的影响，使体育课畸形扭曲。

---

① 何东昌. 中华人民共和国重要教育文献（1949—1975）[G]. 海口：海南出版社，1998：1412—1413.

1967年10月14日，中共中央、国务院、中央军委、中央文革联合发出《关于大、中、小学校复课闹革命的通知》[1]，要求全国各地大、中、小学一律立即开学，一边进行教学，一边进行改革。中小学和大专院校开始复课后，各地开始出现形形色色的"教育革命方案"，各级各类学校在开设有限的几门课程中，都设置了体育课，但都更名为"军体课"。军体课的教材内容主要是学习解放军的训练常规、队列、投弹、刺杀等简单动作。很多学校常把军体课和劳动课连在一起，或者干脆以劳动替代军体课教学。

1969年，中苏发生边界冲突后，国内处于紧张的"备战"状态，学军成为中小学生在校学习的主要内容，很多学校增加了军训时间，进行大规模的野营拉练活动，体育课完全变成了军训课。直到"文革"结束以后，大中小学才逐步将"军体课"改为体育课。

1971年以后，各级各类学校的教学秩序逐渐走上正轨，学校基本恢复课堂教学，体育课以"军体课"的名义正式排入课程表中。但体育教学的随意性很大，没有明确的教学目标，加之教学秩序松弛，很多教师无法正常组织教学。1972年以后，全国农村公社大办中学，大队大办小学，学校数量猛增，一些县级中学和区级小学还能勉强学习球类、田径、体操、游泳和当时流行的"军体拳""语录操"等，农村中小学体育课则由于师资和器材的限制，体育课大多徒有其名，有的利用"军体课"时间进行劳动，城镇中学则用"军体课"来"学工""学农"。

1973年，国家体委试行《国家体育锻炼标准》和推广第五套儿童广播操，使学校的"军体课"以锻炼达标为主要内容，军训式的教学逐渐减少，学校体育教学渐趋正常，提升了学校体育教材内容的科学性、计划性，使教学趋向规范化。同时，学校课外活动也开始围绕《国家体育锻炼标准》来组织进行。

---

[1] 张晋藩，海威，初尊贤. 中华人民共和国国史大辞典[M]. 哈尔滨：黑龙江人民出版社，1992：633.

二、课程概要

（一）学制、课程设置与教学大纲

1. 学制

由于这一时期我国没有颁布任何体育教学大纲，没有对学制的统一规定，存在"各自为政、五花八门、单科独进、没有统一要求"[1]的现象。各地学制不一致，如北京小学学制为5年、中学学制为5年，湖北小学学制为5年、初中3年、高中3年，天津中学学制为4年等。

1973年9月，国务院科教组总结了各省（自治区、直辖市）现行中小学学制的情况。"文革"以来，全国各地进行了中小学学制改革，其中有14个省（自治区、直辖市）实行九年制（小学5年、初中2年、高中2年）；7个省（自治区、直辖市）实行十年制（小学5年、初中3年，高中2年或小学6年、中学4年）；9个省（自治区、直辖市）农村实行九年制，城市实行十年制；西藏自治区实行小学五年制和六年制并存，初中实行三年制。[2]

2. 课程设置

1966年，在"停课闹革命"的冲击下，学校的正常教学秩序被打乱，各地多数学校的体育课程被取消。1967年，中共中央号召"复课闹革命"，相继发布了数个通知，规定了教学课程的安排，在各级各类学校复课开设的有限几门课程中，都设置了体育课，但都更名为"军体课"。实际上体育课并没有复课，而是用政治学习替代教学活动，体育课陷于被取消的地位。

3. 教学大纲

"文革"时期，有关体育教学大纲的内容只是在一些文件和通知等中出现。1973年后出版的相关教科书中，在"教学意见"部分有简单的教学大纲介绍。

1968年，天津延安中学和天津东风大学（天津师范大学）的师生，探索性地编写了一套四年制普通中学的教学改革方案和教学大纲（试用稿）。教学改革方案提出，通过四年培养，毕业要达到有健康的体魄、掌握一般的军事知识和

---

[1] 李喜平. 辽宁省学校体育50年[M]. 沈阳：辽宁大学出版社，1999：107.
[2] 中共中央党校理论研究室，编；刘海藩，主编. 历史的丰碑：中华人民共和国国史全鉴·教育卷[M]. 北京：中共中央文献出版社，2004：213.

军事技术、适应参加农业生产和国防建设的需要。

地方性的教改方案层出不穷,比较有代表性的是《人民日报》1969年5月发表的吉林省梨树县《农村中小学大纲(草案)》。大纲提出了中小学的领导管理、招生、学制、课程设置等方面的意见。中小学实行九年一贯制,即小学由6年改为5年,中学由6年改为4年。废除了考试、留级制度。小学开设政治语文、算术、革命文艺、军事体育、劳动五门课,中学开设毛泽东思想教育、农业基础、革命文艺、军事体育、劳动五门课。①

(二)教科书制度

1969年,体育课改为军事体育课,以军事项目为主要内容的体育教学朝着军事化方向发展,增加了不少军事动作,体育基本教材的内容被削减。1972年,国务院教科组组织召开教材工作座谈会,确定分大区交流编写教材经验,组成协作组编写教材。同年11月和第二年分别召开了东北、华东、中南、华北、西北和西南六大区教材改革经验交流会。体育教材内容以体育基本项目为主,不再以军事项目为主。1973年前后,各地重新编写体育教材。如北京市教育局教材编写组编著的教师用书《北京市小学试用教材体育》《北京市中学试用教材体育》,按十年制学校要求编写,小学初中各一册。

十年动乱把新中国成立后建立的体育教学体系破坏殆尽,把以往编写的体育教学大纲和教科书一律视为封、资、修进行批判和废止。

三、教科书概貌

(一)教科书出版总体情况

1969年5月《人民日报》发表吉林省梨树县《农村中小学教育大纲(草案)》以后,小学和中学都开设了军事体育课,各地开始编写军体课教科书。天津、陕西、甘肃、北京、辽宁、浙江、河北、青海、河南、山西、江西、黑龙江及无锡、佛山等省市先后编写出版了军体课教材。1973年前后,随着政治形

---

① 中共中央党校理论研究室,编;刘海藩,主编.历史的丰碑:中华人民共和国国史全鉴·教育卷[M].北京:中共中央文献出版社,2004:147.

势的变化，各地开始重新编写体育教科书，如辽宁、北京、湖北、山西等。据现有资料显示，这一时期体育教科书的编写出版主要集中在中学和中小学合编体育教科书，小学体育教科书数量较少。（见表 10-1）

表 10-1 "文革"期间中小学体育教科书出版情况统计表

序号	书名	编者	出版单位	出版时间
1	中小学武术教材	北京体育学院武术教研室		1966 年
2	天津延安中学试用课本学军	天津延安中学教材编写组		1969 年 4 月
3	天津市小学试用课本军体	天津市工农兵编写小学教材毛泽东思想学习班	天津人民出版社	1969 年 5 月第 1 版
4	四年制普通中学军体	天津市工农兵编写中学教材毛泽东思想学习班	天津人民出版社	1969 年 5 月第 1 版
5	无锡市中学试用课本军体卫生	无锡市革命委员会工宣队第一办公室	新华书店无锡支店发行	1969 年 7 月第 1 版
6	江西省中学试用课本军体（教师用书）初稿	江西省中小学教材编写组	江西省新华书店发行	1969 年 7 月第 1 版
7	佛山专区中学暂用课本学军课本（初中一、二年级用，高中一、二年级用）	佛山专区中学教材编写组	佛山专区新华书店发行	1969 年 8 月第一版
8	天津市四年制普通中学试用课本《军体》辅助教材（防空与战地救护）	天津市工农兵编写教材小组	天津市新华书店发行	1969 年 11 第 1 版
9	上海市中小学课本军事体育（供教员参考）	上海市中小学教材编写组	上海新华书店发行	1969 年 12 月第 1 版
10	湖南省中小学教师用书军体（试用本）	湖南省中小学教材编写组	湖南省新华书店发行	1969 年 12 月第 1 版
11	南京市中小学试用课本军体教材	南京市革委会政工组教材编写组编		1969 年
12	黑龙江省中小学试用课本军体（一至九年级教师用）	黑龙江省中小学教材编写组	黑龙江人民出版社	1970 年 2 月第 1 版

续表

序号	书名	编者	出版单位	出版时间
13	西安市中小学军体课教材（试用本）	西安市教材编写组	新华书店陕西省店发行	1969年12月第1版
14	陕西省中学试用课本军体（供教师用）	陕西省中小学教材编辑组	新华书店陕西省店发行	1970年8月第1版
15	四年制普通中学军体课（参考教材）	陕西省印刷厂"五·七"学校、西安体院革委会教育革命第三小分队	陕西省印刷厂	1970年
16	甘肃省中学试用课本军事体育（第一册供第一、二学年用，第二册供第三、四学年用）	甘肃省中学教材编写组	甘肃人民出版社	1970年3月第一版
17	江西省中小学试用课本军体教师用书（初稿）	江西省中小学教材编写组	江西省新华书店发行	1970年12月第2版
18	四川省中小学试用课本军事体育（教师用书）	四川省革命委员会中小学教材编写组	四川人民出版社	1970年12月第一版
19	军事体育	郑州市向阳区创新小学	河南省革委会文教卫生局中小学教材编辑室	1970年
20	徐州专区中、小学试用教材军事体育（供教师用）	徐州专区中、小学教材编写组	徐州专区中、小学教材编写组	1970年9月第1版
21	淮阴专区中小学试用教材军体（教师用）		淮阴印刷厂	1970年
22	北京市中学教学参考材料军体（教员参考）	北京市教育局革命领导小组中小学教材编写组编	北京市新华书店发行	1970年6月第1版
23	河北省中小学试用教材军体（教师用书）	河北省中小学教材编写组	河北人民出版社	1970年9月第1版
24	湖北省中小学试用课本军事体育（供教师用）	湖北省中小学教材编写组	湖北人民出版社	1970年9月第1版
25	浙江省中小学试用课本军事体育（教师用书）	浙江省中小学教材编写组	浙江人民出版社	1970年8月第1版
26	浙江省中小学试用课本军事体育（教师用书）	浙江省中小学教材编写组	浙江人民出版社	1972年7月第2版
27	天津市五年制小学试用课本军体（教师用书）	天津市中、小学教材编写组河东区小组	天津市新华书店发行	1970年12月第一版

续表

序号	书名	编者	出版单位	出版时间
28	辽宁省中小学试用教材军事体育（教师参考用书）	辽宁省中小学教材编写组	辽宁省新华书店发行	1970年6月第1版
29	山东省中小学试用教材军体（供教师参考）	山东省中小学教材编选组编	山东省新华书店发行	1970年12月第1版
30	河南省中学试用课本军体（教师用）	河南省革委会文教卫生局中小学教材编辑室编	河南人民出版社	1970年12月第一版
31	福建省中小学试用课本军体教材（教师用书）	福建省中小学教材编写组	福建省新华书店	1970年
32	青海省中小学教师参考用书军体	青海省中小学教材编写组	青海人民出版社	1970年11月第1版
33	贵州省中小学试用教材军体（教师参考用）	贵州省中小学教材编写组	贵州人民出版社	1971年3月第1版
34	山西省中、小学试用课本学军（教师用书）	山西省中小学教材编写组	山西人民出版社	1971年1月第1版
35	吉林省中、小学试用课本军体（教师用书）	吉林省中、小学教材编写组	吉林人民出版社	1971年12月第2版
36	山东省中小学试用教材军体（供教师参考）	山东省中小学教材编选组	山东省新华书店发行	1970年12月第1版
37	江西省中小学试用课本军体（教师用书）	江西省中小学教材编写组	江西省新华书店发行	1971年12月第3版
38	安徽省中小学教师参考资料军体	安徽省中小学教材编写组	安徽省革命委员会出版发行局	1971年12月第1版
39	湖南省中小学教师用书军体	湖南省中小学教材编写组	湖南人民出版社	1971年8月
40	内蒙古自治区中、小学试用课本军体（中、小学教师用书）	内蒙古自治区教材编写组	内蒙古新华书店发行	1971年4月第一版
41	广西壮族自治区中小学体育教学参考书	广西壮族自治区中小学教材编写组	广西人民出版社	1972年7月第1版
42	上海市中小学课本军事体育（供教员参考）	上海市中小学教材编写组	上海新华书店发行	1972年2月第1版
43	天津市小学试用课本军体（教师用书）	天津市中、小学教材编写组	天津人民出版社	1972年4月第1版
44	天津市中学试用课本军体（教师用书）	天津市中、小学教材编写组	天津市新华书店发行	1972年5月第1版

续表

序号	书名	编者	出版单位	出版时间
45	广东省中小学试用课本体育（教师用书）	广东省中小学教材编写组	广东人民出版社	1972年5月第1版
46	辽宁省小学试用教材体育（教师参考用书）	辽宁省中小学教材编写组	辽宁人民出版社	1972年7月第1版
47	辽宁省中学试用教材体育（教师参考用书）	辽宁省中小学教材编写组	辽宁人民出版社	1972年7月第1版
48	浙江省中小学试用课本军事体育（教师用）	浙江省中小学教材编写组	浙江人民出版社	1972年7月第2版
49	湖北省中小学试用教材体育（教师用书）	湖北省中小学教学教材研究室校订	沙市印刷一厂印刷	1972年10月
50	江西省中小学体育教学参考书	江西省中小学教材编写组	江西印刷公司印刷 江西省新华书店发行	1972年12月第1版
51	山西省中小学试用教材体育（教师用书）	山西省中小学教材编写组	山西人民出版社	1973年1月第1版
52	安徽省中小学教师参考资料体育	安徽省中小学教材编写组	安徽人民出版社	1973年1月第2版 修订本
53	陕西省中学试用课本体育（教师用书）	陕西省中小学教材编辑组	陕西人民出版社	1973年3月第1版
54	中学体育师资短训班体育教材（试用）	武汉体育学院教育革命小分队	湖北省沔阳县印刷厂印刷	1973年5月
55	北京市小学试用教材体育（供教师用）	北京市教育局教材编写组编	北京人民出版社	1973年5月第1版
56	北京市中学试用教材体育（供教师用）	北京市教育局教材编写组编	北京人民出版社	1973年5月第1版
57	天津市中小学试用课本体育（教师用书）	天津市中小学教材编写组编	天津市新华书店	1973年7月第一版
58	天津市中小学试用课本体育（教师用书选用教材）	天津市中小学教材编写组编	天津市新华书店	1973年7月第一版
59	广东省中小学试用课本体育（教师用书补充教材）	广东省中小学教材编写组编	广东人民出版社	1973年7月第1版
60	福建省中小学体育教学参考资料	福建省中小学教材编写组	福建人民出版社	1973年9月第1版

续表

序号	书名	编者	出版单位	出版时间
61	中小学体育教学参考资料	广西师院体育系编		1973 年
62	上海市中小学课本体育（教师用书）	上海市中小学教材编写组	上海人民出版社	1974 年 9 月第 1 版
63	四川省中小学试用课本体育（教师用书）	四川省教育局教材处	四川人民出版社	1974 年 12 月第 1 版
64	广东省中小学试用教材体育（教师用书）	广东省中小学教材编写组编	广东人民出版社	1975 年 10 月第 1 版
65	河北省中小学试用教材体育（供教师用）	河北省中小学教材编写组	河北人民出版社	1975 年
66	中小学体育教师短训班体育教材（上册、下册）	赣南师专体育科短训班教学小组		1975 年
67	湖南省中小学试用教材体育（教师用书）上册、下册	湖南省教材教学研究室	湖南长沙教学辅导站、岳阳地区教学辅导站印	1976 年 8 月
68	上海市中小学课本教师用书体育（1—5 册）	上海市中小学教材编写组	上海人民出版社	1976 年 12 月第 1 版
69	辽宁省中学试用教材体育（教师参考用书）	辽宁省中小学教材编写组编	辽宁人民出版社	1976 年
70	广东省中小学试用教材体育（教师用书）	广东省中小学教材编写组编	广东人民出版社	1976 年 3 月
71	小学体育教学参考资料	江苏省运河师范学校教育革命组编	江苏省运河师范学校教育革命组	1976 年

（二）教科书总体特点

1. 以政治为统帅，受"左"的思想路线影响

从这一时期出版的军体课教科书来看，不适当地突出所谓政治，紧跟当时的政治形势，大量引用毛主席语录，突出政治挂帅，以口号和语录代替科学，不少教科书牵强附会，贴政治标签，"穿靴戴帽"现象极为严重，贴上同体育知识、技术毫无关系的政治标签。如 1970 年北京出版的北京市中学军体课本教科书，全书从第 1—33 页都是摘录政治论述，并且各项内容中穿插语录，表示以政治为统帅，受当时政治代替一切的思想的影响，在体育教科书各个项目名称前都冠有政治口号，对体育动作的名称也做了形式上的改变。

2. 以军事项目为主要教材内容

"文化大革命"一开始，体育教科书便增加大量军事动作，削减体育基本教材的内容，形成以军事项目为主要内容的军事化体育教科书，几乎失去体育的意义。其间各地出版的军体课教科书，大同小异，形成以军事项目为主要内容的军事化体育教学特征。如在各地的军体课中，要"向解放军学政治，学军事，学四个第一，学三八作风，学三大纪律八项注意，加强组织纪律性"[①]，射击、刺杀、投弹、防空、野营训练、爆破、战地救护等内容列入各地的军体课教材内容。

3. 教科书中存在错误倾向

教科书中存在"以政代体""以军代体""以劳代体"等极"左"倾向，劳动代替体育、军事代替体育的倾向达到顶峰。1973年，在极其困难的情况下，全国广大体育工作者和体育教师克服重重困难，努力为学校体育和体育教学做力所能及的工作，并进行教科书的编写。但由于当时社会政治环境所限，所编教科书中存在许多错误观点。十年间，我国体育教科书走上了"以政代体""以军代体""以劳代体"的道路，政治代替一切、劳动代替体育、军事代替体育达到顶峰，从理论到实践完全违背体育教科书发展的客观规律。体育教学偏离了正确的方向，给我国体育教科书的发展造成巨大的摧残和破坏。

（三）有影响的教科书总体介绍

1. 1969年《天津延安中学试用课本学军》

本书由天津延安中学教材编写组编写，由两部分构成。第一部分是毛主席语录等，第二部分主要包括队列、投弹、刺杀、射击、游泳、行军宿营、战术与其他等15章，各章又分若干节。

2. 1970年《北京市中学教学参考材料军体（教员参考）》

1970年6月由北京市教育局革命领导小组中小学教材编写组编写，主要内容包括：队列练习，射击、刺杀、投弹、防空基本知识、过障碍、行军和爬山、游泳、爬绳（爬杆）、徒手体操、技巧、单杠、双杠、支撑跳跃、篮球、足球、排球、乒乓球（其中足、排、乒乓球为选用项目）、跑、跳跃、铅球、武术（军

---

① 河南省革委会文教卫生局中小学教材编辑室. 河南省中学试用课本军体（教师用）[M]. 郑州：河南人民出版社，1970：209.

体拳）、跳跃锻炼卫生常识等。

3. 1972年《广东省中小学试用课本体育（教师用书）》

本书由广东人民出版社出版，是供广东省中小学体育教师使用的教学用书。教材不分年级，只按运动项目编写，有基本教材和选用教材两部分。基本教材主要根据中小学体育教学的目的任务和广东省大多数中小学当时的实际情况编写；选用教材供教师根据学校场地设备和学生的具体情况灵活选用。具体的运动项目有队列、田径、体操、球类、刺杀、野营训练、游戏等。

4. 1972年辽宁省中小学试用教材《体育》（教师参考用书）

本套教材由辽宁省中小学教材编写组编写，在《辽宁省中小学试用教材军事体育（教师参考用书）》试用的基础上修改而成，供辽宁省中小学体育教师参考使用。教材主要包括队列、刺杀、投弹、游泳、防空、野营训练、田径、体操、球类、游戏、武术、滑冰、体育卫生知识等。

5. 1974年《四川省中小学试用课本体育（教师用书）》

本书由四川省教育局教材处编，四川人民出版社出版。根据中小学体育的目的任务、教学要求，结合普遍开展的运动项目的特点、作用而编写。全书分为前言、体育基本知识、队列、田径、体操、球类、武术、游泳、游戏9个部分。

6. 1974年《上海市中小学课本体育（教师用书）》

本书由上海市中小学教材编写组编写，在前几年教材改革的基础上修改、编写而成，上海人民出版社出版。本书将大纲和教材内容合为一本，将中学4个年级和小学6个年级合为一册。大纲部分包括目的任务、编写原则、教学要求、教学时数分配、教材内容安排等。教科书分别按基本教材和选用教材编写。

7. 1976年《湖南省中小学试用教材体育（教师用书）》

本书由湖南省教材教学研究室委托长沙市教育局编写，包括小学、初中、高中等不同学段，分为上、下两册。上册主要为基本教材内容，下册主要为选用教材内容。基本教材包括体育基本知识、田径、体操、军事体育、武术、游戏6章，选用教材包括田径、体操、军事体育、武术、球类、游泳、乡土教材等。

四、代表性教科书

（一）佛山专区中学暂用课本《学军课本》

1. 基本信息

（1）书名：佛山专区中学暂用课本《学军课本》

（2）编者：佛山专区中学教材编写组

（3）出版单位：不详

（4）出版时间：1969年8月

2. 编写背景与编写依据

学军是当时国内外阶级斗争形势的需要。佛山专区中学暂用课本《学军课本》是佛山专区中学教材编写组根据各县（市）工厂、农村等有关单位收集的素材整理编写成的，供初中一年级和二年级、高中一年级和二年级全年教学之用。

图10-1 佛山专区中学暂用课本《学军课本》

3. 教科书结构与内容

这套教材将中学四个年级各分为一册，每个年级的教材中，都包括政治色彩浓厚的学军内容。与军事相关的内容主要包括介绍解放军的性质和任务、解放军的光荣传统等理论内容，还包括手榴弹使用、徒手列队动作、通信常识及军事体育等内容，还将大量刺杀、步枪、防空等军事动作纳入其中。

（二）《北京市小学试用教材体育（供教师用）》《北京市中学试用教材体育（供教师用）》

1. 基本信息

（1）书名：《北京市小学试用教材体育（供教师用）》《北京市中学试用教材体育（供教师用）》

（2）编者：北京市教育局教材编写组

（3）出版单位：北京人民出版社

（4）出版时间：1973年5月

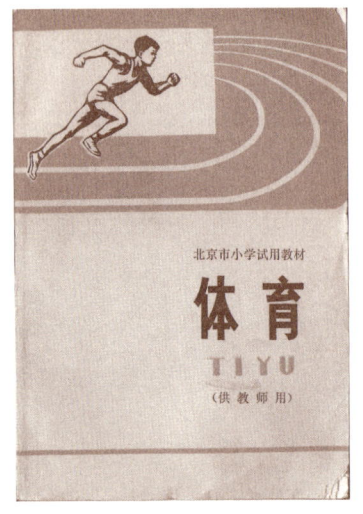 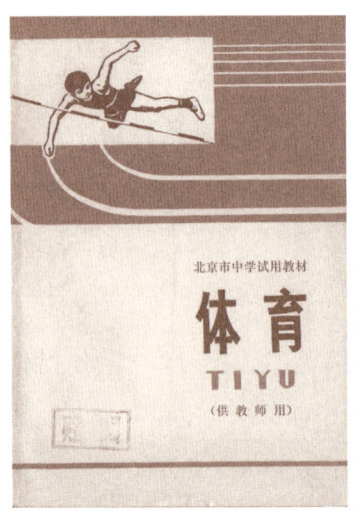

图 10-2 《北京市小学试用教材
体育（供教师用）》   图 10-3 《北京市中学试用教材
体育（供教师用）》

2. 编写背景与编写依据

（1）编写背景

1972年教育系统一度出现转机，教学工作开始受到重视，学校日常教学活动基本得到恢复。根据周恩来总理的指示，国务院科教组在北京召开教材工作座谈会，会议确定分大区交流编写教材的经验，并组成协作组编写教材。接着于11月和第二年分别召开东北、华东、中南、华北、西北和西南六大区教材改革经验交流会，这对体育教科书编写工作起到了促进作用。

（2）编写依据

本套教材的编写是为贯彻1972年全国和北京市体育工作座谈会的精神，教材内容从增强学生体质出发，坚持用政治统帅业务，反对不讲无产阶级政治挂帅的单纯技术观点，反对"技术第一""锦标主义"等。坚持从实际出发、力求精练、循序渐进的原则。

3. 教科书结构与内容

全书是小学和中学各一册，小学基本教材有田径、体操、小球类、武术、游戏5类，中学基本教材有田径、体操、球类、武术4类。内容分为基本教材和选用教材两部分。适合学生年龄特点，有利于增强体质而又切实可行，列入基本教材；作为体育课主要内容。有些项目因当时条件所限，或者动作难度较大、教学有困难的,则列为选用教材。

4. 教科书的使用、地位与影响

这套教材与 1970 年的军体教材相比,有一定进步,从教学指导思想和教材内容的安排对当时加强体育教学工作起到了一定作用,但仍存在"左"的倾向。

第十一章 改革开放初期的体育教科书（1977—1985）

一、社会背景

（一）政治经济背景

1978年12月，中国共产党召开了十一届三中全会，会议重新确定了马克思主义的思想、政治路线和组织路线，确定了解放思想、开动脑筋、实事求是、团结一致向前看的方针，提出了党和国家的工作重点转移到社会主义现代化建设上来和实行改革开放的战略决策。我国国民经济和各项事业都进入了良性发展的轨道，开创了我国社会主义事业发展新时期的伟大起点。

1982年9月，中国共产党第十二次全国代表大会在北京召开，明确规定了党在新时期的总任务，制定了我国经济发展的战略目标、战略重点和战略步骤，提出建设以共产主义思想为核心的高度精神文明，制定了建设高度的社会主义民主的根本方针，强调要把党建设成为社会主义现代化建设的坚强领导核心。

（二）教育发展与改革背景

1976年10月，党和国家开始拨乱反正，教育事业也同样进行拨乱反正。在肃清极"左"路线影响、落实知识分子政策的基础上，重新确立了德、智、体全面发展的教育方针，恢复和重建了学校教育的各种规章制度，建立了良好的教学秩序和学习风气，颁布了有关学校教育的一系列法规文件，加强了学校体育工作。整个学校的教学秩序发生了根本性变化，教风、学风焕然一新，学校体育教学也得以规范。

1978年4月14日，教育部、国家体委、卫生部发布了《关于加强学校体育、卫生工作的通知》，通知要求提高对学校体育、卫生工作的认识，全面贯彻落实党的教育方针；各级教育行政部门和学校要像抓德育、智育那样抓好体育、卫生工作，列入议事日程，不能挤掉；中小学每周两课时的体育课和初中生理卫生课要认真上好。同年，国家体委、教育部、卫生部开始在全国范围内，对青少年儿童身体形态、机能、素质进行大规模的调查研究。这一年教育部制定颁发了《全日制十年制学校小学体育教学大纲（试行草案）》和《全日制十年制学校中学体育教学大纲（试行草案）》。1978年秋季，各级学校按照教育部颁布的体育教学大纲有计划地进行教学。中小学按要求开展每周两课时的体育课。

1978年3月5日，第五届全国人民代表大会第一次会议通过《中华人民共和国宪法》。《宪法》第十三条规定："使受教育者在德育、智育、体育几方面都得到发展，成为有社会主义觉悟的有文化的劳动者。"5月12日，国务院在批转国家体委《1978年全国体育工作会议纪要》中指出："坚持普及与提高相结合的原则，进一步广泛开展群众体育活动，重点抓好关系两亿青少年健康成长的学校体育工作。"①

1979年5月，在扬州召开了新中国学校体育历史上的一次重要会议——全国学校体育卫生工作经验交流会。会议认为：必须坚持"三好"的方针，正确处理好德、智、体三者的关系，纠正忽视体育、卫生工作的思想，摆正体育、卫生工作的位置，切实把学校体育、卫生工作搞好，使学校培养出来的人才，能为祖国健康地工作50年。学校开展体育、卫生工作的根本目的，在于增强学生体质。要从实际出发，认真上好体育课，抓好每天1小时的锻炼，坚持普及与提高相结合，建立、健全业余竞赛制度，加强学校体育卫生工作，注意体育和卫生工作相结合。会议还讨论制订了《中小学体育工作暂行规定》等几个有关学校体育工作的制度。在这种改革的背景下，体育课程建设开始拨乱反正、全面恢复，发生了一系列的变革。②

1981年颁布的《全日制五年制小学教学计划（修订草案）》《全日制六年制重点中学教学计划试行草案》和《全日制五年制中学教学计划试行草案的修订意见》等文件，对体育课程重新做了规定。

1982年，国家体委发布了新的《国家体育锻炼标准》，教育部发布了《关于保证中、小学生每天有一小时体育活动的通知》，这些文件进一步促进了学校体育活动的广泛开展。

---

① 崔乐泉，杨向东. 中国体育思想史（现代卷）[M]. 北京：首都师范大学出版社，2008：224.
② 李晋裕，滕子敬，李永亮. 学校体育史[M]. 海口：海南出版社，2000：106-107.

二、课程概要

（一）学制、课程设置与教学大纲

1. 学制

1978年教育部颁布的《全日制十年制中小学教学计划试行草案》规定，全日制中小学学制为十年制，小学5年、中学5年。中学5年按初中3年、高中2年分段，统一为秋季始业。有条件的地区，可以逐步实行6周岁半或6周岁入学。

1981年3月13日，颁发了《关于在城市试行六年制小学问题的意见》。1984年8月15日颁布的《关于全日制六年制小学教学计划的安排意见》提出："目前我国小学学制为五年、六年并存。实行哪种学制，由各地按照各自的具体情况确定，防止'一刀切'。凡用五年时间能够完成小学教学任务的，就不要改为六年，各地接本通知后，不要不考虑具体情况、具体条件，盲目地向六年制过渡。"①

1981年4月，教育部颁发《全日制六年制重点中学教学计划试行草案》《全日制五年制中学教学计划试行草案的修订意见》的通知，要求中学学制定为6年，多数地区争取在1985年前，把中学学制改为6年，学习年限为初中3年、高中3年。

2. 课程设置

在学校各门课程中，体育课程处于相对稳定的地位。体育课一直是从小学一年级到高中三年级，年年开设的必修课程，基本上每周2个课时，在学校所有学科中，体育课的课时百分比基本上占总学时的6.5%—8.3%，列第3—5位。除体育课外，还有一定的课外体育活动时间安排，来保证学生每天1小时（含体育课）的体育活动。

（1）小学课程设置

1978年颁发《全日制十年制中小学教学计划试行草案》的通知指出：体育课要加强体育基础知识的教育和基本技能的训练，促进身体的正常发育，养成

---

① 郭齐家，雷铣. 中华人民共和国教育法全书［M］. 北京：北京广播学院出版社，1995：674.

锻炼身体的习惯，培养坚强的意志和良好的道德品质，要参考《国家体育锻炼标准》安排教材内容。小学一至五年级、初中六至八年级、高中九至十年级的体育课每周均为 2 课时，总共 676 课时。

1981 年颁发的《全日制五年制小学教学计划（修订草案）》中规定，小学一至五年级的体育课周时数为 2，总课时数为 360，占 7.8％；一至五年级的体育课外活动也分别为 2 课时。

1984 年颁布的《全日制六年制城市小学教学计划（草案）》和《全日制六年制农村小学教学计划（草案）》，规定了城市小学体育课的周时数为一至二年级 2 课时，三至六年级为 2—3 课时，上课总时数为 408—544 课时。农村小学一至六年级均为 2 课时，上课总时数为 408 课时。

（2）中学课程设置

1981 年 4 月颁发的《全日制六年制重点中学教学计划试行草案》的课程设置说明中要求：体育课要加强体育基础知识的教学和基本技能的训练，促进学生身体的正常发育，增强体质；教育学生积极锻炼身体，养成锻炼身体的习惯，培养坚强的意志和良好的道德品质。

《全日制六年制重点中学教学计划试行草案》规定初中三年和高中三年体育课每周 2 课时，六年上课总时数为 384 课时。

《全日制五年制中学教学计划试行草案的修订意见》规定尚未过渡为六年制的重点中学和条件比较好的中学，初中三年和高中二年的体育课时数设置均为每周 2 课时，五年共 320 课时。

3. 教学大纲

1977—1985 年是我国进行全面拨乱反正时期，这一时期重新制定了全国统一要求的"教学计划、教学大纲、教科书"。1977 年，教育部确定以十年制（小学五年、中学五年）为基本学制制定教学计划和大纲，于 1978 年 3 月颁发《全日制十年制学校小学体育教学大纲（试行草案）》和《全日制十年制学校中学体育教学大纲（试行草案）》。

1978 年颁发的十年制中小学体育教学大纲，分析了十年动乱期间出版的体育教科书，批判了"以劳代体""以军代体"的错误理论和做法，提出了明确的指导思想，注重通过体育课程对学生进行思想品德教育，坚持统一性的基础上也有一定的灵活性，注重体育的基础知识、基本技术、技能的学习和掌握。

但这套大纲与教科书存在体育教学任务不够全面、较为笼统，逻辑层次不够清晰，科学性依据不够充分，教材内容的适应性不够高等问题。大纲力图消除十年动乱给学校体育工作带来的影响，批判和否定了许多错误的体育教育理论和做法，肯定了新中国成立以来在体育课程与教科书建设上的成功经验，起到了拨乱反正的作用，有力地推动了学校体育工作的恢复和发展，在我国学校体育课程与教科书建设上具有划时代的意义。

（1）《全日制十年制学校小学体育教学大纲（试行草案）》

《全日制十年制学校小学体育教学大纲（试行草案）》规定：教材分为基本教材（包括体育基本知识、队列和体操队形、走和跑、跳跃、投掷、基本体操、技巧、游戏、支撑跳跃、低单杠、武术）和选用教材（包括小篮球、小排球、小足球、乒乓球、游泳、民间体育（乡土教材）、室内游戏）两部分。

（2）《全日制十年制学校中学体育教学大纲（试行草案）》

《全日制十年制学校中学体育教学大纲（试行草案）》规定：教材分为基本教材（包括体育基本知识，跑、跳、投，队列、基本体操、技巧、支撑跳跃、单杠、双杠、球类、武术等）和选用教材（包括游泳、滑冰、爬山、越野、游戏和球类等）两部分。基本教材简单易学，需要器材不多，能够全面地锻炼学生的身体，是一般学校都能完成的。如按规定时数不能完成基本教材，可适当占用选用教材时数。选用教材是在完成基本教材的前提下，根据各地具体情况，可以因地制宜选用的教材。为确保全面地锻炼学生身体，使用选用教材时要避免过分集中于某一项。

（二）教科书制度

1977年，邓小平在科学和教育工作座谈会上指出要编写通用教材，引进外国教材作参考。

《全日制十年制学校小学体育教学大纲（试行草案）》和《全日制十年制学校中学体育教学大纲（试行草案）》是在邓小平同志讲话精神的鼓舞下，体育教学大纲编写组经过反复调查研究编制而成的。大纲在全国边试用边征求意见，修改后连同依据大纲编写的中小学体育教科书颁发试行。

在1978—1979年先后颁发的中小学体育教学大纲的推动下，学校体育教学工作迅速恢复和发展，体育教科书的实施状况也出现转机。为使新的体育教学大纲更快普及，使体育教师对其有明确认识，更好地实施，教育部于1979年7月20日在大连举办"全国中小学体育教学大纲学习班"，大纲编写组成员详细介绍了大纲的指导思想、目的任务、编写原则和使用大纲的意见，宣传大纲的精神，为试行新大纲教材做了思想和理论准备。各省市为贯彻落实新的体育教学大纲和教科书，使广大体育教师科学地领会大纲精神，掌握大纲和教科书，纷纷在加强体育教学的规范化方面开展教研活动。

三、教科书概貌

（一）教科书出版总体情况

1977年8月，教育部开始从美、英、德、法、日等国引进大、中、小学各科教科书2 200多册，其中也包括体育教科书。1977年9月，教育部组成以副部长浦通修为组长的"教材编审领导小组"，组织编写中小学各科全国通用的大纲教材，并聘请45位专家担任各科教科书的顾问，体育学科的顾问聘请了徐英超教授（时任北京体育学院副院长）担任。这一时期的中小学体育教科书出版，数量有所增加。（见表11-1）

表11-1　改革开放初期中小学体育教科书出版情况统计表[①]

序号	书名	编者	出版单位	出版时间
1	上海市中小学课本·教师用书体育	上海市中小学教材编写组	上海人民出版社	1977年9月第1版
2	江西省中小学体育教学参考书	江西师范学院体育系 江西省中小学教材编写组	江西人民出版社	1977年11月第1版
3	体育（教师用书）	河南省中小学教材编写组	河南人民出版社	1977年

---

① 人民教育出版社出版的《全日制十年制学校小学体育教材（教师用书·试用本）》《全日制十年制学校中学体育教材（教师用书·试用本）》各版均有各省重印版，表格中未一一列出。

续表

序号	书名	编者	出版单位	出版时间
4	全日制十年制学校中学体育教学参考资料之一（供长沙地区使用）	长沙市中学体育教学研究会		1978年
5	生理卫生——中小学体育教师参考资料	河北师范大学体育系编	人民体育出版社	约1978年
6	四年制初中中学课本体育（试用本）第二册	滕子敬、孟浩德主编	北京师范大学出版社	1979年
7	山西省中小学试用教材体育（教师用书）	山西省中小学教材编写组	山西人民出版社	1978年1月第1版
8	全日制十年制学校小学体育教材（教师用书·试用本）	中小学通用教材体育编写组	人民教育出版社	1978年7月第1版，1979年2月第2版，1981年11月第3版
9	全日制十年制学校中学体育教材（教师用书·试用本）	中小学通用教材体育编写组	人民教育出版社	1978年8月第1版，1979年2月第2版，1981年11月第3版
10	初中体育教学参考书教师用书全一册		重庆出版社	1980年
11	全日制十年制学校中学体育教学参考资料	北京教育学院		1980年11月
12	体操中的跳跃练习中小学体育教师参考书	王晓玉	人民体育出版社	1980年
13	怎样备课：中学体育教师参考书	张之江	人民体育出版社	1980年
14	中小学体育教师参考书中学体育教师基本知识问答	沈阳体育学院体育理论教研室	人民体育出版社	1980年
15	小学体育教学参考书	河北省教育局、河北省体委合编	河北人民出版社	1980年7月
16	中小学体育教学参考资料	北京一四九中学等编译	北京体育学院翻译室	1981年

续表

序号	书名	编者	出版单位	出版时间
17	北京市全日制六年制小学体育游戏教学参考资料	北京教育学院		1981年5月
18	中小学体育教师参考书小足球的教学和训练	富立埻	人民体育出版社	1981年
19	中学体育课教案（教师参考用书）	郑州市教育局教研室		1981年
20	初中一年级试用课本体育（第一册）	长沙市中学体育教学研究会、"五、一"教材实验组编	长沙市中学体育教学研究会	1981年
21	中小学体育教师参考书室内体育教学	李习友、张耀辉	人民体育出版社	1981年
22	中小学体育教师参考书运动生理基本知识	邓树勋	人民体育出版社	1982年
23	中小学体育教师参考书队列队形练习	罗庆逵	人民体育出版社	1982年
24	中小学体育教师参考书循环练习法	曲宗湖、宋荣芬	人民体育出版社	1982年
25	初中体育教材教法	上海市中学体育中心教研组	华东师范大学出版社	1982年1月第1版
26	初中试用课本体育（第一至六册）	长沙市教育科学研究所、长沙市中学体育教研会		1982年
27	体育教学参考资料	吉林省教育学院	吉林人民出版社	1982年
28	体育教学参考资料	徐州师范学院体育系		1982年
29	中学体育教学参考书	（日）竹之下休、松田岩男	吉林省体育科学研究所	1982年
30	中学体育课教学	王寿生	教育科学出版社	1982年
31	体育游戏		人民体育出版社	1982年
32	小学舞蹈教学参考书		人民教育出版社	1983年1月第1版
33	中小学体育教师参考书中小学生体质测定与评价	邢文华	人民体育出版社	1983年

续表

序号	书名	编者	出版单位	出版时间
34	高中体育教材教法	上海市中学体育中心教研组	华东师范大学出版社	1983 年
35	中小学体育教师参考书徒手体操	宣萍、高鸿武	人民体育出版社	1984 年
36	小学体育教师手册	朱翅鹏、马燕南、葛根法	浙江教育出版社	1984 年
37	中小学体育卫生	梁焕国、王桂莲	北京师范大学出版社	1984 年
38	山西省小学试用课本体育（第一册）	山西省教育科学研究所	山西人民出版社	1984 年 6 月第 1 版
39	山西省小学试用课本体育（第二册）	山西省教育科学研究所	山西人民出版社	1984 年 5 月第 1 版
40	山西省中学试用课本体育（第一册）	山西省教育科学研究所	山西人民出版社	1984 年 6 月第 1 版
41	广东省小学试用课本体育（小学一至六年级）	广东省小学体育课本编写组	广东教育出版社	1984 年版
42	广东省中学试用课本体育（初中一至三年级上下册）	广东省中学体育课本编写小组	广东教育出版社	1984 年版 1986 年版
43	广东省中学试用课本体育（高中一至三年级上下册）	广东省中学体育试用课本编写小组	广东教育出版社	1983 年版 1984 年版 1986 年版
44	辽宁省小学试用课本体育（一至六年级上下册）	辽宁省小学体育课本编写组编	辽宁教育出版社	1985 年 12 月第 1 版
45	小学体育课本（第一至十二册）	沈阳市中小学体验课本编写组		1984 年
46	体育（初中第一至六册）	沈阳市中小学体育课本编写组		1984 年
47	体育（高中第一至六册）	沈阳市中小学体育课本编写组		1984 年
48	体育（初中一至三年级上、下册）	浙江中小学教育课本编写组	浙江教育出版社	1985 年
49	体育（高中一至三年级上、下册）	浙江中小学教育课本编写组	浙江教育出版社	1985 年

续表

序号	书名	编者	出版单位	出版时间
50	浙江省小学试用课本体育（一至六年级上、下册）	浙江省中小学体育课本编写组		约1985年
51	体育（第一至六册）	重庆教育局体育教材编写组	重庆出版社	1985年
52	体育活动：低年级	王宗宏	江苏少年儿童出版社	1985年
53	体育活动：高年级	王宗宏	江苏少年儿童出版社	1985年
54	体育活动：中年级	陈鹏、王宗宏	江苏少年儿童出版社	1985年
55	小学体育教学参考资料	重庆教育局体育教材编写组	重庆出版社	1985年
56	中小学室内体育课教学参考	刘兴国	包头市教育局	1985年
57	女生体育教学：中小学体育教师参考书	邓树勋、童英可	人民体育出版社	1985年
58	中小学体育教学参考资料	马俊伦	陕西人民教育出版社	1985年
59	中学体育基本动作教学	北京教育学院	北京师范大学出版社	1985年
60	小学体育教材教法	鲁魁、杜凤林编	山东教育出版社	1985年11月
61	小学体育教材（教师用书）全一册	人民教育出版社体育室编	人民教育出版社	1984年12月第1版
62	中学体育教材（教师用书）全一册	人民教育出版社体育室编	人民教育出版社	1984年12月第1版
63	中小学体育教学参考资料	马俊伦等编著	陕西人民教育出版社	1985年
64	西安市初级中学试用课本体育（第一至六册）	西安市教育局教研室编		1986年
65	山西省小学试用课本体育（第一至六册）	太原市教育局编印	太原市教育局编印	约1985年

续表

序号	书名	编者	出版单位	出版时间
66	高级中学女子试用课本体育（第一至三册）	太原市教育局编印	太原市教育局编印	约1985年
67	高级中学男子试用课本体育（第一至三册）	太原市教育局编印	太原市教育局编印	约1985年
68	初中试用课本体育（第一至三册）	济南市中学体育教材编写组	济南市教育局中教科	1984年6月
69	高中试用课本体育（第一至三册）	济南市中学体育教材编写组	济南市教育局中教科	1985年6月
70	全日制六年制小学课本体育（试行本）第一至六册	上海市中小学教材编写组	上海教育出版社	1985年6月第1版
71	上海市初中课本体育（试行本）第一至四册	上海市中小学教材编写组	上海教育出版社	1985年6月第1版

（二）教科书总体特点

这一时期，中小学体育教科书的编写出版取得了一定的成绩，由军体教材改为体育教材，教材内容纠正了"左"倾错误，删除军事体育，以体操、游戏、田径、足球、篮球、排球、武术、体育基本知识为主要内容。此外，学生课本出现，与教师用书共存，体育教科书建设与发展甚至超过了"文革"之前。

1. 学生体育课本开始出现，填补新中国成立后的空白

新中国成立几十年来，其他所有学科均有学生课本，唯独体育课本缺失，给体育教学带来很大不便。1982年，辽宁省鞍山市编写中学体育课本，并在省内8个市试用。1983年，广东省编写了初一至高三各年级的体育试用课本。1984年，沈阳市组织编写了一套符合沈阳实际，融知识性、教育性、科学性、实效性为一体，结合北方气候和沈阳市特点的体育课本。这套教材从小学一年级至高中三年级，共24册。1985年8月，辽宁省教育厅组织编写了全省统一的《中学体育试用课本》，由辽宁教育出版社出版发行，1985—1986学年度第一学期开始在辽宁省正式使用。从此，学生体育课本在全国各地迅速普及，而且从中小学扩大到普通高校。

2. 体育教科书改变全国统一、只重视必修内容的局面

1986年编订义务教育课程计划及体育教学大纲以前，体育课程强调必修，

忽视选修，必修教材（基本教材）居于统治地位。但是，我国是一个地域广阔的多民族国家，各地区经济、文化、教育、体育发展很不平衡，高度统一的大纲、教材内容不能适应我国各地的实际，缺乏灵活性和适应性。因此，1978年的中小学体育教学大纲分别规定小学和中学均设置选修教材，小学一至三年级选用教材占体育总课时16%，四、五年级占20%；中学一至三年级选用教材占体育总课时20%，四、五年级占30%。1981年教育部颁发的《全日制六年制重点中学教学计划试行草案》规定，高中二、三年级可设选修课，每周4课时，共240课时，占中小学上课总时数10 378课时的2.3%。同时，加大选用教材的时数比例，给各地有更多的灵活性，使之更符合国情。

3. 体育教材内容未能突破围绕运动技术编写的模式

这一时期体育教材内容基本以运动技术教学为主，围绕竞技运动编写，忽视了广大学生的现实需要和未来生活工作的需要。1978年中小学体育教学大纲的编写原则中明确提出"在安排教材时，要打破以运动竞赛为中心的编排体系"[①]，试图克服体育教学中"以运动竞赛为中心"的倾向，而不是一般地反对教材中列入运动项目，尝试以新的思想体系构建新的体育教学大纲和教科书。这个时期的体育教科书建设是符合当时的社会历史条件的，是当时社会现实需要的反映。如体育课程目标与内容缺乏有机联系；教学要求固定、单一、死板、缺乏弹性；教材内容过多、陈旧，未能及时予以更新等；以竞技项目为中心的教科书以及有限的体育课时间，并未达到增强学生体质这一体育教学大纲强调的首要目标；体育课程教学中的"教师中心、教材中心、课堂中心"，也使学生远离体育课，远离体育；等等。

4. 从增强学生体质出发，把锻炼身体和掌握知识技能相结合

在体育教科书编写实践中，探索积累了不少经验和方法。如在教材内容安排上，合理搭配各项教材内容，做到全面、科学地与《国家体育锻炼标准》结合；坚持大纲提出的"课课练"，把课课练纳入教学计划和考核中，每节课中都要安排一定的时间与一定的比例；广泛利用辅助性练习、诱导性练习、转移性练习、素质练习，与技术性教材配合进行，以便既有利于掌握运动技能，又有

---

① 王占春. 论中小学体育教学大纲的体系[M]//瞿葆奎，主编；朱家雄，陈玉林，选编. 教育学文集·第5卷·体育. 北京：人民教育出版社，1988：346.

利于发展身体。

5. 编写出版数量增幅较大，教材时数比重安排趋向科学化

这一时期的体育教科书编写出版数量增幅较大。在大纲中，从小学一年级到高中二年级每学年都安排有体育基本知识教材，内容除"体育基础知识"外，还增加了"卫生保健知识"，比 1961 年大纲规定内容有所扩大，比重有所加大。同时，大纲规定各项教材的时数比重，为提高大纲的适应性，加大了选修的比重。

6. 体育教材改革问题引起重视，各式各样的探讨和实验活动得以开展

这一时期，有些学校已在探讨体育教材改革的问题，提出很多意见并开始一些改革试验。例如，有的认为体育课应当采用少数增强体质较有效的、简便易行的教材（类似体育锻炼标准），经常进行锻炼效果的科学观察，着重于增强学生体质，并认为现行的体育教学大纲规定的教材过多，有的大学和中学已在进行少数教材体系的试验。还有的认为体育课应以某一项运动为中心教材，围绕这项教材安排促进学生身体全面发展的其他教材。有的高中各年级都以该校传统体育活动为中心教材，这种教材约占体育课总学习时数的 50%。有的还主张体育课按专项运动分班或分组教学，类似高中学校的单项体育课。再有的认为应当采用较多的竞技运动（特别是球类运动）作为教材。还有许多对个别教材或少数教材提出取舍意见。如有人主张把舞蹈、唱游（低年级）列为小学教材；有许多人主张把艺术体操、舞蹈列为女生必修教材；有人主张把柔道、排球、足球列为男生教材；有人主张增加男生学习武术的时间，女生增加学习艺术体操的时间。另外，还有人认为应取消队列教材；有人认为应取消 800 米、1 500 米跑教材，用篮球、足球来代替这些耐力跑的教材等。

四、代表性教科书

（一）《江西省中小学体育教学参考书》

1. 基本信息

（1）书名：《江西省中小学体育教学参考书》

（2）编者：江西师范学院体育系、江西省中小学教材编写组

（3）出版单位：江西人民出版社

（4）出版时间：1977年

2. 编写背景与编写依据

本书受江西省革命委员会文教办公室教育组的委托，由南昌市教育局和赣州地区体委及有关部门支持，于1975年开始编写完成，由于"文革"原因，1977年方出版发行。

3. 教科书结构与内容

教材基本内容主要结合江西省大多数中小学特别是农村中小学实际情况，选择能促进学生德、智、体几方面都得到发展的各种运动项目，循序渐进进行编排。

本书为中小学合编教材，内容包括前言、教学时数分配表、教材使用说明、正文（队列、田径、体操、球类、武术、游戏、游泳、刺杀、野营行军、体育卫生基本知识、竞赛组织和编排方法、简易产地器材设备）、附录和说明。其中的教材时数分配表把小学划分为一至三年级和四至五年级，中学划分为初中和高中，明确了各体育项目的学时和比例，规定小学每学期18周课程，中学每学期16周课程。

4. 教科书的主要特点

全书内容丰富，结构明晰，图文并茂，加入了民族传统体育项目武术。由于本书是在"文革"期间编写完成，有不少带有政治色彩的内容和军事体育内容，如刺杀、野营行军等。

（二）《全日制十年制学校小学体育教材（教师用书·试用本）》《全日制十年制学校中学体育教材（教师用书·试用本）》

1. 基本信息

（1）书名：《全日制十年制学校小学体育教材（教师用书·试用本）》《全日制十年制学校中学体育教材（教师用书·试用本）》

（2）编者：王占春、刘竞存、王寿生、彭杰、梁军、石秀茹、王德深、曲宗湖

（3）出版单位：人民教育出版社

（4）出版时间：1978年7月（第1版）

图 11-1 《全日制十年制学校小学体育教材（教师用书·试用本）》

图 11-2 《全日制十年制学校中学体育教材（教师用书·试用本）》

2. 编写背景与编写依据

（1）编写背景

1978 年 1 月，教育部颁发《全日制十年制中小学教学计划试行草案》，决定以十年制为中小学基本学制，制定教学计划，并以人民教育出版社的中小学教科书编辑人员为基础，以"全国中小学教材编写工作会议"的形式，开始编写教科书，这也是"文革"后人民教育出版社编写的第一套教材。

（2）编写依据

依据教育部制定的《全日制十年制学校小学体育教学大纲（试行草案）》《全日制十年制学校中学体育教学大纲（试行草案）》的指导思想、体育教学目的和任务、编写原则、对体育教学提出的要求以及大纲中规定的基本教材内容，结合学生、教师、场地设备等实际情况而编写。

3. 教科书结构与内容

全书分为编者的话、小学体育的目的和任务，基本教材和选用教材两部分构成。

小学体育教材内容限于篇幅，主要编写了基本教材，包括编者的话、小学体育的目的和任务、基本教材（体育基本知识、队列和体操队形、走和跑、跳跃、投掷、基本体操、技巧、支撑跳跃、低单杠、武术和游戏等）和选用教材

（包括室内游戏，其中有传口令、组字接力、组画接力等12项）四部分。

中学体育教材内容分为基本教材和选用教材两大部分，基本教材包括体育基本知识、队列和体操队形、跑、跳跃、投掷、基本体操、技巧、支撑跳跃、单杠、双杠、篮球、武术等；选用教材由于篇幅所限，只编写了部分项目的内容。

4. 教科书的主要特点

（1）强调为现代化培养人才；

（2）确立了体育教学"一个目的、三项基本任务"的总目标；

（3）肯定了统一性，加强了灵活性；

（4）体育教材突出"增强学生体质"指导思想；

（5）打破了"以竞赛为中心"的编排体系；

（6）融入考核与评价。

5. 教科书的使用、地位与影响

教材提出了"课课练"的新概念，编写了"课课练"的教材内容，这是带有创造性的举措。这些内容不需要高难的技术，简便易学，锻炼身体的实效性强。这一概念的提出和内容与方法的确定，对克服体育教学只重技术、忽视健身实效性起到了重要作用。本套教材在使用中深受欢迎，取得了非常好的教学效果。本套教材的修订本有3版，各地多次印刷，使用范围很广。

本套教材的问题与不足：教材内容偏多，在规定的授课时数内教不完；提出"打破运动竞赛为中心的体系"，由于交代的不够清楚，教师不知如何操作，有的还误认为"中小学体育教学中不应教竞技运动项目"，造成了一定的思想混乱。

（三）《北京市全日制六年制小学体育游戏教学参考资料》

1. 基本信息

（1）书名：《北京市全日制六年制小学体育游戏教学参考资料》

（2）编者：北京教育学院

（3）出版单位：北京教育学院

（4）出版时间：1981年5月

2. 编写背景与编写依据

为帮助教师理解和掌握教材，北京教育学院编写组根据当时试行的北京市全日制六年制小学体育教学大纲，结合北京市具体情况和吸取教师意见而编写。西城区小学体育教研组编写了游戏教材的内容、游戏的方法、规则及教学建议，并请有关同志和有经验的教师进行了审查修改。

3. 教科书结构与内容

全书分为目录、前言、游戏的索引、内容介绍和游戏项目，全书内容为22种新增加的游戏项目，是在1980年全国统编的《全日制十年制学校小学体育教材（教师用书·试用本）》基础上增加的，包括丢手绢、穿山洞、看守菜园、小羊过河、踢球进门、方阵拉绳等，分别增加到一至六年级教材中。

4. 教科书的主要特点

全书篇幅简短，配以插图，比较直观，便于执行操作。游戏教材具有鲜明的情节和思想，包含竞赛因素，内容丰富多彩，形式活泼生动，均为集体综合性的活动。

（四）《小学舞蹈教学参考书》

1. 基本信息

（1）书名：《小学舞蹈教学参考书》

（2）编者：陆奂奂、石秀茹

（3）出版单位：人民教育出版社

（4）出版时间：1983年

2. 编写背景与编写依据

舞蹈是小学体育教学重要内容之一，现行全日制十年制体育教材尚无舞蹈教材。本书根据《全日制十年制小学体育教学大纲（试行草案）》编写，供小学体育教学和开展课外文娱活动参考使用。通过舞蹈教材培养学生的节奏感、韵律感，全面发展学生身体素质，陶冶学生性格，对学生进行审美教育，普及学校舞蹈活动，活跃学校文化生活。

图11-3 《小学舞蹈教学参考书》

3. 教科书结构与内容

全书内容包括小学舞蹈教学的意义和任务、舞蹈教材的特点与教学注意事项、舞蹈的基本动作、具体教材范例四部分。舞蹈的基本动作和具体教材范例为全书核心内容，后者包括音乐游戏、唱歌跳舞、艺术体操，共28种小项。全书结构特征明显，具体教材范例的每一节都配有音乐谱例和以插图形式呈现的动作说明。

4. 教科书的主要特点

（1）教材内容选编以小学生生理和心理特征为依据。歌舞内容形象、具体、趣味性强，低年级教材内容以模仿化和拟人化的方式呈现。教材选编既注意舞蹈动作的特点，又注意全面发展学生的身体素质，如动作的设计有走、跑、跳、转体等各类动作，还有伸展、屈体、下蹲动作。

（2）舞蹈教材的内容和形式利于教学和生活。歌舞的创编结合了音乐教学，大部分歌曲选自《全日制十年制学校小学试用课本音乐》。歌曲思想明确，反映少年儿童的生活，能激发学生的感情和表现力。

（3）教材内容比实际授课时数多，方便教师灵活选用。教材内容以范例形式出现，没有按照年级编写，便于教师根据体育课教学内容、教学任务自行选择。也可以根据学生年龄、性别、基本技术水平来选择内容。教材结合小学生的特点，既编写了低年级学生喜爱的形象质朴的舞蹈内容，也编写了女生喜爱的韵律感强、动作幅度大、优美舒展的舞蹈内容和男生喜爱的刚劲有力、节奏感强、活泼有趣的内容。

（4）教材内容的选编力求反映我国多民族的特点。

（5）为高年级学生编写了集体舞和动作简单的韵律体操（艺术体操），为将来过渡到中学学习艺术体操打下基础。

（五）《小学体育教材（教师用书）》《中学体育教材（教师用书）》

1. 基本信息

（1）书名：《小学体育教材（教师用书）》《中学体育教材（教师用书）》

（2）编者：人民教育出版社体育室

（3）出版单位：人民教育出版社

（4）出版时间：1984年

2. 编写背景与编写依据

《小学体育教材（教师用书）》是在《全日制十年制学校小学体育教材（教

师用书·试用本)》第3版的基础上修订而成，1987年又根据国家教委颁发的《全日制小学体育教学大纲》修订为第2版增订本。《中学体育教材（教师用书)》是在《全日制十年制中学体育教材（教师用书·试用本)》第3版基础上修订而成，第2版是根据国家教委1987年颁发的《全日制中学体育教学大纲》在第1版基础上改编、增订而成。①

3. 教科书结构与内容

小学教材全书分为说明、目录、基本教材和选用教材四大部分。基本教材是全书主体，分为实践部分（包括队列和体操队形、走和跑、跳跃、投掷、基本体操、技巧、支撑跳跃、低单杠、武术、游戏）和理论部分（体育基本知识）；选用教材包括室内游戏、舞蹈。中学教材全书分为目录、说明、中学体育的目的和任务、基本教材和选用教材五大部分。基本教材为全书主体，分为实践部分（包括队列和体操队形、跑、跳跃、投掷、基本体操、技巧、支撑跳跃、单杠、双杠、篮球、武术）和理论部分（体育基本知识）；选用教材包括游戏、剑术、棍术。各类教材基本上是按教材本身的纵向系统分年级编写。但小学体育基础常识、唱游、韵律活动及小球类及中学的足球、韵律体操和舞蹈，因有一定的特殊性和地区、学校的差异，没有具体划分年级。

体育基础知识部分尽可能根据学生的接受能力，以新颖的观点、开拓和创新的思想、新的科学成果、丰富的资料编出比教学时数略多的内容，以便教师有所选择。实践类教材详尽地写明了动作要领、教法步骤和教学注意事项，并根据教学大纲关于体育课考核的规定，对各项目的考核提出了量化指标。

4. 教科书的主要特点

本套教材为五年制小学和五年制中学教材。实践部分的内容，结构明确，一般为文字性的特点介绍、注意事项，最后为各年级教材内容。分年级安排，容易教学的如走、跑、跳，适合各个年龄段的学生，低年级均可参加；难度较大的如武术、低单杠，自三年级以上才能接触。全书配备了大量插图和表格，便于教师理解和教授。选用教材（体育基本知识）部分通过大量篇幅对体育教学的基本任务进行了说明。

---

① 人民教育出版社. 人民教育出版社书目·教材卷（1950~1999）[M]. 北京：人民教育出版社，2000：277，279.

（六）《上海市初中课本体育》

1. 基本信息

（1）书名：《上海市初中课本体育》

（2）编者：陈安槐、郑迅夫、钱耀庭、李华丰、孙摩西、周园耀、孙耀辉、华剑宏、邓树勋等

（3）出版单位：上海教育出版社

（4）出版时间：1985年11月

2. 编写背景与编写依据

本套教材是为了更好地促进学生的身体全面发展，落实体育教学大纲的要求而编写。

3. 教科书结构与内容

本套教材共分4册。全书分为体育课内容（1—20课）、寒假体育活动、体育基础知识和附表四部分。体育课内容由体育教学内容加上课外作业或体育知识构成，寒假体育活动包括寒假体育活动日程安排和内容介绍，体育基础知识共计23个与锻炼习惯、身体了解、健康意识等相关内容，附表为学生体育考核评分表、各年龄段的国家体育锻炼标准、学生体质测定表、自我健康检查表等。

图 11-4 《上海市初中课本体育》

4. 教科书的主要特点

（1）给予学生具体任务的指导；

（2）提供学生课外阅读的作业；

（3）附有开拓思维和视野的知识内容；

（4）给予了教材总课时和课程顺序的指导。

第十二章 调整学制时期的体育教科书（1986—1990）

一、社会背景

（一）政治经济背景

20世纪80年代，我国进入改革开放的重要时期。1987年10月，中国共产党第十三次全国代表大会在北京举行，大会报告明确提出了党在社会主义初级阶段的基本路线，即领导和团结各族人民，以经济建设为中心，坚持四项基本原则，坚持改革开放，自力更生，艰苦创业，为把我国建设成为富强、民主、文明的社会主义现代化国家而奋斗。

1984年至1988年，我国经济经历了一个快速发展的飞跃时期，整个国民经济提高到一个新的水平。但在高速增长的同时，也面临供求总量失衡、经济结构失调、矛盾扩大等问题。1988年9月，中共十三届三中全会提出"治理经济环境、整顿经济秩序、全面深化改革"的方针；1989年3月，七届全国人大第二次会议的《政府工作报告》详细阐述了将经济工作的重点转移到治理整顿上来。

（二）教育发展与改革背景

1983年10月1日，邓小平同志在北京为景山学校题词："教育要面向现代化，面向世界，面向未来。"[1] 三个"面向"为教育改革指明了方向。1985年5月，《中共中央关于教育体制改革的决定》颁布，为教育体制的改革明确了方向和任务，并提出要实行九年制义务教育。1985年6月，六届人大常委会第十一次会议决定设立国家教育委员会，在"提高民族素质、多出人才、出好人才"[2] 思想的指导下，我国教育工作和课程改革持续发展。1987年1月，《中华人民共和

---

[1]《中国特色社会主义社会发展道路》编写组. 中国特色社会主义建设道路[M]. 北京：中央文献出版社，2013：58.

[2] 夏征农，陈至立，主编；熊月之，等，编著. 大辞海·中国近现代史卷[M]. 上海：上海辞书出版社，2013：519.

国义务教育法》颁布,标志着义务教育走上法制化的道路。1990年3月12日,国务院颁布了《学校体育工作条例》,学校体育工作开始进入法制化轨道。

20世纪80年代,随着国际体育交往的加强,各种学校体育思想理论的引进,学术思想空前活跃,学校体育的思想理论研究向深层次的方向发展。《从生物体育观到生物心理社会体育观》一文指出,体育思想认识上的变革导致人们从单一的生物体育观向生理、心理、社会三维体育观的转变。[①] 从新的高度、新的视野来认识学校体育。

体育教学指导思想也出现了多样化趋势,主要包括:体质教育思想,以发展学生身体、增强学生体质为主导;技能教育思想,以学习运动技术、提高运动能力为主导;全面发展教学思想,在增强学生体质的基础上,全面完成学校体育的各项目标,以促进学生德智体美劳的全面、和谐发展;竞技体育思想,在增强体质的基础上,对运动技术较好,有一定运动天赋的学生进行系统训练,提高他们的运动技术水平;"快乐体育"思想,是从国外引进的一种体育理论,其特点是把身体锻炼建立在自身愿望、需要的基础上,注重体验运动中的内在乐趣;终身体育与培养能力的思想,通过体育教学,使学生掌握科学的自我锻炼方法和体育能力,培养终身体育的意识和态度。其中,体质教育和技能教育思想为主要的指导思想。[②] 多种教学指导思想的并存与实践,体现了改革开放以来宽松的学术环境所形成的百花齐放、百家争鸣的大好局面,有利于学校体育理论的发展与提高。

二、课程概要

(一)学制、课程设置与教学大纲

1. 学制

1981年至1984年,教育部先后颁发了《关于在城市试行六年制小学问题的

[①] 袁旦,谭卫和,马振芳. 从生物体育观到生物心理社会体育观[J]. 中国学校体育,1986(3):36-38.
[②] 孙长林,梁汝城. 辽宁省中小学体育改革十年[M]. 沈阳:辽宁教育出版社,1991:82-87.

意见》《全日制五年制小学教学计划（修订草案）》《全日制六年制重点中学教学计划试行草案》《全日制五年制中学教学计划试行草案的修订意见》《关于全日制六年制小学教学计划的安排意见》等多部教学计划，中小学形成了十年制和十二年制两种学制。

2. 1987年过渡性体育教学大纲

1987年1月，国家教委制定了《全日制小学体育教学大纲》和《全日制中学体育教学大纲》。根据教育部《关于全日制六年制小学教学计划的安排意见》和《关于制订〈全日制六年制重点中学教学计划（试行草案）〉的几点说明》的精神为依据，这套中小学体育教学大纲，在指导思想、体育教学目的任务、教科书的原则、体育教材分类、体育成绩考核、基本教材和选用教材的时数比重等方面，都在过去中小学体育教学大纲的基础上，有了很大的改进和发展。

小学体育教学教材的分类与时数比重的发展：

（1）小学体育课的课时有所增加。从1978年的每周2课时，改为每周2—3课时，有条件的学校应争取每周上3节体育课。

（2）小学体育教学大纲保留了1978年大纲将体育教材分为基本教材和选用教材的分类方法，但在具体安排上有了很大发展。将基本教材分为体育常识（1978年称为体育基本知识）和实践部分两部分，体育常识部分加强和丰富了有关身体锻炼的知识。

（3）将1978年小学体育教学大纲的基本教材调整为以运动项目为主的分类方法，如一至二年级实践部分为基本动作，包括走和跑、跳、投、攀爬、平衡、悬垂、支撑等人体的基本动作和简单的技巧和基本体操以及游戏、唱游；三至六年级为游戏、田径、基本体操、技巧与器械体操、韵律活动、武术、小球类的分类方法。

（4）选用教材的课时数有所增加。1978年小学选用教材的课时数，一至三年级为16%，五、六年级为20%。1987年小学选用教材的课时数低年级（一、二年级）为22%—30%，中、高年级（三至六年级）为23%—32%。

中学体育教学大纲教材的分类与时数比重的发展：

（1）中学体育教学大纲保留了1978年大纲将体育教材分为基本教材和选用教材两大类的分类方法，但在具体安排上有了很大发展。大纲将基本教材分为体育基础知识（1978年称为体育基本知识）和实践部分两部分，并适当增加了体育基础知识的授课时数，丰富了教材内容。

（2）将1978年中学体育教学大纲基本教材调整为以运动项目为主进行分类（如田径、基本体操、技巧与器械体操、球类、武术），初中增加了舞蹈与韵律体操。

（3）选用教材的课时数有了较大增加。1978年选用教材的课时数为20%—30%，本大纲选用教材的课时数为26%—40%，高中为38%—50%。

3. 义务教育中小学体育教学大纲

1986年，国家教委提出筹备编写义务教育教学大纲、教科书的同时，对现行教学大纲在执行中的经验和存在的问题进行修订。1987年7月开始编写九年义务教育中小学体育教学大纲。在调查研究和广泛征求意见的基础上，1988年11月，国家教委颁发了由全国中小学教材审定委员会审查通过的《九年制义务教育全日制小学体育教学大纲（初审稿）》和《九年制义务教育全日制初级中学体育教学大纲（初审稿）》，并要求在全国进行试验。这套大纲较好地反映了体育教学改革的成果，在继承的基础上发展建立了新的教科书体系，包含许多新思想、新内容、新方法。这两部大纲是在1987年颁发的过渡性大纲的基础上修订而成的，从1990年9月至1992年7月在全国29个省市进行了两年的教学试验。

（1）《九年制义务教育全日制小学体育教学大纲（初审稿）》

教材分为基本教材和选用教材两部分。基本教材的课时数占70%—80%，选用教材占20%—30%。基本教材分为理论教材和实践教材，小学一、二年级实践类教材主要包括基本运动、游戏以及韵律活动和舞蹈三项内容，中、高年级包括游戏、韵律活动和舞蹈、田径、体操、小球类、民族传统体育、发展身体素质教材，其中以游戏、田径、体操为主。

选用教材占整个教材内容的20%—30%，教师在完成基本教材的基础上，从实际出发，把选用教材的授课时数用于基本教材的延伸和提高，或补充本地区、本民族、本学校传统体育项目，或增加学生感兴趣的教材及其他教材；允许把选用教材课时数增加到基本教材的授课时数上，以保证完成基本教材的教学任务。

（2）《九年制义务教育全日制初级中学体育教学大纲（初审稿）》

教材分为基本教材和任选教材。基本教材占70%，包括必修教材（田径、体操、发展身体素质教材）、必选教材（球类、韵律体操和舞蹈、民族传统体育）。任选教材占30%，主要是为适应各种不同的条件，使学校能够因地因校从教师、学生和客观条件的实际出发，灵活地选用。也可任选适合本地区和本民族的其他教材。

根据这套大纲，人民教育出版社于1990年编写出版了《义务教育五年制六年制小学实验教材体育（教师用书·部分初稿）》和《义务教育三年制四年制初级中学实验教材体育（教师用书·部分初稿）》，即第五套中小学体育教材。

（二）教科书制度

新中国成立后很长一段时间，中小学教科书一直由中宣部、教育部主管，人民教育出版社编写、出版。这种出版体制对新中国成立初期恢复中小学正常的教学秩序，起到了重要的作用。

国家教委组织了大批专家对当时教科书现状进行研究，1985年根据《中共中央关于教育体制改革的决定》精神，对中小学教科书的编审制度进行了改革。1986年，国家教委成立了新中国成立以来第一个权威性的教科书审定机构——全国中小学教材审定委员会包括下属的各学科教材审查委员会，并设立了常设办事机构——国家教委中小学教材审定委员会办公室。同时颁布了一系列课程管理的重要文件，如《全国中小学教材审定委员会工作章程》《中小学教材审定标准》《中小学教材送审办法》等，规范了教科书的编写与审定，实现了教科书的编审分开。[①]

1986年9月召开了全国中小学教材审定委员会成立大会，国家教委副主任何东昌在会上针对教科书改革和建设做了讲话，指出："改革现行教材编审制度，把编、审分开；再吸取外国的一些基本经验，在统一基本要求、统一审定的前提下，逐步实现教科书的多种风格。"[②] 进一步明确了"一纲多本"的中小学教科书编选原则，即全国统一教学大纲，各地、各单位或个人均可编写教科书，经

---

① 刘旭东. 基础教育课程改革读本[M]. 兰州：兰州大学出版社，2006：129.
② 课程教材研究所. 新中国中小学教材建设史1949—2000研究丛书：体育卷[M]. 北京：人民教育出版社，2010：132.

全国中小学教材审定委员会审查通过后，可向全国推荐，由各地选择使用。与此同时，还成立了包括全国中小学体育教材审查委员会在内的各学科教材审查委员会，分别负责各个学科教科书的审查工作，从而建立了中小学教科书审查制度。

1988年5月6日至11日，国家教委在山东省泰安市召开了全国义务教育教材规划会议。会议讨论了即将颁布的《九年制义务教育教材编写规划方案》，并明确了中小学教材多样化改革的具体实施方向。

在推行"一纲多本"政策的过程中，在全国范围内逐步形成了八套九年义务教育教科书和一套小学复式教学教科书的建设体系。复式教科书由于没有初中部分，被视为"半套"。这也就是俗称"八套半"教科书的由来。教科书之所以分成"八套半"，是为了供不同地区、不同条件的学校使用。

三、教科书概貌

（一）教科书出版总体情况

1986—1990年出版的体育教科书，绝大多数为成套教科书，有的是小学一到六年级成套教科书，有的是初中成套教科书，有的是高中成套教科书，初中教科书包括三年制初中教科书和四年制初中教科书。如湖南教育出版社出版了从小学（12册）、初中（6册）到高中（6册）的全套体育教材，共计24册，为湖南省教委体卫军训处、湖南教育科学研究所主编，是最全的一套。另外还有不成套的单独教科书和少数民族语言教科书。（见表12-1）

表12-1　过渡性时期中小学体育教科书出版情况统计表

序号	书名	编者	出版单位	出版时间
1	全日制六年制小学课本体育第一至十二册（试行本）	上海市中小学教材编写组	上海教育出版社	1986年11月第1版
2	全日制五·六年制小学课本体育第一至十二册（试行本）	上海市中小学教材编写组	上海教育出版社	1986年11月第1版
3	小学体育课音伴与舞蹈	《学校体育丛书》编委会	上海教育出版社	1986年

续表

序号	书名	编者	出版单位	出版时间
4	上海市初中课本体育（试用本）	上海市中小学教材编写组	上海教育出版社	1986 年
5	山东省五年制小学试用课本体育（一至十册）	山东省教学研究室编	山东教育出版社	1986 年第 1 版
6	山东省初级中学试用课本体育（一至六册）	山东省教学研究室编	山东教育出版社	1986 年第 1 版
7	江西省初级中学课本（试用）体育（一至三年级上、下册）	江西省教委教学教材研究室编	江西教育出版社	1986 年 7 月第 1 版
8	江西省小学课本（试用）体育（一至六册）	江西省教委教学教材研究室编	江西教育出版社	1988 年第 1 版
9	成都市中学试用课本体育	编写组	四川教育出版社	1986 年 2 月第一版
10	浙江省小学课本（试用本）体育（一至三年级上、下册）	浙江省中小学体育课本编写组	浙江教育出版社	1986 年
11	浙江省初级中学试用课本体育（第一至六册）	浙江省中小学教育课本编写组	浙江教育出版社	1986 年 6 月第一版
12	浙江省高级中学试用课本体育（第一至六册）	浙江省中小学教育课本编写组	浙江教育出版社	1986 年 11 月第 1 版
13	天津市小学试用课本体育（第一至六册）	天津市教育局《体育》课本编写组	天津教育出版社	1986 年 7 月第 1 版
14	天津市初级中学试用课本体育（第一至三册）	天津市教育局《体育》课本编写组	天津教育出版社	1986 年 7 月第 1 版
15	天津市初级中学试用课本体育（一至三年级）	天津市中学体育教材编委会编	天津教育出版社	1986 年 7 月第 1 版
16	长沙市中学实验教材体育（第一至十二册）	长沙市教育科学研究所编		
17	初中一、二、三年级试用课本体育（第一至六册）	长沙市教育科学研究所 长沙市中学体育教研会		
18	长沙市高中试用课本体育（第一至九册）	长沙市中学生体育课本编写组	长沙市教育科学研究所	约 1986 年
19	西安市高级中学试用课本体育（第一至六册）	西安市教育局教研室编		1986 年
20	全日制六年制小学试用课本体育（第一、三、五、七、九、十一册）	武汉市教学研究室体育科编	武汉出版社	1988 年 7 月第 1 版

续表

序号	书名	编者	出版单位	出版时间
21	全日制六年制小学试用课本体育（第二、四、六、八、十、十二册）	武汉市教学研究室体育科编	武汉出版社	1988年12月第1版
22	河南省试用课本体育（小学一至六年级上册、下册）	河南省中小学体育课本编写组	河南科学技术出版社	1988年1月第1版
23	河南省试用课本小学体育（一至六年级上册、下册）	河南省中小学体育课本编辑委员会	河南科学技术出版社	1988年11月第1版
24	河南省试用课本体育初中一至三年级（上册、下册）	河南省中小学体育课本编辑委员会	河南科学技术出版社	1988年11月第1版
25	河南省试用课本体育高中一至三年级（上册、下册）	河南省中小学体育课本编辑委员会	河南科学技术出版社	1988年第1版
26	河南省试用课本体育高中三年级（上册、下册）	河南省中小学体育课本编辑委员会	河南科学技术出版社	1987年7月第1版
27	小学体育卫生保健	罗希尧主编	教育科学出版社	1988年4月第1版
28	中学体育参考教材	竹之下休藏、松田岩南主编，曲世奎译	人民教育出版社	1987年
29	小学体育教学指导书	李晋裕、王占春、滕子敬主编	人民教育出版社	1988年
30	中学体育教学指导书	李晋裕、王占春、滕子敬主编	人民教育出版社	1988年
31	义务教育五年制六年制小学实验教材体育（教师用书·部分初稿）	人民教育出版社体育室编著	人民教育出版社	1990年4月第1版
32	义务教育三年制四年制初级中学实验教材体育（教师用书·部分初稿）	人民教育出版社体育室编著	人民教育出版社	1990年4月第1版
33	中学体育卫生保健基础知识	梁汝城	人民教育出版社	1990年
34	云南省小学试用课本体育（第一至十二册）	云南省教委教研室编	晨光出版社	1988年11月
35	延边朝鲜族中学课本（试用本）体育	朝鲜族中小学体育教材编写组编	东北朝鲜民族教育出版社	1988年7月第1版
36	延边朝鲜族小学课本（试用本）体育	朝鲜中小学体育教材编写组编	东北朝鲜民族教育出版社	1989年6月第1版

续表

序号	书名	编者	出版单位	出版时间
37	云南省小学试用课本体育教师用书（第一至十二册）	云南省教育厅教研室编	云南少年儿童出版社	1988年第1版
38	云南初级中学试用课本体育（第一至六册）	云南省教育厅教研室编	云南少年儿童出版社	1988年第1版
39	云南高级中学试用课本体育	云南省高级中学体育课本编写委员会编	云南少年儿童出版社	1989年5月第1版
40	安徽初级中学试用课本体育（第1—6册）	王永安等主编	安徽教育出版社	1988年
41	安徽初级中学试用课本体育（修订本第1—6册）	王永安等主编	安徽教育出版社	1990年7月第2版
42	安徽高级中学试用课本体育（第1—6册）		安徽教育出版社	1990年7月第1版
43	河北省初级中学课本（试用本）体育	骆文炳等编	河北教育出版社	1990年6月
44	江西省小学试用课本体育三至五年级	江西教育学院体育系编	江西教育出版社	1990年7月第1版
45	四年制初级中学课本体育（第一至四册试用本）	滕子敬等编	北京师范大学出版社	1989年
46	九年制义务教育四年制初级中学实验课本体育（一至八册）	滕子敬、孟浩德	青岛出版社	1990年3月
47	浙江省小学课本（试用本）体育（一至六年级上、下册）	浙江省小学体育课本编写组	浙江教育出版社	1987年10第1版
48	体育与健康教育（试验教材）	天津市教育局《体育与健康教育》（试验教材）编写组	天津市教育局	1989年8月第1版
49	天津市高级中学试用课本体育（第一至六册）	天津市教育局《体育》课本编写组编	天津教育出版社	1989年7月第1版
50	全日制六年制小学试用课本（第一至六册）	重庆市教育局体育教材编写组	重庆出版社	1985年7月第1版
51	全日制初中试用课本（第一至三册）	重庆市教育局体育教材编写组	重庆出版社	1987年7月第1版
52	初中体育教学参考资料（全一册）	重庆市教育局体育教材编写组编	重庆出版社	1987年7月第一版

续表

序号	书名	编者	出版单位	出版时间
53	全日制初级中学试用课本（第一至三册）	重庆市教育委员会体育教材编写组编	重庆出版社	1990年7月第二版
54	高级中学试用课本（第一至三册）	重庆市教育委员会体育教材编写组编	重庆出版社	1990年7月第二版
55	六年制小学试用课本体育（一至六年级）	黑龙江教育学院编	黑龙江教育出版社	1987年7月第1版
56	黑龙江省六年制小学试用课本体育教学参考书（一至六年级）	黑龙江省教育学院中教部	北京体育学院出版社	1988年3月第1版
57	义务教育山东省初级中学试用课本体育（第1—6册）	山东省教学研究室编	山东教育出版社	1987年5月第1版
58	义务教育山东省初级中学试用课本体育（第1—6册）	山东省教学研究室编	山东教育出版社	1989年
59	中学体育教学	王世伟等编著	光明日报出版社	1987年
60	湖南省小学教学用书（试行本）体育（教师用书）第一至十二册	湖南省教委体卫军训处、湖南省教育科学研究所编	湖南教育出版社	1985年第1版
61	湖南省初中教学用书（试行本）体育（一至六册）	湖南省教委体卫军训处、湖南省教育科学研究所编	湖南教育出版社	1988年10月第1版
62	湖南省高中教学用书（试行本）体育（一至六册）	湖南省教委体卫军训处、湖南省教育科学研究所编	湖南教育出版社	1988年11月第1版
63	体育（第1—6册）	上海市中小学教材编写组	上海教育出版社	1989年
64	初级中学试用课本体育（第一至三册）	山西省教育科学研究所编	山西人民出版社	1987年12月第2版
65	九年义务教育山西省初级中学课本（一至三册）	山西省教育科学研究室编	山西科学技术出版社	1989年2月第2版
66	小学课本（试用）体育（第一、三、五、七、九、十一册）	江苏省教育委员会教研室	江苏少年儿童出版社	1989年5月第1版
67	小学课本（试用）体育（第二、四、六、八、十、十二册）	江苏省教育委员会教研室	江苏少年儿童出版社	1989年11月第1版

续表

序号	书名	编者	出版单位	出版时间
68	初中课本（试用）体育（第一至三册）	江苏省教育委员会教研室	江苏少年儿童出版社	1989年6月第1版
69	高中课本（试用）体育（第一至三册）	江苏省教育委员会教研室	江苏少年儿童出版社	1989年6月第1版
70	中学体育教学参考书全一册	王香久等主编	吉林教育出版社	1988年1月
71	体育（1—2、3—4、5—6年级各一册）	吉林省教育学院	吉林教育出版社	1989年
72	小学体育课教学参考书	吉林省教育学院	吉林教育出版社	1989年
73	初级中学试用课本体育（全一册）	吉林省教育学院	吉林教育出版社	1989年4月第1版
74	初级中学试用课本体育（全一册）	吉林省教育学院	吉林教育出版社	1988年4月第1版
75	高级中学试用课本体育（全一册 高中男生用）	刘清黎等编	吉林教育出版社	1988年
76	高级中学试用课本体育（全一册 高中男生用）	吉林省教育学院	吉林教育出版社	1989年
77	中学体育课本（初高中全一册）教学参考书	吉林省教育学院	吉林教育出版社	1989年4月第1版
78	初级中学试用课本体育（第二、三册）	吉林省教育学院	吉林教育出版社	1991年4月第1版
79	中学体育教学指导	辽宁省中学体育课本编写组		1990年
80	上海市高中课本体育（一至六册）	上海市中小学教材编写组编	上海教育出版社	1986年7月至1990年11月（第六册不详）
81	广东省小学试用课本体育（一至六年级）	广东省小学体育课本编写组	广东教育出版社	1986—1987年
82	广东省中学试用课本体育（高中一年级上、下册）	广东省教育厅编	广东教育出版社	1987年7月第1版
83	广东省中学试用课本体育（高中二年级全册）	广东省中学体育课本编写组编	广东教育出版社	1987年7月第1版

（二）教科书总体特点

1. 体育教科书的灵活性和适应性得到加强

体育教科书很好地体现了义务教育面向全体学生的性质，教材内容的难度与分量比先前的教科书有所降低。自1987年大纲的颁布（直到2001年新课程标准实施），中小学教科书均分为基本教材和选用教材，教科书的灵活性和适应性得以加强。1987年大纲注重弹性，加大了选用教材比重，小学提高到30%，初中40%，高中50%，各项教科书的比重都规定了浮动范围。

2. 教科书的组织编写开始多样化转变

由于推行"一纲多本"，引入竞争机制，本时期出现了多个版本的教科书。这是新中国成立以来第一次在全国同时使用多套教科书。这一时期的教科书，从编写队伍或编写单位的角度分析，可分为四种类型：第一种由专业出版社编写出版，即人民教育出版社版；第二种是由教育行政部门组织编写，即上海版和浙江版；第三种是由高等院校和省级教育行政部门合作编写，如沿海版、内地版；第四种是由高等院校组织编写，如北京师范大学出版社版。

3. 在教材内容选择、体系安排、表述方式上均出现不同的风格

本阶段教科书在内容选择和体现上表现出不同的风格，有的教科书不列选修教材，有的则在列入必修教材的同时列入了选修教材，如河南科学技术出版社1987年7月版的《河南省试用教材小学体育》；广东省根据本省天气特点，列入了雨天室内课和机动课教材；武汉出版社1988年12月版的小学体育课本文字描述不多，但插图丰富，并开始出现彩色插图。教材内容注意与学生生活实际和社会的联系；教科书具有一定弹性，教材内容分必学和选学，也为职业技术教育和地方乡土教育留有余地，以适合不同程度和不同地区学生的需要。

4. 教科书编写不断注入新的教学理念

教材内容的选择较好地处理了基础性与现代化的关系，既保证了学生获得扎实的基础知识和基本技能，又反映了学科最新研究动向和研究成果；充分注意到对学生学习心理和认知规律的研究，便于学生学习和教师教学；强调教科书的整体化设计，一方面注意各学科教科书纵向与横向的协调配合，另一方面开发丰富多彩的与教科书配套的教师教学资源和学生学习资源。[①] 注重知识与社

---

① 吕建生. 中国大陆基础教育教科书多样化建设的回顾与思考［EB/OL］. 中国教育新闻，2009-7-30. http://www.jyb.cn/Teaching/jxyj/200907/t20090730_297944.html.

会实际和学生生活的联系，加入了反映体育科学技术的发展的一些新成果，少数教科书出现了体育卫生知识和生理卫生知识。

5. 体育教科书出版数量相比增加较多

"一纲多本"政策是我国教科书多样化政策的第一次有效实施，并且是通过政府的力量来进行规划与实施。这一时期，一方面是出版体育教科书的地区多、出版社多，另一方面是教科书的种类多、数量大。由前文表格可以看出，短短几年时间，出版数量就达到了70余种，300多册。

6. 学生体育课本得到国家明确认可

1986年4月，国家教委《关于编写体育课本在中小学试用问题给郑州市教育局复函》中指出："同意你们组织编写中小学体育课本，并作为你市的实验教材试用。"同时说明："目前全国17个省市教育厅（局）所组织编写并试用的中小学体育课本，均可按照此精神办理。"[1]这表明我国当时有17个省市在使用学生体育课本，并且得到国家认可，突破了新中国成立以来学生始终没有体育课本的局面，有利于提高体育学科的地位，使学生、教师上课有所依据。

7. 不足之处

作为过渡时期教科书，教科书仍然较为注重体育知识体系的系统性和完整性，对开放性和现代性重视不够。教材内容规定的灵活性有待提升，选择性幅度还不够大，教师的创造性不容易发挥。较为重视教师的主导作用，尚未关注学生的创新能力、交流、合作、主动参与、探究能力等的培养。

四、代表性教科书

（一）《小学体育教材（教师用书）》《中学体育教材（教师用书）》

1. 基本信息

（1）书名：《小学体育教材（教师用书）》《中学体育教材（教师用书）》

（2）编者：人民教育出版社体育室

---

[1] 李晋裕，滕子敬，李永亮. 学校体育史［M］. 海口：海南出版社，2000：241.

（3）出版单位：人民教育出版社

（4）出版时间：1987年

图12-1 《小学体育教材（教师用书）》

图12-2 《中学体育教材（教师用书）》

2. 编写背景与编写依据

国家教育委员会制定的《全日制小学体育教学大纲》《全日制中学体育教学大纲》是教材编写的主要依据。

3. 教科书结构与内容

本套教材内容分为目录、说明、实践部分和理论部分四部分，实践部分和理论部分为全书主体。小学教材理论部分在前，实践部分在后，中学教材反之。小学教材理论部分为体育常识，包括小学生为什么上体育课、小学体育的目的与任务、怎样自我评价身体等十一节，实践部分包括队列和体操队形、走和跑、跳跃、投掷、低单杠、游戏等十二节；中学实践部分包括队列和体操队形、跑、跳跃、投掷、支撑跳跃、单杠、双杠等十三节，理论部分包括什么是体育、青春期与体育、运动与健美等十六节。

4. 教科书的主要特点

小学教材根据新颁发的《全日制小学体育教学大纲》，参考1984年第1版《小学体育教材（教师用书）》进行编写。内容基本上按教材内容本身的纵向系统分一至六年级编写，适用于各种学制的小学。但体育基础常识、唱游、韵律活动以及小球类，因有一定的特殊性和各地区、学校的差异，没有划分年级，教师可根据本校实际情况制订教学计划。

中学教材根据新颁发的《全日制中学体育教学大纲》，参考1984年第1版《中学体育教材（教师用书）》进行改编和增订，适用于各种学制的中学。根据新颁发的大纲所规定的教材内容，编写了系统的体育基础知识教材、韵律体操和舞蹈教材，以及足球教材。各类教材基本上是按照教材本身的纵向系统分年级编写的。足球、韵律体操和舞蹈因有一定的特殊性，只按各自的纵向系统编写了教材，没有具体划分年级，教师可根据本校实际情况制订教学计划。

（二）《义务教育五年制六年制小学实验教材体育（教师用书·部分初稿）》《义务教育三年制四年制初级中学实验教材体育（教师用书·部分初稿）》

1. 基本信息

（1）书名:《义务教育五年制六年制小学实验教材体育（教师用书·部分初稿）》《义务教育三年制四年制初级中学实验教材体育（教师用书·部分初稿）》

（2）编者：人民教育出版社体育室

（3）出版单位：人民教育出版社

（4）出版时间：1990年4月

图12-3 《义务教育五年制六年制小学实验教材体育（教师用书·部分初稿）》

图12-4 《义务教育三年制四年制初级中学实验教材体育（教师用书·部分初稿）》

2. 编写背景与编写依据

本套教科书是遵照国家教委关于九年制义务教育教学计划、教学大纲和教科书整体试验的部署，根据1988年国家教委颁发的《九年制义务教育全日制小学体育教学大纲（初审稿）》和《九年制义务教育全日制初级中学体育教学大纲（初审稿）》规定的指导思想、目的任务、教材编写原则和教材体系编写的。

3. 教科书结构与内容

（1）小学

在基本教材中编写了"体育、卫生保健基础常识"、小学"韵律活动和舞蹈"及"民族传统体育"三部分的教材内容，作为大纲试验时新增设的试用教材。

"体育、卫生保健基础常识"部分按照大纲规定的课时比重，根据不同年龄段小学生的认知特点，分别编写对身体各部位的认识与健康保护，体育锻炼的作用与方法，体育锻炼过程中简单的卫生、保健常识，体育与营养、安全、青春期教育等四类内容。

"韵律活动和舞蹈"部分更新了教材内容，增加了符合儿童特点的儿童舞蹈和国家体委新颁布的第七套儿童广播（韵律）体操，以反映时代风貌和团结向上的精神。

"民族传统体育"部分在武术基本功训练和套路组合的基础上，新增加了我国传统的养生、健身方法"五禽戏"，强调实用性，旨在激发学生的锻炼热情和民族自豪感，培养优良的武德作风。

（2）初中

基本教材的"体育、卫生保健基础知识""韵律体操和舞蹈"和"民族传统体育"三部分教材内容，作为大纲试验时的试用教材。

"体育、卫生保健基础知识"根据初中学生身心发育旺盛、身体素质明显发展的特点，深入浅出地编写了各年级指导学生进行科学身体锻炼的方法、有关运动技术原理、青春期健康、健美常识等知识性和系统性内容，用以提高学生参加体育活动的积极性，以取得良好的锻炼效果。

"韵律体操和舞蹈"结合初中学生的身心特点，以基本技术及其动作组合为主，伴有节奏明快的音乐和具有时代气息的歌曲，通过多种形式的动作变换和简单的集体舞，以锻炼学生的身体，抒发感情，陶冶情操。

"民族传统体育"在继承和发扬多年来武术教学经验的基础上,优选传统养生法和健身术,适当增加了攻防动作和实用技能。目的在于通过民族传统体育的教学,强健学生的身体,加强爱国主义的思想教育,增强民族意识和自豪感,培养文明礼貌的道德行为。

4. 教科书的主要特点

小学教材正文主体部分即"体育、卫生保健基础常识""韵律体操和舞蹈"和"民族传统体育",按照一至六年级的顺序排列,章节内容的理论部分和实践部分随年级增长而逐渐加深。但除了上述三部分主体内容之外,其后章节的基本运动、游戏、田径、小球类内容较少,不够丰富。

中学教材正文主体部分同样按照一至三年级排列。初中舞蹈以集体舞为主,为队形变化多样、动作简单的舞蹈。民族传统体育受到重视,重点教习我国古代健身术"八段锦"和"拳术"。章节中还穿插了培养学生安全意识、保护环境意识的内容。

(三)《九年制义务教育三年制初中试验教材(内地版)体育》

1. 基本信息

(1)书名:《九年制义务教育三年制初中试验教材(内地版)体育》

(2)编者:席炤、丰孝法、包明昌

(3)出版单位:西南师范大学出版社

(4)出版时间:1991年6月

2. 编写背景与编写依据

为普及九年义务教育,遵照国家教委九年制义务教育教材编写规划和义务教育全日制小学、初中"六三"制教学计划(试行草案)与教学大纲(初审稿)的精神,结合内地经济文化的实际编写。

3. 教科书结构与内容

基本教材占70%,一、二年级每学期编排了30节课程,三年级上、下学期分别编排了24节与20节,通过基本教材教学,达到大纲的基本要求。任选教材占30%,暂未编入课本。本书按项目为单元分课次编排。一、二年级每周3节课中,2节作基本教材教学,1节作任选教材教学。

4. 教科书的主要特点

(1)教科书基本体现了教育面向现代化,面向世界,面向未来和提高中华民族素质的战略思想。

（2）根据各项教材内容编有"小知识"和"思考题"供学生自学与思考，增强了课本的可读性和实效性。

（3）各册均编有室内活动教材内容，可供雨天室内教学选用。

（4）考虑到不同地区和学校的实际，使教科书能反映统一性和灵活性的原则，采用基本教材（包括必修和必选）和任选教材的分类结构。

（5）关于体育课成绩考核，每一册都采用附录的形式，较为详细的分别列出了初中一、二、三年级（13、14、15岁）男、女生各种考核项目及评分表。

（四）《九年制义务教育四年制初级中学实验课本体育》

1. 基本信息

（1）书名：《九年制义务教育四年制初级中学实验课本体育》

（2）编者：滕子敬、孟浩德

（3）出版单位：青岛出版社（第二册由北京师范大学出版社出版）

（4）出版时间：1989年12月（第1版）

2. 编写背景与编写依据

1983年国家教委委托北京师范大学编写并试验五四学制教科书，试验取得了较好的效果。1987年，国家教委又将本套教科书作为全国规划教科书之一，为此北师大成立了总编辑委员会，负责全套系列教科书的编写和试验工作，在全国的一些地区进行试验。这套教科书由六家出版社联合出版，其中体育教科书由青岛出版社出版。

这套九年义务教育五四学制初中体育课本（试行本）根据国家教育委员会制定的九年制义务教育五四学制教学计划和各科教学大纲（初审稿）编写。

3. 教科书结构与内容

课本只编写了约占教学时数70%的基本教材，另有约30%的任选教材，没有列入课本，由各校自定。为保持运动项目和体育知识的系统性，发挥教师在教学中的灵活性和主动性，本书是按运动项目分课次编写的。

4. 教科书的主要特点

（1）本书在编写中注意科学性、系统性、可行性和趣味性的统一，力求图文并茂，通俗易懂。

（2）为保持运动项目和体育知识的系统性，发挥教师在教学中的灵活性和主动性，本书按运动项目分课次编写，详细给出了课次划分。

（3）有些章节根据教材内容，附有"自学与阅读"内容，扩展相关知识。

（五）《天津市小学试用课本体育》

1. 基本信息

（1）书名：《天津市小学试用课本体育》

（2）编者：天津市教育局《体育》课本编写组

（3）出版单位：天津教育出版社

（4）出版时间：1986年

2. 编写背景与编写依据

本套教材根据教育部颁布的《全日制小学体育教学大纲》并结合天津市具体情况，由天津市教育局《体育》课本编写组编写。

3. 教科书结构与内容

本套教材为小学试用课本，共6册，供小学一至六年级使用。主要包括目录、说明、正文及附录，其中正文为主体内容，包括队列和体操队形、走、跑、跳跃、投掷、体操、跳绳、爬越、技巧，从三年级不再有走、跳绳，渐次增加单双杠、球类、武术、游泳、游戏等，并且在具体的章节如"跑"的内容中有了深化和丰富。全书末尾附学生身高、体重、胸围、肺活量对比记录表，便于学生了解自己身体的主要形态、机能发展状况，更自觉地上好体育课和坚持参加课外体育活动。

4. 教科书的主要特点

第一、二册与三至六册有明显的不同。第一、二册内容简单，以图片为主，第三至六册在篇幅上增加了30%—50%，知识性、介绍性文字内容为全书主要内容。第一册全书以大幅红色加黑白插图为核心内容，有少量说明文字作为辅助，第二册为普通黑白插图。第三至六册教科书，说明性文字逐渐增多，编写组注意科学性、系统性和趣味性的统一，力求图文并茂、通俗易懂。教材按项目顺序编写，而非按课次编写，有些册中书后还附有安排体育课、课外体育活动参考图，供教师和学生根据不同季节选择锻炼项目。

第十三章　实施义务教育，编写义务教育和普通高中体育教科书时期（1991—1999）

一、社会背景

（一）政治经济背景

1992年10月，中国共产党第十四次全国代表大会召开，会议确定了20世纪90年代我国改革和发展的主要任务，提出了建立社会主义市场经济体制的改革目标。将建设有中国特色社会主义的理论和党的基本路线写进党章。1997年9月，中国共产党第十五次全国代表大会召开，会议确立邓小平理论为党的指导思想，提出了社会主义初级阶段的基本纲领，规划了跨世纪发展的战略部署。

改革开放和社会主义现代化建设推进到新的历史阶段，各个领域都取得了举世瞩目的巨大成就。社会主义市场经济体制的框架加速构建，国民经济持续、快速、健康发展，社会生产力、综合国力、人民生活水平又上了一个新台阶。

（二）教育发展与改革背景

党的第十四次全国代表大会明确提出，必须把教育摆在优先发展的战略地位，努力提高全民族的思想道德和科学文化水平，这是实现我国现代化的根本大计。1993年，中共中央、国务院颁布《中国教育改革和发展纲要》，对20世纪90年代的教育发展和改革做出了全面部署。纲要提出："在新的形势下，教育工作的任务是：遵循党的十四大精神，以建设有中国特色的社会主义理论为指导，坚持党的基本路线，全面贯彻教育方针，面向现代化，面向世界，面向未来，加快教育的改革和发展，进一步提高劳动者素质，培养大批人才，建立适应社会主义市场经济体制和政治、科技体制改革需要的教育体制，更好地为社会主义现代化建设服务。"[1]

---

[1] 李均. 中国高等教育政策史（1949—2009）[M]. 广州：广东高等教育出版社，2014：249.

教育、体育相关法制法规成效显著，1993年10月31日颁布《中华人民共和国教师法》（1994年1月1日起施行），1995年3月18日发布《中华人民共和国教育法》（1995年9月1日起施行），1995年8月29日通过《中华人民共和国体育法》（1995年10月1日起实施）。教育发展和改革有了法律保障。

1994年6月和1999年6月，中共中央、国务院先后两次组织召开全国教育工作会议，发布有关教育工作的决定和文件。1995年5月，全国科学技术大会在京召开，会议号召全党和全国人民坚定不移地实施科教兴国战略。1998年3月，国家教育委员会更名为教育部，同年5月，国家科技教育工作领导小组正式成立。1999年6月，《中共中央国务院关于深化教育改革全面推进素质教育的决定》提出："调整和改革课程体系、结构、内容，建立新的基础教育课程体系。"1999年，国务院批转了教育部制定的《面向21世纪教育振兴行动计划》，该计划提出："2000年初步形成现代化基础教育课程框架和标准，改革教育内容和教学方法，推行新的评价制度，开展教师培训，启动新课程的实验。争取经过10年左右的实验，在全国推行21世纪基础教育课程教材体系。"[1]

二、课程概要

（一）学制、课程设置与教学大纲

1. 学制和学科设置

一方面是课时变化。"五四制"分别调整至小学每周2课时和初中一年级每周3课时、初中二至四年级每周2课时，共减少136课时；"六三制"分别调整至小学一至二年级每周2课时、小学三至六年级每周3课时、初中每周2课时，中学共减少100课时。另一方面是内容精简。如"五四制"小学、中学精简的内容包括基本体操中有关队列教学内容较复杂的内容变换、辅助教学内容和作为身体锻炼手段的教学内容等，小学共计17项，中学共计28项。

---

[1] 教育部法制办公室. 学前教育政策法规规章汇编[G]. 北京：首都师范大学出版社，2014：132-140.

2. 教学大纲

1991 年，在听取多方面意见的基础上，国家教委组织多方力量对 1988 年颁布的《义务教育全日制小学、初级中学教学计划（试行草案）》和体育教学大纲初审稿进行全面修订。广泛征求意见、几经修改后，1992 年由全国中小学教材审定委员会审查通过。

1992 年，颁布《九年义务教育全日制小学体育教学大纲（试用）》《九年义务教育体育与健康教育教学大纲（初审稿供实验用）》和《九年义务教育全日制初级中学体育教学大纲（试用）》。1994 年，国家教委印发了《关于印发中小学语文等 23 个学科教学大纲调整意见的通知》。

1990 年 3 月，国家教委印发了《现行普通高中教学计划的调整意见》，对普通高中教学计划进行了适当调整。体育在高中三个年级均为必修。1995 年，国家教委颁发《关于大力办好普通高级中学的若干意见》，并于第二年颁布与义务教育教学计划相衔接的《全日制普通高级中学课程计划（试验）》。《全日制普通高级中学课程计划（试验）》颁布的同时，国家教委还印发了《全日制普通高级中学体育教学大纲（供试验用）》，并于 1997 年 9 月开始在江西、山西、天津两省一市进行试验，配套高中教科书称为"试验本"。

（二）教科书制度

国家教委于 1996 年重新修订了《全国中小学教材审定委员会工作章程》，使中小学教材建设和教材审定工作更加规范化。修订的章程主要对中小学教科书审定制度的几个方面进行了调整：第一，对审定人员及其职责的要求，如政治素质、学术水平、健康程度等；第二，审定程序，如送审材料的准备、具体送审程序的操作要求等；第三，审定（审查）委员的纪律要求，如要求把关严格、审查实行编审分开原则等。

"八套半"教科书于 1988 年开始编写，1990 年开始试验，1992 年根据试验结果对大纲和教材进行了修改。除八所师范院校合编版教科书未完成外，其他几套均审查通过，上海、浙江之外的"五套半"教科书于 1993 年秋同正式颁布的义务教育课程方案相配套，向全国推荐试用。

这一时期，我国中小学教科书制度已经从"国定制"转到"审定制"，从编审合一到编审分开，从"一纲一本"到"一纲多本"。教科书建设在统一基本要求的前提下开始走向多样化。

三、教科书概貌

（一）教科书出版总体情况

这一时期，除人民教育出版社出版的义务教育阶段和普通高中阶段的教科书外，其他地区、其他出版社也出版了一些体育教科书。上海、辽宁、浙江等地出现了几种版本的"体育与保健"教科书，天津出现了中学"体育卫生与保健"教科书。（见表 13-1）

表 13-1　实施义务教育，编写义务教育和普通高中
体育教科书时期中小学体育教科书出版情况统计表

序号	书名	编者	出版单位	出版时间
1	九年制义务教育三年制初中试验教材（内地版）体育	席焰主编	西南师范大学出版社	1991年11月
2	九年制义务教育课本体育与保健（试用本）	上海中小学课程教材改革委员会	上海教育出版社	1991年6月
3	高级中学课本体育与保健（试用本）	上海中小学课程教材改革委员会	上海教育出版社	1991年6月第1版
4	上海市初中课本体育（一至六册试用本）	上海市中小学教材编写组	上海教育出版社	1991年
5	天津市小学试用课本体育（一至三年级）	天津市教育局《体育》课本编写组编	天津教育出版社	1991年8月第2版
6	天津市初级中学试用课本体育（一至三年级）	天津市教育局《体育》课本编写组编	天津教育出版社	1991年8月第2版
7	天津市高级中学试用课本体育（一至三年级）	天津市教育局《体育》课本编写组编	天津教育出版社	1991年8月第1版
8	天津市高级中学试用课本体育一至三年级	天津市中学体育教材编委会	天津教育出版社	1991年8月第1版
9	义务教育山东省初级中学试用课本体育（第1—6册）	山东省教学研究室编	山东教育出版社	1991年5月第3版

续表

序号	书名	编者	出版单位	出版时间
10	辽宁省初级中学试用课本体育（第一至六册）	辽宁省中学体育课本编写组	辽宁少年儿童出版社	1991年
11	辽宁省初级中学试用课本体育·保健（一至三年级）	辽宁省中学体育·保健课本编写组	辽宁少年儿童出版社	1991年5月第1版
12	辽宁省高级中学试用课本	辽宁省中学体育课本编写组	辽宁教育出版社	1991年6月第1版
13	广东省中学试用课本体育（高中三年级）	广东省中学体育课本编写组编	广东教育出版社	1991年7月第1版
14	广东省中学试用课本体育（初中一至三年级）	广东省中学体育课本编写组编	广东教育出版社	1991年7月第1版
15	浙江省初级中学课本（试用）体育与保健（一至三年级）	浙江省义务教育教材编委会编	浙江教育出版社	1991年7月第1版
16	义务教育六年制小学体育教师用书（试用）体育与保健（一二、三四、五六年级）	浙江省义务教育教材编委会编	浙江教育出版社	1991年7月第1版
17	义务教育小学课本（试用）体育与保健（三至六年级上、下册）	浙江省教育委员会义务教育教材编委会编	浙江教育出版社	1992年7月至1995年12月
18	聋校体育教学参考资料	李宏泰主编	华夏出版社	1992年10月
19	中学体育卫生保健知识和课外体育阅读（初中版）	张良瑞著	四川教育出版社	1992年
20	九年义务教育三年制初级中学实验课本体育	人民教育出版社、兰州市教育局编	人民教育出版社	1993年8月第1版
21	体育卫生保健基础知识（初级中学版）	天津市教育学会体育研究会编	天津教育出版社	1993年
22	体育卫生保健基础知识（高级中学版）	天津市教育学会体育研究会编	天津教育出版社	1993年
23	广东省教师教学用书体育（小学一二、三四、五六年级）	广东省教育厅	广东教育出版社	1994年
24	广东省小学教师教学用书体育（小学一年级）	广东省教学研究室	广东教育出版社	1992年
25	广东省中学试用课本体育（初中、高中一至三年级）	广东省教育厅编	广东教育出版社	1994年7月第1版

续表

序号	书名	编者	出版单位	出版时间
26	湖南省初中教学用书（试行本）体育（一至六册）	湖南省教委体卫军训处、湖南省教育科学研究所编	湖南教育出版社	1994年9月第2版
27	河北省初级中学课本体育（第一至六册试用本）	河北教育出版社	河北教育出版社	1994年11月第2版
28	河北省高级中学课本体育（第一至六册试用本）	河北教育出版社	河北教育出版社	1993年12月第1版
29	北京市义务教育小学六年制教科书（试用本）健康教育	北京市教育委员会体育卫生处编	北京教育出版社	1994年
30	义务教育山东省三年制初级中学试用课本体育（一至三年级各全一册）	山东省教学研究室编	山东教育出版社	1993年至1995年
31	义务教育山东四年制初级中学试用课本体育（一至四年级各全一册）	山东省教学研究室编	山东教育出版社	1993年至1997年
32	义务教育山东省四年制初级中学试用课本体育教学参考书	山东省教学研究室编	山东教育出版社	1994年
33	义务教育山东省小学试用课本健康教育（一至五年级各全一册）	山东省教学研究室编	山东教育出版社	1994年至1997年第1版
34	义务教育山东省初级中学课本健康教育（一至四年级各全一册）	山东省教学研究室编	山东科学技术出版社	1996年3月第1版
35	九年义务教育四年制初级中学试用课本体育（一至四册）	"五·四"学制教材总编委会	青岛出版社	1993年3月第2版
36	湖南省九年义务教育六年制小学教科书（实验本）体育与卫生	《体育与卫生》编写组编	湖南师范大学出版社	1995年第1版
37	九年义务教育课本体育与保健（试用本）（三至九年级）	上海市中小学课程教材改革委员会	上海教育出版社	1995年6月第2版
38	九年义务教育课本体育与保健（试用本）（三至九年级）	上海市中小学课程教材改革委员会	上海教育出版社	1996年6月第1版
39	高级中学课本体育与保健（修订本）	陈安槐主编	上海教育出版社	1996年

续表

序号	书名	编者	出版单位	出版时间
40	九年义务教育六年制小学课本体育与健康教育（一至六年级）	《体育与健康教育》试验教材编委会	天津教育出版社	1996年6月第3版
41	九年义务教育三年制初级中学课本体育与健康教育（一至三年级）	《体育与健康教育》试验教材编委会	天津教育出版社	1996年6月第3版
42	天津市九年义务教育初级中学试用课本健康教育（一至三年级）	天津市教育局健康教育教材编写组编	天津教育出版社	1996年1月第1版
43	河南省试用课本体育（一至六年级上、下册）	河南省中小学体育课本编辑委员会编	河南科学技术出版社	1997年6月
44	河南省试用课本初中体育（一至三年级上、下册）	河南省中小学体育课本编辑委员会编	河南科学技术出版社	1997年12月
45	浙江省初级中学课本（试用）体育与保健（一至三年级单色本）	浙江省义务教育教材编委会	浙江教育出版社	1997年5月至1999年2月第3版
46	九年义务教育山西省小学课本（试用）体育（第一至六册）	山西省教育委员会编	山西科学技术出版社	1993至1994年第1版
47	九年制义务教育山西省初级中学课本体育（试用）第一至三册	山西省教育委员会编	山西科学技术出版社	1993年4月第1版
48	九年制义务教育山西省初级中学课本体育（试用）（一至三年级上下册）	山西省教育委员会编	山西科学技术出版社	1998年第1版
49	辽宁、甘肃省初级中学试用课本体育（一至三年级）	辽宁省中学体育·保健课本编写组	辽宁少年儿童出版社	1993年3月第1版
50	九年义务教育初级中学课本体育（第一至三册学生用书）	人民教育出版社体育室、兰州市教育局编著	人民教育出版社	1995年10月第1版
51	中学试用课本体育初中（一至三年级）	四川教育出版社	四川教育出版社	1998年
52	广东省中学试用课本体育（高中一至三年级）	广东省教育厅编	广东教育出版社	1998年7月第2版
53	九年义务教育初级中学实验教材体育（一至三年级）	中学体育实验教材编委会	高等教育出版社	1998年7月第1版

续表

序号	书名	编者	出版单位	出版时间
54	九年义务教育初级中学实验教材体育（修订版）一至三年级	中学体育实验教材编委会	高等教育出版社	1998年6月第1版
55	全日制普通高级中学实验教材体育	中学体育实验教材编委会	高等教育出版社	1998年7月第1版
56	九年义务教育云南省小学乡土教材体育（12册）	云南省教育科学研究院编		约1998年
57	九年义务教育云南省初级中学乡土教材体育	云南省教育委员会编	晨光出版社	1998年

（二）教科书总体特点

1. 确立编审制度，形成"一纲多本""多纲多本"局面

共有6套体育教材经全国中小学教材审定委员会审查通过，列入国家教委推荐目录。"一纲多本""多纲多本"局面形成，基本打破了高度集中统一的教科书体制局面，对推动了教科书在竞争中改革和发展有促进作用。

2. 注入新的教学理念和思想，注重改革教科书编排结构

教科书的编写关注新的教学理论和教学思想，注重编排体系和结构，采用多元并进、相互联系的结构体系。具体操作分为"按年级编排"和"按各类教材的系统编排"两种方式。前者需要寻找各运动项目技术系列中适用于教学的各个独立环节的结合点，后者需要按由易到难的顺序选择内容。

3. 理论知识与实践类教材相结合，以实践类教材为主线

教材编写紧跟时代步伐，反映实践需要。教材内容反映大纲的体系和特点，注重在加强锻炼的同时，充实、提高体育基础理论和卫生保健教育的内容，使体育教学既是锻炼身体的身段，又有指导锻炼身体的基础理论和科学方法。

4. 以学生为主体，突出学生视角

教科书坚持以育人为本，编写坚持教育性、符合学生生理特征、适应学生心理特征等原则。教材根据大纲要求，结合学生的认知水平和需要，编写了贴近学生生活的体育与健康内容，选择深难适度、生动活泼、可读性强的教材内容。使所学内容对学生的学习和生活有用，对终生学习发展有用。教科书在出

版发行之前,在部分学校和学生中试讲、试读。

5. 编写方式灵活,内容排列方法有所创新

为加强教科书的灵活性和适用性,中小学教科书均分为基本教材和选用教材。教科书选择性强,为不同地区、民族、学校留有了自编、自选的空间。在探讨和实践体育教科书改革发展的道路上,有些省份如浙江于1991年陆续出版了体育与保健的学生用书和教师用书。

6. 部分弊端依旧存在

"部分教材内容偏深、偏多,有的过于陈旧,与国家现代化建设需要不相适应。"[1] 整体上教材内容选择偏重认知,注重知识和技能的掌握,而对学生情感、能力等的培养相对欠缺。教科书多样化水平不足,相配套的编写、出版、发行等制度需要进一步完善。

四、代表性教科书

(一)九年义务教育体育教科书

1. 基本信息

(1) 书名:《九年义务教育五年制小学体育(教师教学用书)》(5册)

《九年义务教育六年制小学体育(教师教学用书)》(6册)

《九年义务教育三年制初级中学体育(教师教学用书)》(3册)

《九年义务教育四年制初级中学体育(教师教学用书)》(4册)

(2) 编者:人民教育出版社体育室

(3) 出版单位:人民教育出版社

(4) 出版时间:小学体育教师教学用书第一册至第六册分别于1992、1993、1994、1995、1996、1997年出版;初中三年制教科书分别于1992、1993、1994年出版;初中四年制教科书的第一册、第二册于1992年出版,第三册、第四册分别于1994、1995年出版。初中三年制教科书的第一册、第二册于1996年进

---

[1] 中共中央文献研究室. 十四大以来重要文献选编(下)[G]. 北京:中央文献出版社,2011:624.

行了一次修订。

此外，人民教育出版社体育室还编写了六年制小学、三年制初中、四年制初中各年级的教学参考书，于 1995 年 12 月出版发行。

图 13-1 《九年义务教育六年制小学体育（教师教学用书）》第一册

图 13-2 《九年义务教育三年制初级中学体育（教学指导与参考）》第一册

2. 编写背景与编写依据

（1）编写背景

1992 年，国家教委颁布经全国中小学教材审定委员会审查通过的《九年义务教育全日制小学、初级中学课程计划（试行）》和包括《九年义务教育全日制小学体育教学大纲（试用）》《九年义务教育全日制初级中学体育教学大纲（试用）》在内的 24 个学科的教学大纲。其中保持了 1988 年国家教委颁发的《义务教育全日制小学、初级中学教学计划（试行草案）》体育课小学中高年级和初中各年级每周 3 课时的规定。

这一时期，国务院分别于 1990 年 3 月和 5 月发布《学校体育工作条例》和《学校卫生工作条例》。这两个条例是新中国成立以来，国家为学校体育卫生工作单独制定的关于学校体育和卫生工作层次最高、最全面的行政法规，是学校体育、卫生法规制度建设的基础。两个条例进一步明确了体育工作在学校教育中的地位，也使学校体育、卫生工作有章可循，有法可依，特别是各类学校体育教科书建设有了重要依据。

1989年以来，国家教委体卫司在天津市和广东省湛江市进行了九年义务教育体育与卫生保健教育相结合的试验，探讨在不增加课时的前提下，如何使体育与卫生保健教育相结合，建立科学、可行的体育与卫生保健、理论与实践相结合的新的学科体系。经过三年试验，1992年全国中小学教材审定委员会审查通过了实验大纲。

（2）编写依据

本套教材提出和确定了七条编写原则，也是教材编写的基本依据。七条原则分别是：教育性原则、符合生理特征原则、适应学生心理特征的原则、理论和实践相结合原则、继承和发扬民族传统体育原则、统一性和灵活性相结合、与《国家体育锻炼标准》相结合的原则。

3. 教科书结构与内容

五年制小学教材共5册，六年制小学教材共6册，三年制初级中学教材共3册，四年制初级中学教材共4册，分别供对应的年级教师教学使用。

本套教材采用理论与实践、发展身体素质的练习和运动项目交叉综合的分类方法。为了适应不同地区和学校的实际，使教材内容能反映统一性和灵活性相结合的原则，教材内容分基本部分和选用部分。

小学一至二年级以基本动作为主，分类结构简化，强调游戏和基本动作作为教学的重点；小学三至六年级身体锻炼部分的内容基本按运动项目排列，但明确球类教材是以小球类为主（小球类指的是三大球的小型化，不是乒乓球等"小球"），田径只是项目的名称与竞技体育相同，具体内容都经过再创造，以适应体育教学特点。体操从内容到形式，都是以身体锻炼为目标编选比较简单的动作，与竞技体操相差甚远，将发展身体素质的动作单独作为一类，与运动项目相配合，更好地实现体育教学目标。

初中各年级的体育教材内容加大了选用教材内容的比重，拓宽了选用教材的幅度，特别强调发展学生的身体素质，并将发展身体素质的教材内容单独作为一大类，强调"课课练"。选用教材内容主要考虑到地区、气候、民族等差异，编写的教科书只是作为案例，教师在教学时有较大的选择性。

基本部分占全部内容的70%，面向全体学生，保证全面有效地锻炼学生身体，难度不大，对场地器材要求也不高，各地区的大部分学校可以积极地创造条件，努力教好、学好。选用教材占全部内容的30%，主要是为了适应不同条件、不同水平的学校的需要，教师可以从学校客观实际出发，因地制宜，灵活选用。

4. 教科书的主要特点

首次明确了体育教学大纲的性质，首次为学生编写教科书。1992年颁布的《九年义务教育全日制小学体育教学大纲（试用）》和《九年义务教育全日制中学体育教学大纲（试用）》，均明确提出：大纲是"编写体育教材、进行体育教学、评估体育教学质量和对体育教学进行管理的依据"[①]。

首次在体育大纲中形成了目标体系——"目标树"。《九年义务教育全日制小学体育教学大纲（试用）》《九年义务教育全日制初中体育教学大纲（试用）》建立了比较完整的目标体系，提出了"目标树"的概念。有教学目的，有教学任务，同时在课程中增加了各年级的目标、各年级各项教材内容的教学要求与考核项目。这就形成了一个比较完善的课程和目标框架，使得体育课程目标的表述更趋完善。

首次提出体育要与其他体育措施手段相结合，特别是提出了体育与卫生保健相结合，这为下一步体育教学大纲和教科书的发展积累了宝贵的经验。

将"武术"教材扩展为"民族传统体育"，体现出中国学校体育特色。"武术"仅是我国民族传统体育项目中的一种健身术，"民族传统体育"不但包含民族传统项目健身术，而且包含我国独特的养生经验和养生思想，后者是我国极其重要的民族文化遗产。

5. 教科书的使用、地位与影响

九年义务教育体育教学大纲与教科书建设在许多重要问题上开历史先河，在教材建设史上具有承上启下的里程碑意义。

本套教材是新中国成立后第一套九年义务教育体育教科书，继承了新中国成立以来中小学教材建设的优良传统，吸收了改革开放以来国内外经实践验证的经验和研究成果，初步形成了适合国情的体育教科书特色，有力地促进了体

---

① 田国祥，李斌，康彪. 中国学校体育发展史［M］. 兰州：甘肃人民出版社，2011：330.

育教学改革，为建设更富有时代性的体育教科书体系奠定了基础。

本套教材的不足之处在于：

第一，本套教材由于过多考虑教材内容的系统性，灵活性显得不足，内容过多、偏难，在整个九年中某个环节没有完成教材要求，之后的各年级完成起来就很困难。

第二，怎样实现体育与卫生保健相结合，阐述和说明不够。虽然首次提出了"体育与卫生保健相结合"的思路，教材内容中也增加了一些卫生保健方面的理论题目。但由于当时条件限制，对"体育与健康教育""体育与健康促进""体育与健康"等基本概念的界定及其相互关系的研究、探讨和实验不足。

第三，体现以学生为主体不够充分。人们的健康观由纯生物观向生物、心理、社会三维健康观转变，人的健康更强调个人的自我诊断、自我调控。在这种人文环境影响下，体育教学中强调学生的主体性和体育教学目标的多元化，然而在九年义务教育体育教学大纲、教材中这种人本主义的思想体现不足，强调不够。

第四，教材形式严肃有余，生动活泼不足。教材缺乏必要的感染力。以至于有些人在教材发下来后从未翻动过，甚至有人反对编这种教材。这同教材在形式上缺乏吸引力不无关系。

（二）高中体育教科书

1. 基本信息

（1）书名：《全日制普通高级中学教科书（试验本）体育（必修）》

（2）编者：王占春、耿培新

（3）出版单位：人民教育出版社

（4）出版时间：分别于 1996、1997、1998 年出版，第一册分别于 1999、2000 年两次进行修订。

2. 编写背景与编写依据

（1）编写背景

1996 年前后是我国学校体育思想非常活

图 13-3 《全日制普通高级中学教科书（试验本）体育（必修）》第一册

跃的一个历史阶段。主要的学术思想有：体质教育思想、竞技体育思想、运动技能教育思想、主体教育思想、整体效益论思想等。随着对学校体育认识的日益深化，有人对"增强体质是学校体育的出发点和归宿"这一流行的体质教育思想提出了质疑，认为只从生物学的观点看待学校体育功能和目标，只能反映体育的自然属性，无法反映现代体育更广泛、更深刻的社会属性。1996年前后，整体效益论的思想得到越来越多的认同。

在这样的历史背景下，人民教育出版社体育编辑室开始组织编写新中国成立以来第一套《全日制普通高级中学教科书（必修）体育与健康》教材。这套教材的编写，是新中国中小学课程教科书建设史上具有里程碑意义的事情，开创了体育学科课程真正编写学生用书的历史。

（2）编写依据

1996年，人民教育出版社体育编辑室进行大量调查研究，广泛征求一线教师意见，系统总结九年义务教育体育教学大纲编写、试验、使用经验，在此基础上，代部起草制定了《全日制普通高级中学体育教学大纲（供试验用）》。这套教学大纲根据国家教委基础教育司《全日制普通高级中学课程计划（试验）》编订，与九年义务教育课程方案衔接。1996年12月，国家教委体育与卫生艺术教育司颁发了《全日制普通高级中学体育教学大纲（供试验用）》，并于1997年秋季开始在天津、江西、山西进行试验。

这套大纲的基本特点有以下几方面[1]：

一是强调"增进学生身心健康"，把增进学生的心理健康明确纳入了体育教学的目的。

二是强调体育教学要掌握必要的知识技能，"为终身体育奠定基础"。

三是强调积极参加体育锻炼是学生的"社会责任"，以及"发展学生个性，培养学生竞争意识、创新、合作和应变能力"。

四是构建了新的大纲结构体系，分为学科类和活动类两类课程。以学科类课程为主体，内容分为必选内容、限选内容和任选内容三部分。活动类课程是体育课程的有机组成部分，全体学生必须参加。

---

[1] 课程教材研究所. 20世纪中国中小学课程标准·教学大纲汇编：体育卷[G]. 北京：人民教育出版社，2001：741-742.

新的高中体育教学大纲，把"为终身体育奠定基础"这一可持续发展的教育观念和"增进学生身心健康"、培养学生的社会责任感等新的健康观写进了大纲，对促进体育教学改革的深入发展产生了积极影响。

3. 教科书结构与内容

本套教材改革了编排结构，采用多元并进的结构体系，教材共分3册，分别供高中一至三年级使用。

为了扩展教科书的功能，增加教科书的信息量和可读性，在教科书的体例上开发了主、辅栏相结合的结构。教科书中的主栏按四条线，相互联系地编写；辅栏对应主栏的内容，随文点拨、诱导、强化，扩展知识，提供应用方法、娱乐方法等，使辅栏起到引导、激活、推动教学活动、释疑、解惑、点拨诱导、援引借用、承上启下、启发联想、自我检验、深化认识、提高能力等作用。主辅栏既有侧重，又相互联系，构成较为完整的体育与健康教材结构体系。

这套教材把版式设计和装帧作为提高教材质量的重要构成因素。全书双色套印，充分运用现代技术，从插图的构思、绘制，图表的设计，主栏、辅栏的字号区别等多方位设计创新，大大增强了教科书的视觉效果，提高了教科书的可视性、可读性。

4. 教科书的主要特点

高一年级围绕培养学生终生体育意识和掌握自我监督、自我评价知识为主设计内容，以提高学生学习体育的自觉性、主动性和独立进行体育锻炼的能力；高二年级围绕心理卫生和人体与运动时能量供应知识为主设计内容，以利于通过体育教学提高学生的心理健康水平；高三年级围绕丰富学生运动文化知识，培养学生运用体育、保健知识的能力为主设计内容，以利于提高学生运动文化素养和树立终生体育观念。

高中教科书逐步提高了体育教材内容的要求，各节内容衔接比较合理。比如，什么是心理健康→高中生心理健康的健康标准→高中生常见心理挫折及克服的方式→体育促进心理健康的作用，这样的内容衔接有利于教师更好地使用教科书。

学生用书与教师用书的部分内容存在不一致的地方。比如，学生用书中的"古代奥运会和现代奥运会"内容在教师用书中没有出现。

5. 教科书的使用、地位与影响

1997—2000年，全日制普通高中课程教科书的试验在天津、江西和山西进行，体育是各学科总体试验的一门学科。

根据《全日制普通高级中学课程计划》和《全日制普通高级中学体育教学大纲（供试验用）》编写的这套教材，经过试验取得良好效果，受到学校体育界的重视和好评。体育学科中小学教材审查委员认为"这是新中国成立以来编写的最好的体育课本"[①]。

中国教育学会体育研究会经过评选，决定推荐这套教材的第一、二册作为优秀教科书，并评为"全国中小学体育教学改革优秀成果"一等奖。

---

① 课程教材研究所. 新中国中小学教材建设史1949—2000研究丛书：体育卷[M]. 北京：人民教育出版社，2010：234.

第十四章 新课程改革后体育教科书发展趋向（2000—2012）

一、社会背景

（一）政治经济背景

2000年是新旧世纪的交会点，我国社会、政治、经济、文化、教育、体育等各个领域自改革开放以来都取得了令人瞩目的巨大成就。

2002年11月8日至14日，中国共产党第十六次全国代表大会在北京举行。党的十六大着眼于我国长远发展前景，提出了全面建设小康社会的奋斗目标，绘制了21世纪头20年我国现代化建设的宏伟蓝图，其中包括全民族的思想道德素质、科学文化素质和健康素质明显提高，形成比较完善的现代国民教育体系、科技和文化创新体系、全民健身和医疗卫生体系。人民享有接受良好教育的机会，基本普及高中阶段教育，消除文盲，形成全民学习、终身学习的学习型社会，促进人的全面发展。

2007年10月15日至21日，中国共产党第十七次全国代表大会在北京举行。大会主题是：高举中国特色社会主义伟大旗帜，以邓小平理论和"三个代表"重要思想为指导，深入贯彻落实科学发展观，继续解放思想，坚持改革开放，推动科学发展，促进社会和谐，为夺取全面建设小康社会新胜利而奋斗。提出要优先发展教育，建设人力资源强国。要全面贯彻党的教育方针，坚持育人为本、德育为先，实施素质教育，提高教育现代化水平，培养德智体美全面发展的社会主义建设者和接班人，办好人民满意的教育。

在国内外发展背景之下，为顺应时代潮流，实现既定的宏伟规划，我国的教育改革也处在不断发展的进程之中。

（二）教育发展与改革背景

改革开放以来，我国基础教育虽然取得了辉煌的成就，基础教育课程建设成绩也十分显著，但我国基础教育总体水平还不高，原有的基础教育课程已不能完全适应时代发展的需要。为贯彻《中共中央国务院关于深化教育改革全面推进素质教育的决定》（中发〔1999〕9号）和《国务院关于基础教育改革与发展的决定》（国发〔2001〕21号），教育部决定大力推进基础教育课程改革，调整和改革基础教育的课程体系、结构、内容，构建符合素质教育要求的新的基础教育课程体系。内容涵盖幼儿教育、义务教育和普通高中教育。[①]体育课程作为重要的学科之一，也开始进行深入改革。20世纪末或21世纪初，一些发达国家或地区均颁布了新的体育课程标准或健康与体育课程标准，无论是课程理念、课程目标，还是内容标准、教学实施建议等都比以往发生了很大变化。在此国内外环境的双重影响下，为了适应社会的需要，紧随时代的步伐，教育部于2001年7月颁发了《全日制义务教育普通高级中学体育（1~6年级）体育与健康（7~12年级）课程标准（实验稿）》，并在全国38个实验区对该课程标准开展试验，至2005年，全国所有学校参与该课程标准试验，至2011年新的体育与健康课程标准（修订版）的颁布，体育课程改革一直在探索中前进。

历史是"继承的""连续的"，这一时期的体育课程改革，一直延续改革开放后国家的总体规划和发展进程，一步一步地发展至今。2000年之后的体育课程改革，是为了进一步修订和完善这一课程标准，深入学习和借鉴发达国家或地区体育课程改革方面的经验，完善和促进我国的体育课程发展。

二、课程概要

（一）学制、学科设置与课程标准

1. 学制和学科设置

这一时期的学制基本上以"六三三"学制为主，在个别省市还存在"五四三"学制。

2000年教育部办公厅发文，将中小学体育课程名称改为"体育与健康"，小

[①] 基础教育课程改革纲要（试行）（教育部2001年6月）[M]//顾明远，总主编. 中国教育大系21世纪初中国教育. 武汉：湖北教育出版社，2015：121.

学一至三年级每周4课时，三至九年级每周3课时。2001年，《课程标准》在学科设置上要求在小学阶段开始开设体育课，中学阶段开设体育与健康课，课时数同上。2011年课程标准（修订版）统一将课程名称更名为"体育与健康"。自此"体育"课正式更名为"体育与健康"，课时数同上。

2. 教学大纲和课程标准

2000年，依据教育部颁发的《九年义务教育全日制小学、初级中学课程计划》，结合学生的生理和心理特点，制定了《九年义务教育全日制小学体育与健康教学大纲（试用修订版）》[1]和《九年义务教育全日制中学体育与健康教学大纲（试用修订版）》[2]，同年，依据《全日制普通高级中学课程计划》（实验修订稿），结合学生的生理和心理特点以及体育与健康课程的特殊要求，制定了《全日制普通高级中学体育与健康教学大纲》（试用修订版）[3]。这是新中国成立后教育部颁布的最后一部体育教学大纲。

2001年，教育部根据《国务院关于基础教育改革与发展的决定》和《21世纪教育振兴行动计划》的精神，颁发了《基础教育课程改革纲要（试行）》和包括《全日制义务教育普通高级中学体育（1~6年级）体育与健康（7~12年级）课程标准（实验稿）》等19个学科课程标准，启动了新中国成立以来第八次基础教育课程改革。自此课程标准开始取代原有的教学大纲。

（1）2001年颁布了《全日制义务教育普通高级中学体育（1~6年级）体育与健康（7~12年级）课程标准（实验稿）》。

（2）2003年颁布了《普通高中体育与健康课程标准（实验）》。

（3）2011年颁布了《义务教育体育与健康课程标准》。

从以上2000—2011年颁布的体育课程文件情况来看，2003年之前的一段时间，以教学大纲为依据和以课程标准为依据编写的教科书同时存在，依据课标编写的教科书逐渐取代依据教学大纲编写的教科书，这一过程持续了近10年。

至2005年为止，在全国范围内开始使用2001年课标指导的义务教育体育与健康教科书。2003年3月31日，经全国中小学教科书审定委员会初审通过，教育部颁发了《普通高中课程方案（实验）》和包括《普通高中体育与健康课程

---

[1][2][3] 课程教材研究所. 20世纪中国中小学课程标准·教学大纲汇编：体育卷［G］. 北京：人民教育出版社，2001：353，790，832.

标准（实验）》在内的 15 个学科课程标准。2004 年起在宁夏回族自治区、山东省、广东省、海南省和深圳市率先进行试验，其他省市仍然使用教育部 2000 年颁布的《全日制普通高级中学体育与健康教学大纲（试验修订版）》和教科书，以后逐年增加试验区。随着《普通高中体育与健康课程标准（实验）》的逐步推广，到 2010 年全国各地全面使用新课标和教科书。

（二）教科书制度

2001 年 6 月，我国对中小学教材管理体制进行了重大改革。国务院体改办等部门在对中小学教材管理体制进行调研的基础上，发布了《关于降低中小学教材价格深化教材管理体制改革的意见》。同时，经报国务院同意，教育部、国家计委、新闻出版署、国家质量监督检验检疫总局等部门先后印发了 11 个配套文件，对中小学教材的编写、审定、出版、发行、选用体制等方面做出系列改革。

2011 年 12 月，教育部基础教育二司颁发了《中小学教科书审查标准》，指出为加强中小学教科书建设，提高教科书编写和审查的质量，实现教科书审查工作的科学化和民主化，保证审查过程的公平、公正，特制定此标准。并指出了该标准是依据《中华人民共和国教育法》《中华人民共和国义务教育法》和《中小学教材编写审定管理暂行办法》制定的。

该标准提出审查中小学教科书的指导思想与原则：贯彻党的教育方针，坚持以人为本的科学发展观，体现教育"三个面向"的要求，符合基础教育课程改革的理念，遵循学生身心发展的规律和教育教学规律，鼓励创新，促进教科书向多样化、有特色与高质量发展。[①]

标准的附则明确提出：各学科教科书的审查以本标准为依据，以课程标准中的"教材编写建议"为辅助；"基本标准"按"符合""不符合"评定；"具体标准"按"不合格""合格""有特色"评定；标准的解释权在教育部基础教育课程教材专家工作委员会。

该标准体现了对教材编写者的学术水准的严格要求，自此我国的中小学教科书审查做到了有据可依，完善了基础教育教科书管理和审查制度，为实现教

---

① 王红卫，张帅. 中小学学校体育价值取向及课程标准演变的历史研究——以教科书为例[J]. 中国学校体育（高等教育），2017（9）：42-47.

科书的高质量与多样化提供了重要依据。也是这一时期教科书制度的一大进步。

三、教科书概貌

（一）教科书出版总体情况

2000年之后，依据教育部颁发的《中小学教材编写审定管理暂行办法》和《关于降低中小学教材价格深化教材管理体制改革的意见》等文件和教育部颁发的《全日制义务教育体育与健康课程标准（实验）》《义务教育体育与健康课程标准（2011年版）》以及《普通高中体育与健康课程标准（实验）》，国家中小学教材审定委员会审查通过、列入《中小学教学用书目录》和各省、自治区、直辖市、省级中小学教材审定委员会初审和审定的体育与健康教科书数量庞大，版本众多。

表14-1 新课程改革后中小学体育教科书出版情况统计表

序号	书名	编者	出版单位	出版时间
1	九年义务教育六年制小学体育与健康（教师教学用书）第一至三册	人民教育出版社体育室编著	人民教育出版社	2000年12月第1版
2	九年义务教育初级中学实验教材体育与健康（一至三年级）	中学体育与健康实验教材编委会	高等教育出版社	2000年7月第1版
3	九年义务教育初级中学实验教材体育与健康教师用书	中学体育与健康实验教材编委会	高等教育出版社	2000年
4	全日制普通高级中学实验体育与健康（一至三年级）	中学体育与健康实验教材编委会	高等教育出版社	2000年7月第1版
5	全日制普通高级中学实验教材体育与健康（全一册）	中学体育与健康实验教材编委会	高等教育出版社	2000年
6	全日制普通高级中学实验教材体育与健康教师用书	中学体育与健康实验教材编委会	高等教育出版社	2000年
7	九年义务教育五年制小学体育与健康（教师教学用书）第一至五册	课程教材研究所、体育课程教材研究开发中心编著	人民教育出版社	2004年11月第2版

续表

序号	书名	编者	出版单位	出版时间
8	九年义务教育六年制小学体育与健康（教师教学用书）第四至六册	人民教育出版社体育室编著	人民教育出版社	2001年12月第1版
9	九年义务教育六年制小学体育与健康（教师教学用书）第一至六册	课程教材研究所、体育课程教材研究开发中心编著	人民教育出版社	2004年11月第2版
10	九年义务教育三年制初级中学体育与健康（第一至三册）	人民教育出版社体育室编著	人民教育出版社	2001年3月（11月）第1版
11	九年义务教育三年制初级中学体育与健康（教师教学用书）第一至三册	人民教育出版社体育室编著	人民教育出版社	2001年4月（12月）第1版
12	九年义务教育四年制初级中学体育与健康教师用书（第一至四册）	人民教育出版社体育室编著	人民教育出版社	2001年第1版
13	九年义务教育四年制初级中学体育与健康教师教学用书（第一至四册）	课程教材研究所、体育课程教材研究开发中心编著	人民教育出版社	2004年11月第2版
14	义务教育课程标准实验教科书体育与健康（一至二年级、三至四年级、五至六年级、七至九年级）	课程教材研究所、体育课程教材研究开发中心编著	人民教育出版社	2001年6月（7月）第1版
15	义务教育课程标准实验教科书（五四学制）体育与健康（六至九年级）	课程教材研究所、体育课程教材研究开发中心编著	人民教育出版社	2007年8月至2008年3月第1版
16	全日制普通高级中学教科书（必修）体育与健康（第一至三册）	人民教育出版社体育室编著	人民教育出版社	2003年6月第1版
17	全日制普通高级中学教科书（必修）体育与健康教师用书（第一至三册）	人民教育出版社体育室编著	人民教育出版社	2006年11月第2版
18	全日制普通高级中学教科书（必修）体育与健康教师教学用书（第一至三册）	人民教育出版社体育室编著	人民教育出版社	2003年6月第1版
19	普通高中课程标准实验教科书体育与健康（必修全一册）	课程教材研究所、体育课程教材研究开发中心编著	人民教育出版社	2004年5月第1版

续表

序号	书名	编者	出版单位	出版时间
20	普通高中课程标准实验教科书体育与健康（必修全一册）	课程教材研究所、体育课程教材研究开发中心编著	人民教育出版社	2007年1月第2版
21	普通高中课程标准实验教科书体育与健康（必修全一册）	课程教材研究所、体育课程教材研究开发中心编著	人民教育出版社	2009年3月第3版
22	普通高中课程标准实验教科书体育与健康（必修全一册）教师教学用书	课程教材研究所、体育课程教材研究开发中心编著	人民教育出版社	2010年4月第3版
23	义务教育教师用书体育与健康（1—2年级全一册）	课程教材研究所、体育课程教材研究开发中心编著	人民教育出版社	2012年6月第1版
24	义务教育教科书教师教学用书体育与健康（七年级全一册）	课程教材研究所、体育课程教材研究开发中心编著	人民教育出版社	2012年6月第1版
25	义务教育课程标准实验教科书体育与健康水平二（三至四年级）	季浏主编	华东师范大学出版社	2002年12月
26	义务教育课程标准实验教科书体育与健康水平四（七至九年级）（配有教师用书）	季浏主编	华东师范大学出版社	2002年5月第二版
27	普通高中课程标准实验教科书体育与健康水平五（十至十二年级）必修	季浏主编	华东师范大学出版社	2004年7月
28	普通高中课程标准实验教科书体育与健康水平五（十至十二年级）教师用书体育篇	季浏主编	华东师范大学出版社	2004年
29	普通高中课程标准实验教科书体育与健康水平五（十至十二年级）教师用书健康篇	季浏主编	华东师范大学出版社	2004年
30	义务教育课程标准实验教科书体育与健康水平四（七至九年级）	季浏主编	华东师范大学出版社	2005年
31	义务教育课程标准实验教科书体育与健康教师用书（小学一至二年级、三至四年级，五至六年级）	季浏主编	华东师范大学出版社	2006年

续表

序号	书名	编者	出版单位	出版时间
32	义务教育课程标准实验教科书体育与健康（七至九年级全一册）（配有教师用书）	季浏主编	华东师范大学出版社	2006 年
33	普通高中课程标准实验教科书体育与健康（高中全一册）必修	季浏主编	华东师范大学出版社	2006 年 3 月
34	义务教育课程标准实验教科书体育与健康教师用书（小学第一、二、三册）	季浏主编	华东师范大学出版社	2007 年
35	义务教育课程标准实验教科书体育与健康水平四（七至九年级）（配有教师用书）	季浏主编	华东师范大学出版社	2007 年 6 月第一版
36	普通高中课程标准实验教科书体育与健康（高中全一册）	季浏主编	华东师范大学出版社	2007 年
37	体育与健康教师用书（一、二、三册）	季浏主编	华东师范大学出版社	2008 年
38	体育与健康（全一册）（配有教师用书）	季浏主编	华东师范大学出版社	2008 年
39	体育与健康教师用书（第一至五册）	季浏主编	华东师范大学出版社	2009 年
40	体育与健康（全一册）（配有教师用书）	季浏主编	华东师范大学出版社	2009 年
41	北京义务教育小学六年制教科书（修订本）健康教育	北京市教育委员会体育卫生处编	北京教育出版社	2001 年
42	九年义务教育三年制初级中学（试用修订本）体育（第一至三册）		天津教育出版社	2001 年
43	九年义务教育体育与健康（试用修订本）体育（第一至三册）	《体育与健康》编写组	天津教育出版社	2001 年
44	义务教育课程标准实验教科书体育（水平一、二、三）	许世岩主编	未来出版社	2004 年 7 月第 1 版
45	体育教师用书（第一至二册）	许世岩主编	未来出版社	2005 年
46	体育与健康教师用书（小学第一至三册）	许世岩主编	未来出版社	2006 年

续表

序号	书名	编者	出版单位	出版时间
47	体育与健康教师用书（初中全一册）	许世岩主编	未来出版社、二十一世纪出版社	2006年
48	体育与健康教师用书（小学第一至三册）	许世岩主编	未来出版社、二十一世纪出版社	2007年
49	体育与健康（初中全一册）教师用书	许世岩主编	未来出版社、二十一世纪出版社	2007年
50	体育与健康教师用书（一至三册）	许世岩主编	未来出版社、二十一世纪出版社	2008年
51	体育与健康（全一册）教师用书	许世岩主编	未来出版社、二十一世纪出版社	2008年
52	体育与健康教师用书（一至四册）	许世岩主编	未来出版社、二十一世纪出版社	2009年
53	体育与健康（全一册）教师用书	许世岩主编	未来出版社、二十一世纪出版社	2009年
54	九年义务教育四年制初级中学（试用修订本）体育（初中第一、三、五、七册）	广东、海南、福建教委、华南师大九年义务教育教材编委会	青岛出版社	2001年
55	九年义务教育四年制初级中学（试用修订本）体育（初中第六、七、八册）	北京师范大学"五·四"学制教材编委会	青岛出版社	2001年
56	九年义务教育四年制初级中学试用课本体育与健康（第1—4册）	"五·四"学制教材总编委会	青岛出版社	约2001年
57	普通高中课程标准实验教科书体育与健康（全一册）	高嵘、张建华	广西师范大学出版社	2004年
58	体育与健康（全一册）（配有教师用书）	高嵘、张建华	广西师范大学出版社	2004年
59	九年义务教育三年制初级中学教科书体育与健康（一至三年级）	中学体育与健康教材编写组编著	高等教育出版社	2001年
60	九年义务教育三年制初级中学教科书体育与健康（教师用书）	中学体育与健康教材教师用书编委会编著	高等教育出版社	2001年6月第1版
61	九年义务教育三年制初级中学（试用修订本）体育（第一至三册）	四川省教委、西南师大九年义务教育教材编委会	四川教育出版社	2001年

续表

序号	书名	编者	出版单位	出版时间
62	九年义务教育三年制初级中学（试用修订本）体育教学参考书（第一至三册）	四川省教研室、西南师大九年义务教育教材编委会	四川教育出版社	2001年
63	九年义务教育山西省初级中学课本体育与健康（初中一至三年级）	山西省中小学体育与健康教材编委会编	山西科学技术出版社	2003年7月第2版
64	九年义务教育三年制初级中学教科书（试用修订本）体育（第一至三册）	江苏省教研室	江苏少年儿童出版社	2001年
65	九年义务教育三年制初级中学教科书体育与健康（初中一、二、三年级）	江苏省中小学教学研究室编著	江苏少年儿童出版社	2002年6月第2版
66	体育与健康（高中一、二、三年级）	江苏省中小学教学研究室编著	江苏少年儿童出版社	2002年6月第2版
67	九年义务教育三年制初级中学教科书（试用本）体育与健康（第一至六册）	湖南省教育科学研究院编	湖南教育出版社	2001年6月第1版
68	湖南省九年义务教育三年制初级中学体育与健康（教师用书）（初中一、二、三年级上、下册）	湖南省教育科学研究院编	湖南教育出版社	2001年8月第1版
69	小学教学指导用书体育与健康（上、下册）	黄超文、张外安主编	湖南师范大学出版社	2001年7月第1版
70	九年制义务教育三年制初级中学课本长沙市中学体育与健康实验教材	长沙市教育科学研究所编	湖南科学技术出版社	2002年
71	全日制普通高级中学教科书（试用本）体育与健康	湖南省教育科学研究所编	湖南教育出版社	2001年12月第1版
72	体育与健康（初中全一册）（配有教师用书）	王健	华中师大出版社	2002年
73	普通高中课程标准试验教科书体育与健康必修模块（一至三年级）	毛振明主编	教育科学出版社	2002年
74	体育与健康（高中全一册）	毛振明主编	教育科学出版社	2002年
75	体育与健康（初中全一册）（配有录音带、VCD）	毛振明主编	教育科学出版社	2002年

续表

序号	书名	编者	出版单位	出版时间
76	体育与健康（全一册）（配有教师用书、光盘）	毛振明主编	教育科学出版社	2002年
77	广东省九年义务教育体育与健康初中（第一至三册）（配有教师用书）	广东中学体育与健康教材编委会	广东教育出版社	2002年
78	广东省中学教科书体育与健康（初中全一册、高中全一册）	广东省教学教材研究室编	广东教育出版社	2002年7月第2版
79	普通高中课程标准实验教科书体育与健康（必修·全一册）	广东基础教育课程资源研究开发中心体育与健康教材编写组编著	广东教育出版社	2004年
80	福建省九年义务教育体育与健康（初中第一至三册）	福建中学体育与健康教材编委会	福建教育出版社	2002年
81	福建省九年义务教育体育与健康（小学第一至三册）	福建中学体育与健康教材编委会	福建教育出版社	2002年
82	九年义务教育三年制初级中学教科书（实验本）体育与健康（必修）	新疆维吾尔自治区教学研究室编	新疆科技卫生出版社	2002年6月
83	课程标准实验教科书体育与健康教师用书	李艳群主编	河北教育出版社	2003年
84	义务教育课程标准实验教科书体育与健康（七至九年级全一册）	刘建国、李艳群主编	河北教育出版社	2003年6月
85	普通高中课程标准实验教科书体育与健康（必修）	李艳群、吴健主编	河北教育出版社	2003年
86	西部地区义务教育初级中学实验课本体育与健康（一至三年级上、下册）	曲宗湖编	云南教育出版社、贵州教育出版社	2003年12月第1版
87	九年义务教育三年制初级中学教科书体育与健康（第一至三册）	人民教育出版社体育室、贵州省教育厅教研室编著	人民教育出版社、贵州人民出版社	2003年6月第1版
88	义务教育课程标准实验教科书体育与健康（六至九年级各全一册，配有教师教学用书）	山东教育出版社	山东教育出版社	2003年至2006年第1版
89	义务教育课程标准实验教科书体育与健康（七至九年级各全一册）	赖天德主编	地质出版社	2005年1月

续表

序号	书名	编者	出版单位	出版时间
90	义务教育课程标准实验教科书体育与健康教师教学用书（七至九年级全一册）	赖天德主编	地质出版社	2005年6月北京第一版
91	义务教育小学教科书（试用本）体育与保健（一至六年级上、下册）	浙江省教育厅教研室编	浙江教育出版社	2007年4月第一版
92	义务教育课程标准实验教材体育与健康教师教学用书（上、中、下册）	毛振明编	教育科学出版社	2004年6月
93	普通高中课程标准实验教科书体育与健康（高中全一册）	毛振明主编	教育科学出版社	2004年6月，2005年7月，2008年6月
94	义务教育教材体育与健康（七至九年级各全一册，各配有教师教学用书）	毛振明主编	教育科学出版社	2012年
95	初中体育与健康	胡凌燕主编	北京师范大学出版社	2009年11月
96	义务教育课程标准实验教科书体育与健康（七至九年级上、下册）	华中师范大学组编	华中师范大学出版社	2006年7月第2版
97	义务教育教科书体育与健康（七至九年级各全一册）	华中师范大学组编	华中师范大学出版社	2012年
98	义务教育教科书体育与健康（七至九年级各全一册，各配有教师教学用书）	季浏等主编	华东师范大学出版社	2012年

（二）教科书总体特点

1. 以国家对编写教科书的要求和课程标准为准则

国家颁发的课程标准是教科书编写、教学、评估和考试命题的依据，是国家管理和评价课程的基础。以教育部颁发的《中小学教材编写审定管理暂行办法》和《关于降低中小学教材价格深化教材管理体制改革的意见》等文件和《全日制义务教育体育与健康课程标准（实验）》《义务教育体育与健康课程标准（2011年版）》以及《普通高中体育与健康课程标准（实验）》等标准为准则，这一时期各版本教科书的编写依据更加明确，编写程序更加规范，对保证教科书质量和教科书市场健康发展起到了重要作用。

2. 教科书的系列性

各版教科书均呈现系列性的特点，除极少数出版社外，多数均编写了成套的教科书，一般包括小学阶段或初中、高中阶段，有的则囊括了小学、初中和高中的各个年级。既有学生用的教科书，也有配套的教师用书和教学光盘，有的出版社还尝试研制电子教科书和网络教科书，以适应网络时代的教学需要。

3. 出版发行单位由多到少，逐步集中

依据教育部等部门规定的"完善基础教育教材管理制度，实现教材的高质量与多样化。实行国家基本要求指导下的教科书多样化政策，鼓励有关机构、出版部门等依据国家课程标准组织编写中小学教材"[①]等制度，2000年前后，各地依据教学大纲编写的教科书版本较多，随着教科书审查制度和使用制度的规范，特别是新课标颁布后编写的教科书，在教学实践和市场检验的过程中，相对集中于几家出版社。

4. 主流出版社起引领作用

在众多版本的教科书当中，人民教育出版社版教科书凭借多年专业的课程教材研究和编写经验，较好地将课程理念与体育教学实际相结合，教材特色鲜明、好教好学，教师用书具有较强的实用性，深受广大一线教师欢迎，全国近60%的地区和学校使用了人教版体育与健康教科书和教师用书，人教社作为教育部直属的专门研究、编写中小学教科书的专业出版社，在各版本教科书的竞争中成为主流出版社，编写的学生教科书和教师用书在教科书建设中起到了引领性的作用。

5. 教材质量逐步提高，内容呈现丰富多彩

国家政策层面上，这一时期的教科书制度已经开始努力与市场接轨，在保证教科书"百花齐放"的同时，做到"高质量与多样化"[②]。在课程标准的指引下，教科书的内容由原先的单纯的技术体系转变为运动参与、运动技能、身体健康、心理健康、社会适应等多方面，并且每一部分都有相对应的学习目标及

---

①② 基础教育课程改革纲要（试行）（教育部2001年6月）[M]//顾明远，总主编. 中国教育大系 21世纪初中国教育. 武汉：湖北教育出版社，2015：123.

目标达成的表现，使得教科书更加丰富多样。

学生用书的出现，绝大多数教科书做到了图文并茂，并运用新颖的编写方式来表现内容，知识点更加明确，教育价值更加凸显，开辟了如"知识窗""想一想""应用链接"等多个模块来呈现教科书的内容。

四、代表性教科书（一）：人民教育出版社版

这一时期人民教育出版社出版发行了多部体育、体育与健康教科书，但在众多的教科书中，小学、初中教科书以2001、2011版为主，高中教科书以2003版为主。具体教科书信息如下：

2001版课程标准实验教科书和教师用书：

《义务教育课程标准实验教师用书体育》一~二年级、三~四年级、五~六年级，《义务教育课程标准实验教材体育与健康》七~九年级，《义务教育课程标准实验教材体育与健康》七~九年级教师教学用书。

2011版课程标准教科书和教师用书：

《义务教育教师用书体育与健康》一~二年级全一册、三~四年级全一册、五~六年级全一册，《义务教育教科书体育与健康》七~九年级，《义务教育教科书体育与健康》七~九年级教师用书。

2003版高中课程标准教科书、教师用书：

《普通高中课程标准实验教科书体育与健康》必修全一册，《普通高中课程标准实验教科书体育与健康教师教学用书》必修全一册。

以上教科书为这一阶段人教版体育教科书的代表，其中除普通高中教科书及教师用书依照2003年版课程标准编写外，小学和初中阶段教科书均是依照2001年和2011年版课程标准编写。

（一）小学教科书

1. 基本信息

（1）书名：《义务教育课程标准实验教师用书体育》一~二年级、三~四年级、五~六年级，《义务教育教师用书体育与健康》一~二年级、三~四年级、

五～六年级

（2）主编：耿培新

副主编：吴庆茂

（3）出版单位：人民教育出版社

（4）出版时间：2001年

图14-1　2001年版《义务教育课程标准实验教师用书体育》

2. 编写背景与编写依据

（1）2001年版义务教育课程标准实验小学体育与健康教师用书依据教育部2001年颁发的《全日制义务教育普通高级中学体育（1～6年级）体育与健康（7～12年级）课程标准（实验稿）》的内容编写。这套教材的编写宗旨：

① 体现课程标准的改革精神；

② 落实课程标准的目标体系；

③ 充分体现教材内容的弹性和选择性；

④ 根据小学体育教学的实际，改革体育教学；

⑤ 做好学生体育学习的评价工作。

（2）2011年版小学体育与健康教师用书依据教育部2011年的课程标准，结合水平一至水平三各个阶段学生的身心特点编写，适用于具备基本场地器材条件和一般教学条件的小学使用。

修订该套《体育与健康》教材的指导思想具体包括：

① 贯彻落实党的教育方针和国家有关法律、法规；

② 遵循《义务教育体育与健康课程标准》精神。

3. 教科书结构与内容

2011年版教材编写说明中专门就教科书的结构做了说明，具体如下：

全书共分四个部分。第一部分是课程目标与教材内容设计构想，第二部分是体育与健康基础知识，第三部分是运动技能，第四部分是教学实施指导与示例。

每一类教材内容包括：教学目标；教材分析；教材内容与教学建议，提出掌握、基本掌握、了解、选择共四个层次的教材内容建议，供学校选择；每一类教材内容在一个单元教学中的顺序、教学重难点、教学方法建议和评价要点与建议等。

4. 教科书的主要特点

（1）编写思路及呈现方式逐步清晰

2001年版教材由于课程改革初期的特殊原因，没有对教材的编著构思进行详细说明，不便于教师从整体上把握教材、钻研教材。但是，在整套教材的呈现上能够清晰地看到编写思路和呈现方式。而2011年版教材则是在以前版本基础上，依据2011年版课程标准进行了较大的改进和发展。

（2）教科书结构及语言最大限度地为教师教学提供方便

2011年版教材从便于教师总体把握教材宗旨和教法要点出发，结构上注重整合，内在逻辑联系清晰，通过引言、教学目标、教材内容与建议、教学评价要点与建议四个部分，以及对具体教材采用教学目标、动作方法、动作要点、教学难点、教学重点、保护与帮助方法、教学建议、易犯错误与纠正方法、评价要点（包括知识、技能、态度三方面的目标）的详细阐述，最大限度地为教师的教学提供方便。

（3）教师用书与教学实际紧密结合

每套教材的编写都紧密地与时代和教师的实际情况相结合。如2001年版教科书，鉴于课改初期的影响及教师的实际情况，在编写时对课改的要求做了相应的解释说明。教材内容部分，尤其是教学建议部分，与教师的教和学生的学结合比较紧密。

（4）体育学科教师用书独特的编写和呈现特点

体育与健康教师用书包括学生学的内容和教师教的内容两部分，小学阶段不编写教科书，这是体育学科与其他学科的重要区别。按水平划分教材内容，更使得体育教科书与其他学科教科书有明显的不同。因此，根据体育与健康课程的性质，结合体育学习环境（季节、气候、场地、器材、同时在操场上课班级多等）特点及学生进行体育学习和锻炼的特殊认知规律和一般进行规律，构建符合体育学科特点的、好教好学的体育与健康教科书，也成为需要长期深入研究的重要课题。

5. 教科书的使用、地位及影响

人教版小学体育与健康教科书作为中小学体育的主流教科书，使用范围、教师反映及地位在全国范围内都有较大的影响。

（二）初中教科书

1. 基本信息

（1）书名：《义务教育课程标准实验教科书体育与健康》七～九年级全一册，《义务教育教科书体育与健康》七～九年级各全一册

（2）主编：耿培新

副主编：滕子敬

（3）出版单位：人民教育出版社

（4）出版时间：2001年，2011年

2. 编写背景与编写依据

《义务教育课程标准实验教科书体育与健康》七～九年级全一册依据2001年版课程标准编写，《义务教育教科书体育与健康》七～九年级各全一册依据2011年版课程标准编写。

图14-2 2001年版《义务教育课程标准实验教科书体育与健康》七～九年级全一册

3. 教科书结构与内容

2001年版教科书前四章为理论部分，包括身体健康、心理健康、运动参与、

社会适应四部分，运动技能部分为后七章。2011年版教科书理论部分均在第一章，其余为运动技能部分。其中2001年教科书理论部分占全书比例的34%，2011年版占全书比例的27%。

4. 教科书的主要特点

2001版教科书特点：

（1）教科书编制和印刷水平较高；

（2）教材内容的选择和设计符合学生的需求；

（3）三年编写一本教科书具有较大的局限性。

2011版教科书特点：

（1）从促进学生发展的视角出发；

（2）明确体现了体育课程的性质和价值；

（3）把知识体系转变为促进学生学习和发展的教育体系；

（4）重视学生学习方式的改变，提供学习的策略；

（5）引导学生从问题入手，激发学生的学习兴趣；

（6）以活动带动知识的学习，提高学生对知识与技术的运用能力；

（7）在教科书中渗透社会主义核心价值观教育，渗透科学态度、科学精神、科学方法；

（8）注重体育文化的内涵，重视传承民族民间体育文化；

（9）主辅栏设计与教材内容相呼应；

（10）与其他学科知识相互协调；

（11）教科书资源立体化支持在线学习；

（12）图文并茂，版式设计精美，增强了可读性和接受性；

（13）排版规范，印制精美，经久耐用。

5. 教科书的使用、地位及影响

人教版体育、体育与健康均为主流教材，本套教材包括有体育与健康（七~九年级全一册）教科书、教师教学用书及相关配套产品，经全国中小学教材审定委员会2001年初审通过，2001年开始在全国实验使用，有黑白和彩色两个版本。首批在14个地市的19个国家级试验区使用，目前在全国各省市均有学校使用。教科书用量黑白版为12 224 397册，彩色版为56 104 838册，合计

68 329 235 册，其中 2011 年用量为 8 864 111 册，市场占有率为 69.64%。

（三）高中教科书

1. 基本信息

（1）书名：《全日制普通高中课程标准实验教科书体育与健康》必修全一册

（2）主编：耿培新

副主编：陈珂琦

（3）出版单位：人民教育出版社

（4）出版时间：2009 年 3 月

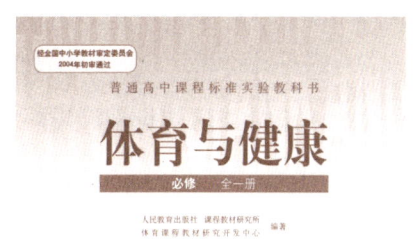

图 14-3　人民教育出版社版 2009 年《普通高中课程标准实验教科书体育与健康》必修全一册

2. 编写背景与编写依据

本书是在 2001 年新课改启动后，根据教育部制定的 2003 版《普通高中体育与健康课程标准（实验）》而编写，除此之外，编写指导思想也是影响教科书编写的重要因素。

3. 教科书结构与内容

全书的整体结构为：目录、前言（包括致同学、记录健康成长的历程）、正文、后记四部分。全书分为七章，各章节分别围绕运动参与、身体健康、运动技能、心理健康、社会适应五个方面，结合学生的运动经验和健康生活需要，用问题串和叙述知识点形式展开。适当穿插"案例分析""探究园地""反思批判""自我评价""拓展提高""知识窗"，既提出问题，也提供学习策略和途径。

从内容上说，正文由健康教育篇、运动篇两部分构成。全书以篇、章、节形式编写，主栏、辅栏结合而成。教材在呈现形式上图文并茂，且色彩调配和谐，板块与板块之间衔接紧密，内容层层递进，能够较好地适应学生的学习。

4. 教科书的主要特点

（1）高中阶段的体育与健康课程以模块教学为主要特征。

（2）在教材内容的构建和表现形式上，充分体现以学生发展为中心，突出学生的主体地位，使学生在体育知识与技能、能力、情感态度与价值观方面全面发展。

（3）重视学习方式的转变，促进学生创新意识与实践能力的发展。

（4）关注个体差异与不同需求，建立促进学生身体、心理、社会适应全面发展的评价体系；评价标准层次化，评价方法多样化，评价内容多元化，量性评价与质性评价相结合，绝对评价与进步度评价相结合。

（5）充分体现知识性、思想性、发展性相结合，强调思想渗透，寓德育于教学之中。

5. 教科书的使用、地位与影响

该套教材及与其相对应的教师用书是我国高中体育教育的主流教材，市场所占份额为72%。

五、代表性教科书（二）：华东师范大学出版社版

（一）小学教科书

1. 基本信息

（1）书名：《九年义务教育六年制小学教科书体育》一至二年级、三至四年级、五至六年级教师用书

（2）主编：季浏

副主编：潘绍伟、谭华、许世岩、胡增荦

（3）出版单位：华东师范大学出版社

（4）出版时间：2002年6月

2. 编写背景与编写依据

这套教师用书是在2000年后新课标实验时期，根据九年义务教育小学体育课程标准编写，编写目的是帮助教师加深对体育课程标准的理解，不断提高教学质量。

3. 教科书结构与内容

本套教材的整体结构为：绪论、正文和参考文献。绪论部分介绍了课程标准的含义、体育课程的教学要求、教学工作计划的制订及案例、学生体育成绩的评定及案例；正文部分包括运动参与、运动技能、身体健康、心理健康、社会适应五个方面。

正文部分的主要编写体例为：教学目标、教法指导、学法指导和学习评价四部分，其中教法指导分为内容的选择和深化、教学重难点、教法的选择和安排、教学案例四部分组成。学习评价为评价内容和评价方法。如涉及具体的运动项目，附有特征和作用两部分，其余部分相同。

4. 教科书的主要特点

（1）体现了课程标准精神，改变了过去的体育教科书以运动技术为核心的编写方式，以运动参与、运动技能、身体健康、心理健康、社会适应五个学习领域来组织教材内容。

（2）改变了过去教师用书侧重罗列大量知识的编写方式，除去介绍教材内容有关知识外，主要对教学方法进行指导，对教学案例进行详细分析，帮助教师改进教学。

（3）改变了过去的体育教师用书过分介绍技术动作要领的编写方式，侧重于讨论如何通过运动技能教学来使学生达到身体、心理、社会适应等整体的学习目标。

（4）任课教师在教学内容的选择、教学计划的安排方面，有相当大的自主权。教师也可以自选教学内容和教学方法，自拟教学计划，自定评价方法。

5. 教科书的使用、地位及影响

主编季浏为体育与健康课程标准制定组组长，对中小学教育有深刻而独特的见解。该套教材的普及程度仅次于人教版教材。

本套教材的不足之处在于在说明部分及各章节的引言部分，编写的内容几乎一样，缺乏递进及新意。由于教材内容较活，较新颖，更加适合能力较强和经验丰富的教师，对于青年教师提出了较高的要求和挑战。

（二）初中教科书

1. 基本信息

（1）书名

2001 版《义务教育课程标准实验教科书体育与健康》水平四（七～九年级）

2011 版《义务教育课程标准实验教科书体育与健康》水平四（七～九年级）

（2）2001 版主编：季浏

副主编：潘绍伟、谭华、许世岩、胡增荦、庄弼

2011版主编：季浏

副主编：汪晓赞、潘绍伟、谭华、孟文砚、庄弼

（3）出版单位：华东师范大学出版社

（4）出版时间：2001年，2012—2013年

2. 编写背景与编写依据

2001版教材依据教育部2001年所颁发的《全日制义务教育普通高级中学体育（1~6年级）体育与健康（7~12年级）课程标准（实验稿）》编写，2011版教材是根据教育部2011年颁发的《义务教育体育与健康课程标准》编写。

3. 教科书结构与内容

2001版教材系七至九年级全一册。全书正文包括十三章，包括吹响健康号角的运动参与、奠定生命之基的身体健康、扬起人生风帆的心理健康、通往未来之路的社会适应、令人着迷的球类运动、全面发展体能的田径运动、健美身体的体操运动、富有朝气的有氧健身操和舞蹈、传统体育神韵十足的武术运动、其乐无穷的游泳运动、眼花缭乱的小球类运动、体育运动中的安全防范和心旷神怡的户外运动。章节内容包括引言、正文、小结、思考与课外作业等，此外还有想一想、谚语、名人名言等板块内容作为辅助。

2011版教材为七至九年级各一册。全书内容包括运动参与，田径类运动项目的教学，球类运动项目的教学，体操类运动项目的教学，游泳、冰雪、武术类运动项目的教学，其他较复杂的民间传统体育活动运动项目的教学，健康知识，体育运动知识。章节内容包括目标、引言、价值与特点、技术动作、注意事项、小结，此外还有"名人名言""教你一招"等板块学习作为辅助。

2011版教材较2001版有了较大改进，内容和表现形式有相应的变化。

两版教材正文部分均大致可以分为偏理论部分和偏技术部分两大类，其中2001版教材偏理论部分主要有：第一、二、三、四章及第十二章，在这些内容中，前四章主要为运动参与、身体健康、心理健康、社会适应。偏技术部分包括第五、六、七、八、九、十、十一、十三章，主要以球类、田径、体操、有氧健身操和舞蹈、武术、游泳、小球类运动、户外运动八部分组成。2011版教材偏理论部分为第一、七、八章，偏技术部分为二至六章。

两版教材均配有教师用书。2011版教师用书本着使修订后的教材更加符合

课程标准精神、更加贴近教师的教学实际、更加受体育教师欢迎的初衷，根据 2001 年基础教育体育课程十年课程改革的情况，在对教师教学用书的使用情况进行大量调研的基础上修订而成。

4. 教科书的主要特点

2001 版教材特点：

（1）在编写体例上，全书按照课标规定的五个学习领域直接进行内容的编排，这在教材的编排体例上是一次全新的尝试。本书涵盖初中三年的全部内容。

（2）指导思想改变了原来技术第一的编写方式，力求把激发学生的运动兴趣、培养学生的锻炼和健康意识以及提高学生的自我锻炼能力放在首位。

（3）在技术部分，涉猎了球类（足篮排乒羽）、有氧操、舞蹈、武术、体操、户外、游泳等多个项目，为学生全面学习运动和锻炼技术提供了丰富的内容支持。

（4）章节模块的设置、语言风格上生动有趣，迎合了和吸引学生的阅读需求。

2011 版教材特点：

（1）依照统一的思路模式进行编写，整体思路较为清晰。

（2）对技术动作的描述有所增加，虽然整体感觉对技术的描述不够凸显，技术所占比例较少，但相对 2001 版教科书来说有较大改进。

（3）书中新增了如冰雪类、民族民间类内容，一方面弘扬民族优秀传统文化，另一方面与时代发展接轨。

（4）书中标题用词优美，价值特点部分几乎均是以四字格言的形式展现，朗朗上口。印刷质量较 2001 版要好，能够增加使用年限。

（三）高中教科书

1. 基本信息

（1）书名：《普通高中课程标准实验教科书体育与健康》水平五（十至十二年级）

（2）主编：季浏

副主编：谭华、潘绍伟、汪晓赞

（3）出版单位：华东师范大学出版社

（4）出版时间：2004年

2. 编写背景与编写依据

教材根据教育部颁发的《普通高中体育与健康课程标准（实验）》精神编写。编写的指导思想主要是：坚持"健康第一"的指导思想、培养学生的健康意识和行为，更新教科书的内容。努力体现课程的时代性，有利于学生形成运动爱好和专长，为终身体育奠定基础。充分体现学生学习的主体地位、帮助学生学会学习。

3. 教科书结构与内容

全书正文分为体育篇和健康篇。体育篇包括第一至五章，分别为启动积极的运动方程式、健身强体、健身益心、健身交友、体育文化知多少；健康篇包括第六至十四章，分别为全力以赴保健康、吃得明明白白、做健康环境的卫士、避免恶习、抵御传染病的流行风、预防"三大杀手"、降低其他疾病发生的风险、呵护你的心灵和保持健康的性心理；最后为后记。

图14-4　华东师范大学出版社版《普通高中课程标准实验教科书体育与健康》水平五（十至十二年级）

在章节内容上，每一章由几个问题作为导引，列举了大量相关体育运动的事件、人物，并配有多个小板块作为插入内容，如"你知道吗？""名人名言""学习园地""头脑风暴"等。文字内容阅读性强，插图丰富且观赏性强。

本书配有教师用书，体育篇和健康篇各自独立成册。

4. 教科书的主要特点

（1）摒弃学科中心主义课程观，建立新的教材内容体系；

（2）适应学分制的要求，增大教科书的可选择性；

（3）设计专门的学习内容，提高学生学会学习的能力；

（4）全面体现水平五和水平六的学习要求，满足学生的不同需求；

（5）扩大课程内容资源，提高学生的体育文化素养；

（6）教科书呈现方式生动活泼，有利于激发学生的阅读兴趣。

不足之处在于，内容形式单调，忽视了技术动作的讲解。体育篇整体来看，以课标为依据，但并没有完全体现课标精神，如课本内容中缺乏必修的田径教材内容。采用双色印刷导致部分图片清晰度不高。

六、代表性教科书（三）：教育科学出版社版

（一）初中教科书

1. 基本信息

（1）书名：《义务教育课程标准实验教科书体育与健康》（上、中、下册）

（2）主编：毛振明

副主编：王文生

（3）出版社：教育科学出版社

（4）出版时间：2004年6月

2. 编写背景与编写依据

该套教材编著的主要依据是2001版《全日制义务教育普通高级中学体育（1~6年级）体育与健康（7~12年级）课程标准（实验稿）》。

3. 教科书结构与内容

全书结构上册分为体育理论、体育实践两部分；中册、下册在此基础上增加了心理拓展训练和作业实践部分。

体育理论部分，上册包括：（1）合理安排锻炼时间的意义；（2）身体形态发展的重要性；（3）营养、年龄、性别与身体活动的关系；（4）谈谈合理的作息；（5）身心之间的关系。中册包括：（1）怎样合理地安排锻炼时间；（2）体育运动中的"战法"与"法律"；（3）运动中的安全与危险；（4）体育锻炼与身体机能的发展；（5）饮食、体育锻炼与体重；（6）心理状态对身体健康的影响；（7）体育活动对自尊和自信的影响；（8）困难与目标；（9）体育中的角色。下册包括：（1）中学生的生理特点与体育活动；（2）如何找到适合自己的运动，怎样合理地安排锻炼时间；（3）运用脉搏测量运动负荷的方法；（4）体育比赛中的文明与安全；（5）体育明星与追星族；（6）吸烟、酗酒和吸毒的危害。

运动实践部分包括：上册为足球、篮球、排球、乒乓球、武术、踢毽子、

轮滑、跳绳、游泳、体操、走、跑、提高柔韧素质练习、提高灵敏素质练习、渐进肌肉放松法、心理拓展练习项目；中册为足球、篮球、排球、乒乓球、武术、舞蹈、短拍网球、滑冰、游泳、体操、跳跃练习、投掷练习、提高速度素质练习；下册为足球、篮球、排球、乒乓球、武术、羽毛球、台球、保龄球、飞镖、远足与野营、游泳、体操、提高力量素质练习、提高耐力练习。

4. 教科书的主要特点

本书分为上、中、下三册，分别适用于七、八、九年级。全书结构清晰，理论部分精练却蕴含大量知识，实践部分的目标要点清晰明了，目标设置也较为连贯，内容选择基本合理。

该套教科书存在一些不足，如在目标的设置中，只能够体现出运动参与、运动技能、身体健康、心理健康和社会适应等众多目标中的一个或两个，没能全面将课标的目标体系合理融入目标设置上去。在学习要点部分，与运动技术结合不够，动作要领简单甚至缺失，只是以图示的方法展示给读者，但这并不能使读者明白其中关键环节的要领。整体来说本书的思路严密严谨，但其表现形式和用语等具体细节把握还欠火候儿。

5. 教科书的使用、地位与影响

该套教材是继人教版、华东师大版教科书之后较具影响力的体育与健康教科书。

（二）高中教科书

1. 基本信息

（1）书名：《普通高中课程标准实验教科书体育与健康》高中全一册

（2）主编：毛振明

副主编：王文生

（3）出版单位：教育科学出版社

（4）出版时间：2004年6月

2. 编写背景与编写依据

当时为新课标实验时期，该套教材是与2003年高中体育与健康课程标准相对应的教材。

3. 教科书结构与内容

本教材由上篇的田径运动和下篇的健康教育两部分组成。田径运动包括走步运动、跑步运动、跳跃运动、投掷运动、田径练习运动处方范例选，各章节均由理解、健身、体验、游戏、变化、分析、观赏等板块组成，以动作方法、练习方法、游戏准备、游戏方法的结构体例编写。健康教育部分包括健康教育、我们的身体、我们的心理、健康的生活方式和附文。

图14-5 教育科学出版社版《普通高中课程标准实验教科书体育与健康》高中全一册

4. 教科书的主要特点

本教材的思路清晰，结构总体一致，能够使学生较好地理解和使用。全书结构均是以理解、健身、体验、变化、分析、观赏等结构体例为主线进行编著，整体思路清晰。

教材内容的选材新颖，增加了许多适用性的、新兴的项目，如心肺复苏、素质拓展等内容，选材与时代接轨，能够较好地吸收新知识来丰富教材内容。

5. 教科书的使用、地位及影响

本教材是继人教版、华东师大版教科书后的第三大板块的教科书，地位较高，影响较大。

第五编 结论

第十五章 百年中小学体育教科书的特点与评价

一、近代体育教科书初创时期的体育教科书的特点与评价（1902—1911）

（一）教科书总体特点与分析

1. 体育教科书建设的起步受洋务运动兴起、教会学校传播、近代学制确立等影响

19世纪末洋务运动创办的大部分新式学堂仿照外国同类学校引进并开设体操科；教会学校一般无正规的体育课，但多数以课外游戏活动的形式传播体育；近代学制《钦定学堂章程》和《奏定学堂章程》的颁布，体操科被列为必修课；这一切促进了体育教科书建设的起步，在近代体育史上具有开端意义。引进不久的西方近代体育——兵式体操和普通体操，迅速被列为体操科主要教学内容，学校成为传播西方近代体育的重要阵地。这既说明近代体育具有强劲的生命力，也说明进步的中国人对世界新文化的渴望和追求。颁布学制的本身，也是这种谋求进步、不甘守旧的结果。

2. 体育教材内容以兵式体操为主，中国传统体育内容缺失

《奏定学堂章程》规定各级各类学堂每学年开设体操科，并规定了学时数。内容主要有普通体操和兵式体操，从小学到中学，千篇一律，没有本质的区别。这是因为体操教材内容具有强烈的时代特征，即国人救亡图存、求富求强所引发的弥漫社会的尚武思潮，学校实行军国民教育。"强国强种"需要兵式体操，养成"中国的武士道精神"更需要"军人的知识、军人的精神和军人的本领"。[①]因此兵式体操被列为清末学校体育的主教材是时代的需要。《奏定学堂章程》规

---

① 奋翮生.军国民篇[J].新民丛报，1902.转引自：张庆新.中国体育教材史论[M].北京：中国农业大学出版社，2011：22.

定的体操教材中,没有我国传统体育的内容(如武术),但这并不能表明清朝统治者主张"全盘学习西方(西化)"。事实上《奏定学堂章程》仍然是"中学为体、西学为用"的产物。"这并不是不认识武术的健身作用和尚武精神,也并非学习西方而排斥传统武术。可能是因为当时正当义和团运动之后,义和团被污蔑为拳匪,清政府对武术非常忌避,一般人也回避武术。"① 由此看来,清政府主要还是从统治者的政治需要出发来决定体操教材内容的。

3. 体育教科书编审制度严格,形成新的编写出版格局

壬寅学制和癸卯学制都对各项课本的编审做出了规定。如壬寅学制除蒙学堂和中学堂外的各项课本,均需按照京师大学堂的课本编辑或者经其审定;癸卯学制的各科课本,一概要求由官设编书局所编纂及学务大臣所审定采用。清政府的教科书编审制度比较严格,而且从统治和政治需要的角度出发,绝对不会放松对体育教科书的控制。清政府颁布学堂章程,同时预定也要由官编教科书,但编写教科书非一蹴而就之事,所以提出在官编教科书没有出版之前,允许各学堂自编讲义,如果合法,批准作为暂时通行之本;而书局编写的课本,由学务大臣鉴定,确合教科程度的,也可采用。清政府学部为使教科书趋于规范化、统一化,于1906年设立图书局,对各学堂、书局所编教科书进行审定,凡经审定者,初小教科书准5年内通用,高小教科书准4年内通用。同时学部图书局仿文明书局与商务印书馆出版的教科书体例,编译出版国定教科书。从此,体育教科书由私家出版进入私家与官编出版并行时代。而私家出版也由完全自由出版进入私家出版、学部审定时代。

4. 出现第一本小学、中学及女子体育教科书,编写出版主要集中在小学堂

清末编写出版的体操教科书主要集中在小学堂,占总数的90%。近代第一本体育教科书亦是小学堂第一本体操教科书,即《蒙学体操教科书》;第一本中学堂体操教科书《普通体操法》,第一本女子体操教科书《女子体操教科书》也是小学堂教科书。体现了女子接受学校教育和体育教育的新思想,这在一定程度上加快了女子体育的传播和发展。体操教科书使首次成为一门学校正式课程的体操有了教学用具,促进体操科走向正规化,奠定了体操在学校教育中的

---

① 苏竞存. 中国近代学校体育史 [M]. 北京:人民教育出版社,1994:63.

地位，在一定程度上促进了近代体育的传播和发展，开中国体育教科书建设的先河。①

5. 编写形式主要是翻译和改编自日本，存在简单模仿和抄袭现象

癸卯学制颁布后的体操科使用的"体操教科书是日本体操教科书的译本"②。第一本中小学体育教科书均是翻译日本教科书，这使得《奏定学堂章程》中居于法定地位的是日本兵式体操一说有据可查。同时，普通体操取自日本也随之得到确证，清末大部分体操教科书基本上是日本的"舶来品"也得到验证。教科书中图解人物的着装也为日本学生的服装。事实上不仅是体育教科书，《奏定学堂章程》整个架构及其内容，都体现出对日本的模仿和移植。就其关于体操科的规定而言，体育课程目标与内容、体育教科书教法、体育教师的聘任，甚至连体育课上的口令都是用原封不动的"日语发音"。

6. 逐渐出现对教学方法的关注

在《幼学操身》中已出现通过设问、强调循序渐进等方式来规范教学过程的做法，其后的《幼学体操法》，则尤为注重教学方法。书中指出："凡教此法，须深知体操一课，系于儿童身体极有益之事，必令人乐于学习，如作费力等课，及空腹饥饿之时，切不可操，致令视以为苦，此等处教习务宜留意。教练体操，须从易处作起，循序渐进，初学幼童，断无数日即能教齐之事，教习入手，先按后开各法（如头操臂操等类），按照次序。每次教练一二式，或二三式，此式教熟，然后按次分日，陆续再教别式（惟走步法可于每次操毕先教之，以便齐队）。至各式一律全熟后，则每次之操，即令全身各处皆操到，不可常操一式，致使一处力乏，不能更及他操，令操者生厌。"③黄元吉译《初等小学体操教科书》，总论中有"教授者之心得""教授阶级及教法之选择"④，均可视为关于教学方法的阐述。《新撰小学校体操法》则于每项教材内容中均设有教授者之心得，用以指导教授体操课程。从这些教学方法论述来看，清末体育教科书对教学方法的论述虽然还称不上系统全面，但表现出来的关注教学方法的精神，

---

① 张庆新. 中国体育教材史论［M］. 北京：中国农业大学出版社，2011：23.
② 陈学恂. 中国近代教育史教学参考资料（上册）［M］. 北京：人民教育出版社，1986：656.
③ 图书课编纂. 幼学体操法［M］. 保定学务排印局，幼学体操法卷一：总论.
④（日）川濑元九郎，手岛仪太郎. 初等小学体操教科书［M］. 黄元吉，译. 上海：商务印书馆，1907：总论.

值得称赞。

7. 内容编排初步具备适应人体生长发育规律的特征

早期的体育教科书中已基本能做到对不同年龄段练习对象以特别提醒，稍后的体育教科书虽还未按学段编写，但在内容编排顺序上基本能做到随年龄增长逐步增大练习难度。至学部所编《初等小学体操教授书》时，其内容选编更为注意遵循学生生理发展规律，凡例中提出"体操以游戏为初步，因儿童之活泼性，使习为有法之动作"，并认为一方面要依据"身体本生理之原理，使肢体发育完全"，另一方面要"使强健之身体能听精神之指挥，表里如一"，并且要"合群竞争不悖"。[①] 但这种对学生生长发育规律的关注毕竟还只是初具意识，尚未能做到真正意义上的以学生之身心特点为编写依据。

8. 学生用书和教师用书形式多样，实施状况大多不尽如人意

清末编写出版的体育教科书中既有学生用书，如《蒙学体操教科书》为初等小学堂学生用书，又有学生用书和教师用书共用的，如《新撰高等小学体操教科书》和《初等小学体操教科书》。在《奏定学堂章程》的实施过程中，由于体育师资的大量缺乏，许多不懂普通体操的退役军官担任体操教师，对兵式体操也只知道喊"立正""稍息""开步走"之类的口令，做点队列练习。因此，相当一部分的体操科变成以兵式体操代替整个体操，又以兵式体操中的队列队形变换代替普通体操。但也有学堂体操科开展得较好。少数教会学校也开展了一些田径、球类等运动，但这类活动大都是学生课外自发组织，并非体育课内容。

（二）教科书总体评价

清朝末期体育教科书的起源和发展，在我国近代教育和体育史上均具有非凡的意义，它不仅代表着经历了改革阵痛后的学校教育已正式确立了体育课程的应有地位，也标志着经由西学东渐和变法图强的双重冲击后，以体操为代表的西方体育已冲破中国传统体育的樊篱，成为中国近代体育的重要组成部分。体育教科书是伴随着近代体育课程的产生而出现的，是近代体育课程的产物，也是重要的体育课程资源之一。体育教科书的出版和传播，为清末体育课程的

---

① 陈珂琦.《初等小学体操教授书》：开我国现代体育教材自主研发先河[N]. 中华读书报，2014-09-24（14）.

有效开展提供了有力支持，客观上促进了西方体育在中国学校体育中的广泛传播，体育教科书无形中充当了中国体育近代化的催化剂。

清末体育教科书顺应教会学校及各级学堂开设体育课程的现实需要，经历了从无到有、从零打碎敲到品种趋于完备、从体制杂乱到体制趋向有序并适应学制需要、从自发翻译到自觉编写的过程。教科书质量也从泥沙俱下到统一审定，逐步提高。教科书的体例、内容多受日本影响。不过，直到清朝被推翻这二三十年间，体操教科书尤其是小学体操教科书的出版，已经为中国近现代体育教科书初步奠定了发展基础。

体育教科书的出现不仅宣告了中国传统教育中没有体育课程时代的终结，也与其他学科教科书一道，标志着中国传统教育中不分科选用教材的做法已成历史。对重文轻武的传统教育而言，体育教科书的出现是一种双重突破。与国文、算术等已有传统教育的学科相比，体育教科书没有经历"先破后立"的过程，它的起步直接源于对西方教育的借鉴和模仿。正因为少了对传统的反思和继承，体育教材内容上表现出了更为明显的对西方体育的移植和依赖，体育教科书的译者和编者，很难将目光投向传统体育中的合理内容。体育教科书的诞生事实上经历了长达半个世纪的孕育过程，在其萌芽与成长阶段，存在一些问题是在所难免的。清朝以后，风起云涌的社会剧变不断改变着教育生存的客观环境，也促使着体育教科书在时代的风雨中汲取养分，不断发展。

二、民国初期体育教科书的特点与评价（1912—1922）

（一）教科书总体特点与分析

1. 体现军国民教育思想，以普通体操、兵式体操和游戏为主

民国初期的体操教科书多以军国民主义为编写指导思想。根据军国民教育要求宗旨，民初的体操教科书沿袭了清末体操教科书以普通体操、兵式体操和游戏为主的特点。体操教科书中兵式体操的内容进一步强化，一方面是某些内容从中学下移到高小，另一方面是军事训练的内容体系更加丰富和完整。

根据课程标准的要求，高小以上男生要加课兵式体操，因此在高小和中学

体操教科书中也都包含了大量的兵式体操内容。与清末相比，内容更加丰富，体系更加完整。但随着军国民教育思想从高潮走向衰落，教科书中的兵式体操内容也逐渐消失。表明在新文化运动的兴起和军国民主义教育思想开始受到批评的背景下，以培养士兵为目的的兵式教练已经被有意淡化。

2. 体现教育宗旨，注重挖掘体育的多种价值

民国初期的体操教科书对于体育的认识更加注重健身性和教育性。其中健身性主要是从促进身体发育、增进健康和强壮体格等角度来考虑，教育性从遵守规律、善于合作等角度来考虑。如《新制中华体操教授书》在第一章《体操科之目的》中从生理目的、训练目的两方面进行阐述，并认为体操科与修身科有密切联系。

民国初期体操教科书的教育性仍然停留在理念上，实际上由于普通体操和兵式体操内容偏多，大多是学生根据教师号令来进行刻板操练的内容，对于激发学生主动学习、积极锻炼的内容没有任何涉及，不利于学生积极成长和个性发展。

3. 教材内容重视学生的性别和年龄特点

体操教科书内容关注性别差异主要在高等小学教科书。根据《小学校教则及课程表》的要求，高等小学的体育课程注意根据性别和年龄的不同，区别对待。虽合班上课，但男生加授兵式体操，女生代之以舞蹈、游戏。

4. 更加注重各学科教科书及体育教科书各项内容之间的联系

商务印书馆在其出版的《共和国教科书新体操》中称，该书在编撰上有四个特点，其一即为"各科互相联络，期教授之统一"[①]，商务印书馆的自我评价，基本能代表民国初期教科书编写的这一特点。在体育教科书中，在分项目编写的各本教科书之间，均十分注意内容的相互联系，以求互补。同时，在体育教科书的编著中，编者一直强调体育教学时，各内容应混合教授，不得偏重某一内容。

5. 大部分体育教科书在编写体例上仍然表现出专项教科书的特点

该时期的体育教科书仍多从项目出发编写，即便是有些教科书在书中指

---

① 《商务印书馆120年大事记》编写组. 商务印书馆120年大事记1897—2017 [M]. 北京: 商务印书馆, 2017: 32.

出应以普通体操、兵式体操及游戏三者相结合，但编写上仍多是各项目内容单独成书，尚未能完全从体育课程开设的顺序将各项目结合在一起。各体育教材以某一项目为主单独成书时，也较为注重系统地介绍这一项目的全部内容，如《共和国教科书普通体操》就将体操运动的特点、类别、运动方法及有关知识做了比较全面的介绍。

6. 体育教科书编审权力上下变换，出版格局从激烈竞争趋向暂时稳定

国民政府对体育教科书的使用依然采用审定方式，不过强调应由校长选择。在《小学校令》（1912年9月）中曾经将审定的权力从教育部下放到"省图书审查会"，随即便收回审定权力，一律是由教育部编行或审定。可见，国民政府也意识到严格控制编审制度的作用及重要性，同时用与清末相同的手段对国民进行思想控制。辛亥革命后，南京临时政府教育部颁布《普通教育暂行办法》，规定一律禁用清学部颁行的教科书。1915年，北洋政府教育部颁行各种教育法规和教科书编纂纲要，改称初小为国民学校，禁止学校使用翻印的图书。其间，以出版教科书为主的商务印书馆、中华书局、世界书局、大东书局、开明书店、北新书局、正中书局等出版社经过一时错综复杂的竞争，终于由政府当局下令，中小学教科书改用国立编译馆编著的国定本，而由这七家教科书发行单位联合组成"七联"，享有承印发售之权。辛亥革命后北洋军阀时期的教科书出版格局暂时稳定。

7. 民国初期以改编和重新撰写为主

民国初期体育教科书紧跟时代潮流，或由清末体育教科书改编而来，或重新编撰而成，但在内容上都体现崭新的"共和""国民"思想，在体例上也较清末有所进步。我国体育学者如徐傅霖、杨彬如等对体育教科书进行改编，出现《共和国教科书新体操》《三民主义小学体操教本》等体现中国特色的教科书，但在很大程度上还是参考日本的体操教科书。改编体育教科书的出现表明，中国的学者在充分吸收西方体育教科书编写方式的同时，已经在考虑这一方式与中国本土文化，特别是与中国传统教科书的编写体例相结合的问题。同时，白话文运动的兴起也使得体育教科书产生了新的变化。

8. 内容安排的科学性明显提高，传统体育进入体育教科书

体育教材内容安排的科学性明显提高，随着学级的增高，教材内容按照

"适宜之游戏—渐加普通体操—时令游戏—加兵式体操（男）—户外运动或游泳（课内或课外）"的顺序编排。对高等小学校已不强调兵式体操，只是加授兵式体操，并规定在体操课内或课外，可根据地方情况教授户外运动或游泳。最明显突破的、较大进步的是在体操课上出现非体操的近代欧美体育特点的内容。1915年，教育部采纳《拟请提倡中国旧有武术列为学校必修课》的建议，明令"各学校应添授中国旧有武技，此项教员于各师范学校养成之"[①]。至此，武术以合法的身份进入体育课程，成为体育课内容，是辛亥革命后提倡推行武术的重要成果之一。从此开始改变社会对传统体育的偏见，也推动了武术教科书的发展。如1916年中华书局出版、向逵编撰的《拳术》，1917年中华书局出版、陈霆锐译述的《西洋拳术》。

（二）教科书总体评价

民国初期，体育教科书的传统体育项目和国外引进的近代体育项目齐头并进，共同发展。教科书质量不断提高，出版数量趋于稳定。但教科书仍然限于时代、社会等客观原因，不具备独自发展、独立编写的能力，只是在体例、内容上由学习日本转为仿效美国。小学体育教科书起到了引领中学体育教科书向前发展的作用，为今后体育教科书的成熟及完善提供前提条件。

民国初期体育教科书的发展表现出了鲜明的阶段性特征。这种阶段性的发展，突出表现在中华民国成立，政治体制由封建王朝转变为共和国体后，体育教科书的编写极力响应变革呼声，表现出的一系列变化。

三、二十世纪二三十年代体育教科书的特点与评价（1923—1937）

（一）教科书总体特点与分析

这一时期的体育教科书贯彻了以"学生为本"的理念，由模仿日本转向学习美国，教科书始终围绕儿童的需要来编写，选择的游技必须能锻炼儿童的身

---

① 国家体委体育文史工作委员会，中国体育史学会. 中国近代体育史[M]. 北京：北京体育学院出版社，1989：138.

体，使儿童自由、快乐，能养成个性，适应社会，符合儿童的心理发展，并注重教材教法的提示。

1. 体育教科书内容渐趋丰富，西方体育占比较大

例如《体操教授细目》专为不能正常上体育课的学生编写了运动量小、强度不大、内容简单的柔软体操。有的教科书还有体育教学设备的配备要求，如《初小体育教本》就安排一章来介绍体育设备，介绍了本学期体育教学设备必须配备的名称、数量，一些器材的制作方法，这对体育器材缺乏的学校很有意义。有的教科书还有考试的标准等。

从体育教材内容的比重来看，西方现代体育项目在教科书中的分量越来越大，尤其是到了高年级，西方现代体育的比重更大。

2. 编排体例丰富多样，自成体系

这一时期体育教科书中，体育教材的排列兼有"直线式排列""螺旋式排列"及两者相结合的"混合式排列"三种方式。单项编写的体育教科书，大多数为"直线式排列"，内容上较为系统紧凑，较少有重复。成套编写的体育教科书，则多按周次、课时等编排教科书，往往将教材内容化整为零，打乱后重新组合在每周的各个课时中，教材内容注重每一周内容上的科学性和实效性，部分内容则不可避免地重复出现。这部分教科书中有些体育教材是属于"螺旋式排列"的，但也有些教材尽力做到不重复出现。

3. 体育教科书忠实地反映体育课程标准和体育课程目标

体育教材内容对课程标准的反映在逐步提高。课程标准颁布后的体育教材，如教育部编写的《体育教授细目》的高中体育教材，包括游戏、器械操、攻守法、篮球、足球、排球、垒球、德国式手球、健身操、游泳、田径、举重、垫上运动等，和体育课程标准的规定基本一致。

经过几年的试验，教科书的目的更加明确，接近课程标准的要求。1936年的《初中男生体育教授细目》《初中女生体育教授细目》《高中男生体育教授细目》，这些教材的内容基本上是按照课程标准教材纲要编写的。教材内容详尽，涵盖了几乎所有的体育运动项目。

4. 课内外教材内容兼顾，课外活动在体育教科书中受到重视

要完成体育课程的主要目标，光靠体育课堂的教学是不够的，还应该要注

重课外体育活动的组织和实施。国民党统治时期的体育教科书也在一定程度上体现出了对课外体育活动的兼顾。体育教科书中也列出了相应章节论述"课外运动"和"校内外比赛组织或各种课外运动组织"的相关知识，如《复兴初级中学体育教本》第一、二册中均在最后一章中对课外活动的时节支配、指导方法、运动规程、课外比赛及节假日体育设计[①]等进行了论述。这种在编撰了体育课"正课"教材内容之外，仍安排专门章节论述课外体育的和实施的做法，体现了这一时期体育教科书编写者对课外体育活动的重视，表明当时的体育教育者已初步具备了课内外体育内容统筹兼顾的体育课程理念。

5. 体育教科书编写中愈发重视体育的教育功能

自清末兴学以来，教育部门所提出的体育课程目标中除强调体育的健身强体功效外，均一致将体育课程"活泼精神""养成守规律尚协同之习惯"等视为其重要的教育功能。在这一时期的体育教科书中，能看到更多对体育教育功能的关注。如《复兴体育教本》中指出体育科的目的为："（1）属于健康的：（A）发达儿童身体的内外各器官的功能，以某全体的平均发育；（B）养成自然优美的姿势及动作；（C）使肌肉柔和，感觉灵敏能顺应各种境遇，以满足生活上的需要；（D）修养身心，增进健康率；（E）发展适当的感应。（2）属于教育的：（A）养成健全国民；（B）养成进取精神，奋斗精神；（C）使有团体训练，合群精神；（D）培养勇敢，敏捷，忍耐，诚实，公正，快乐等的个人品格，并具有牺牲，服务和协，互助的习惯；（E）使有卫生智识，运动习惯。"[②] 凌陈英梅在论及游戏意义时指出："游戏除能健身外，还能恢复精神，娱乐身心，保存魄力"，"但游戏的意义，还不止此，最要者，即能利用各种游戏，于不知不觉中，教导人至于至善。因此在教育上却有极大的贡献，现在提倡游戏，不遗余力，也就是这个缘故。"[③] 体育教科书编写者在观念上对体育教育价值的重视，势必影响并体现在其所编撰的教科书中，也使得这一时期的体育教科书在发挥教育功能上具备了更多的可能性。

---

① 王复旦. 复兴初级中学体育教本[M]. 上海：商务印书馆，1934：176-200.
② 束云逵，蔡雁宾. 复兴体育教本（第一册）[M]. 上海：商务印书馆，1933：总说明.
③ 凌陈英梅，等. 小学初中分级体育活动教材[M]. 女青年协会，1934：1.

6. 逐渐完备的体育教科书审定制度

南京国民政府成立后，中央教育行政机构虽历经更替，教科书编审程序也有所变化，但始终以"三民主义教育宗旨"为基准，对教科书编审采取严格的审定制和国定制，强化管理体制。1927年10月，中央教育行政机构由中华民国大学院替代教育行政委员会，在大学院教育行政处下，专设书报编审组。

这一时期的中小学体育教科书，取得了很大的进步，特别是20世纪30年代初期，体育教科书建设有很大改观：教科书的种类逐步增多，数量稳定增加，现代体育内容在教科书中占据绝对的中心位置，中小学各类教科书齐头并进，教科书的审查制度日趋完善，教科书质量稳步提高，趋向科学。

（二）教科书总体评价

这一时期的体育教科书，进步发展是主流，特别是20世纪30年代初期，体育教科书建设有了较大的改观，编写出版了一系列教科书。出版数量增加，内容基本稳定，中小学各类教科书发展齐头并进，适应新学制改革需要，加强教科书审查，提高教科书质量，使之逐渐趋向科学。教科书的体例、内容，受美国、德国体育教科书的影响较大。

体育教科书的发展表现出了鲜明的阶段性特征，主要表现在新学制颁布后，体育课程受到以实用主义为指导思想的美国课程的影响，实现了从"体操"到"体育"的飞跃，体育教科书以此为界，实现了从模仿日本向仿效美国的转变，这成为我国近代体育教科书发展历程中的一个重要转折点。在这两次变革的过程中，武术内容逐步进入体育教科书，兵式体操正式从体育教科书中剔除。新学制实施后，田径、球类、游戏和普通体操成为体育教科书主要内容，适应了学生的身心发展特点。

这一时期，西方儿童中心理论逐步传入我国，从儿童心理出发来编写教科书成为热议的话题，体育教科书中也出现了一些强调教材排列应符合儿童经验及儿童心理特征的做法。这些尝试使体育教科书在编写中逐渐注意到学生的地位和作用，对我国体育教科书的科学化发展有重要意义。但如按年级编写的体育教科书仍然没有出现。

二十世纪二三十年代，我国体育教科书经历了最重大的历史性变革，在社会制度变革和教科书自身发展内在动力的双重驱动下，体育教科书适应体育课程变迁的需求，逐步去除了封建教育糟粕，呈现出越来越多的近代教科书的特征。这预示着经历了近三十年近代学制的洗礼后，具有真正近代意义的体育教科书登上了历史舞台。新学制出台后，在北洋政府的统治下，体育教科书又经历了一段时期的探索和尝试。这些均为下一阶段体育教科书的编写积蓄了经验和力量，当相对稳定的政治格局出现时，民国教科书的鼎盛时期即将到来。

四、抗日战争全面爆发至新中国成立前的体育教科书的特点与评价（1937—1949）

（一）教科书总体特点与分析

1. 关于体育课程与教科书的法规文件颁布与实施存在很大的差异

二十世纪三四十年代国民政府颁发的学校体育法规、标准、大纲、章程中，对体育课程目标、教材内容、教学方法等都做了明确规定。但由于社会制度和经济发展水平等原因，经费不足、设备简陋，管理混乱、各行其是，师资质量差、数量不足等问题，一般学校并不重视、不认真执行或难于执行，这些体育课程法规、文件及要求仅仅停留在纸面上，无法全面实施。但相对而言，我国学校体育还是在不断向前发展。绝大多数的高等和中等学校配有体育教师，设有体育课，开展课外体育活动。小学虽然不一定都有体育课，但也多少有些课外体育活动。

2. 国民政府为了战时需要，规定在中学以上增加军事训练内容

这一时期体育教科书呈现迎合战时需要的特点，教育部规定在中学以上进行普遍的军事训练，并针对男女生提出不同的训练内容，重视军事、国防上所需运动技能的项目及非常时期的身体锻炼，进行爱国主义教育。抗日战争开始后的体育教科书，普遍增加了战时教材内容，程登科、王复旦还专门编写了《战时体育补充教材》，所选教材均以适合战时环境与经济为原则，以供给迁移乡间的学校采用。养成体力、强健精神和良好习惯作为发展国民体育的主要任务，也体现当局力求教育和体育跟上世界潮流的愿望。

3. 体育教材内容表现出了鲜明的时代特征

抗日战争的爆发给这一时期的学校教育带来了巨大的影响，体育教科书也因此表现出了与抗战相关的鲜明时代特征。对于中华民族所遭受的屈辱，体育教科书中也创编诸如"国耻操"一类的体育项目，以激励学生强身健体，保家卫国。如《复兴初级中学体育教本》中，将第一学年第二学期第十周（五月第一周，因"五七""五九""五卅"种种耻辱日均在五月）定为国耻周，特编"国耻操"以教授学生。"国耻操"内容包括通过队列队形变化排出"五七""五九""五卅""九一八""一·二八"等字样，并设计了"攘臂忍辱""委曲求全""奋斗""卧薪""仰天长啸""梦未醒""无抵抗""铁轮与枪声"等体操动作，以表达对"国耻"的纪念，意图唤醒国人。《复兴体育教本》将书名冠以"复兴"字样，以纪念我国东北沦陷，也是一个例证。

4. 体育教科书编审制度不断变革，但由国家审定的基本宗旨没有改变

这一时期体育教科书编审制度不断变革。从国民政府教育部先后颁布的《教科图书审查规程》《审查教科图书共同标准》规定来看，对教科书编辑出版审定的强制性在逐步增强。不仅不能违背国民党的主义、党纲及精神，甚至对教科书的形式都做出了规定，"其教训与党义显相违背者，旨趣与国情不相适合者"，"应予修正或禁止发行"[①]。几年之间，教科书编辑委员会也相继编译出版教科书、教学法、补充教材及课外读物数十种，被教育部选定为国定本教科书。总之，国家审定的基本宗旨一直延续，从未改变。

5. 小学体育教科书编写出版数量多于中学，教材内容丰富且基本稳定

小学体育教科书编写出版数量多于中学。教材的选编既有国际上普遍实施的竞技体育内容，又有民族传统体育和节令风俗体育活动。教材内容在以走步、体操、游戏为主的基础上逐渐扩展为以田径、球类、体操和韵律活动为主的体育活动，各学年的作业类别更加充实多样，注重全面，趣味性和实用性增强，在卫生、生理、心理知识方面有所体现，教材内容变得生活化、娱乐化、竞技化，但以竞技化为主。此外，增加了对课外体育活动内容的规定，针对性加强，形成了

---

① 杨家骆. 图书年鉴［M］. 南京：中国图书大辞典编辑馆，1933：1130. 转引自：宋原放. 中国出版史料（现代部分）（第一卷下册）［M］. 济南：山东教育出版社；武汉：湖北教育出版社，2001：298.

丰富且基本稳定的近代体育教材内容体系。

（二）教科书总体评价

抗日战争爆发至新中国成立前的体育教科书，进步发展仍是主流，体育教科书建设有较大改观，出版数量继续增加，内容基本稳定，为适应战时需要，出版了一系列战时军事体育教科书。虽然处在战时，但体育教科书还是出现一个繁荣发展阶段。

抗日战争爆发至新中国成立前的体育教科书伴随体育课程的发展，经历了从快速发展到转入低潮、再到短暂复苏的过程。前十年，随着经济文化的短暂发展和政治环境的相对稳定，国民政府各级学校教育在办学规模和质量上均获得了相对稳定的发展，学校体育也随之有了一些新的气象。体育教科书迎来了民国以来编写和出版的高峰，其出版数量和质量均创历史新高。其后随着抗战爆发，国民教育受到了极大的破坏，虽然许多爱国师生在物质条件极端匮乏的情况下仍然坚守岗位、努力学习，但学校教育的规模仍不可避免地急剧减小。体育教科书的编写和出版也因此转入低潮，直到抗战后期才逐步得以复苏。但好景不长，抗战胜利后，中国又陷入内战之中，体育教科书的出版终究没能迎来全面复苏的时代，在短暂复苏后又渐归于沉寂。

这一时期的体育教科书受实用主义教育思想和自然主义体育思想影响，较为重视体育的教育功能，在编写上紧扣课程标准，内容体系完整而全面。内容编排多以周次或课时为单位，教材内容组织有序，每节课的安排既能做到新旧知识结合，又能注意到学生兴趣与体能的分配，既有直线式排列以引起学生学习兴趣的新内容，又有螺旋式排列以供学生练习的老教材内容，不同学段也能结合学生身心特点采用适宜的教材排列方式。既有教材内容的安排，还有教学方法的提示，使用操作性较强。体育教科书编写上的这些进步，至今仍有重要的借鉴意义。

受时代局限，体育教科书不可避免地存在一些问题，如教科书仍以文字叙述为主而缺少图画，以致可读性不佳，国术教科书仍需单列、中西体育教材内容融合不够紧密，教育部门对教科书的管理和使用监管力度不足、教科书难以充分发挥其使用价值等。这些问题，有些是时代造成的，有些则是教科书在发展过程中必然经历的。以今天的眼光来看，虽然这一时期体育教科书仍然存在一些问题，但在当时的历史条件下，体育教科书从清末萌芽到民国后期短短几十年时间里能够取得如此成就，已称得上是难能可贵了。体育教科书所取得的成绩及其局限性，是与所经受的历史洗礼及时代背景分不开的，所累积的经验和教训都对新中国体育课程和体育教科书的建设产生了影响。

五、新中国成立初期体育教科书的特点与评价（1949—1953）

（一）教科书总体特点与分析

体育教科书的发展与政治形势密切相关。新中国成立初期，由于政治上处于向苏联"一边倒"的特定历史时期，在批判欧美、德日的资产阶级和法西斯教育的同时，全面而系统地学习苏联教育理论和实践经验成为当时的唯一途径。各级体育教学大纲的指导思想到具体内容、体育教科书的内容与结构、体育课教学的组织与方法等全部是照搬苏联模式进行的。这种"一边倒"的倾向主宰了我国十余年，制约了对国外体育教育理论的汲取。十月革命胜利以后，经过30余年的社会主义建设历程，苏联体育教育理论实践积累了比较丰富的经验，对初建的社会主义中国发挥了重要的指导作用。苏联学校体育的目的性、健康性、全面性、实用性、师资、骨干培养制度与计划、课程教科书的理论与实践、劳卫制、运动员等级制度等，对我国学校体育的改革与发展产生了积极的影响。但在学习苏联过程中，存在认识上的片面性。例如，把苏联的学校体育绝对化为科学社会主义的，以它为标准，完全否定旧中国和其他国家的学校体育经验；对中苏文化差异、条件差异分析研究不够，存在形式主义、机械照搬的现象。

由于历史原因，不用地区出现过不同性质的体育思想，影响了体育教学的内容和形式。如东北地区曾经历日伪统治，教材内容和教学形式则有一定的历史痕迹。同时与政治大环境背景相关，受苏联影响明显。这一时期，体育教科书的编写出版数量和承载内容有所减少，编写出版主要集中在小学。

（二）教科书总体评价

新中国成立后，党和国家领导人高度重视学生的身体健康和教科书建设。

编写的教科书从整体上反映了新中国社会主义教育思想和学校体育实际,在新中国体育教科书发展的理论建设及实践中发挥了重要作用。也为新中国体育教学规范化奠定了基础,其中某些理论和方法一直沿用至今。但也存在与我国学校体育实际结合不够的问题。

六、学习苏联经验,编写新中国的体育教科书的特点与评价(1954—1957)

(一)教科书总体特点与分析

1. 体育教科书编写出版数量与承载的内容变化不大,转向以劳卫制内容为主

这一时期教材引进苏联的体操内容,小学的体育教材以基本体操和游戏为主要手段,但西方近代体育项目和中国体育传统项目仍有不足,学校把"劳卫制"项目作为体育课的主要内容。部分省份和地区的体育教学开展良好,基本构建了体育教学模式的初步框架,从教学模式、教学内容、教学组织形式、教学方法等方面,有了比较完善的与苏联体育教育理论相似的体系。

2. 出现第一套全国通用中小学体育教科书

1956—1957年,人民教育出版社根据大纲编写出版的《小学体育教学参考书》《中学体育教学参考书》,是我国学校体育教学工作的总结,在我国中小学体育教师中产生了深远的影响。1956年体育教学大纲的颁发、第一套全国通用中小学体育教科书和中国近现代第一批大学体育教科书的编写出版,推动了学校体育的发展,为建立我国学校体育理论奠定了基础,促进了社会主义的体育教科书建设。

3. 体育教科书实行全国统一的必修教材,重视"三基"的传授

这一时期所有课程全为单一必修结构。1956年颁布的各级体育教学大纲规定的均为必修教材,但也许可采用补充教材。这些规定带来了稳定的体育教材体系,其最大的优点是为学生传授系统的基础知识、基本技术和基本技能。在"向苏联学习"的历史背景下,我国学校体育受到苏联体育教学思想的深刻影响,影响最大的是凯洛夫教育思想。在凯洛夫教育思想影响下,体育教学也十

分强调体育文化知识的系统性，把"三基"教学放在重要的位置上。这种教育思想的传播和实践，对于奠定我国学校体育的基础和学校体育的长远发展产生了一定影响。这一时期组织编写的体育教学大纲和教科书，多且杂，学生浅尝辄止，对增强体质和个性的培养明显不足。

（二）教科书总体评价

这一时期的体育教科书受苏联影响很大。在老解放区教科书编写经验的基础上，以苏联教科书为蓝本，结合新中国的实际情况，短短几年时间内就编写出了全国通用教科书，这一成绩是值得肯定的。在新中国成立初期较为复杂的国际国内环境下，编写出"一纲一本"的教科书，对于新政权实现其各种目标是有益的。在"以俄为师"的背景下，体育教科书无论在内容选择、教育理念还是教材编排上，都深深地打上了苏联教科书的烙印。

同时我们也必须看到，体育教科书在对待本国教科书的发展经验上，则明显重视不足。"以俄为师"导致了过分依赖苏联教科书编写的经验，由此形成了我国体育课程发展史上第二次较为突出的"拿来主义"现象。尽管教育部门制定的教科书编写指导方针强调要结合本国实际情况，我国的第一套统编体育教学大纲和教科书中仍然存在机械地移植和复制苏联体育教科书的地方，这使得体育课程教科书存有一些不足。但总的来说，在新的意识形态和国家体制下，短期内能形成这样的教科书编写局面，其成绩是主要的。

七、"大跃进"时期，编写缩短学制的体育教科书的特点与评价（1958—1960）

（一）教科书总体特点与分析

1. 体育教科书基本摆脱苏联模式，教育部开始重视系统体育教科书建设

无论小学还是中学的体育教学大纲和教科书均基本摆脱了苏联的模式，初步形成了有中国特色的体育教学大纲和教科书体系。这一时期，教育部开始重视系统的中小学体育教科书建设工作。

2. 中小学体育教科书编写出版数量基本持平，出现室内体育教科书

"大跃进"时期的中小学体育教科书编写出版数量基本持平。出现了室内体育教科书，这是体育教科书建设的一大进步。1956年体育教学大纲颁布后，各地纷纷出版相关体育教科书，如湖北省教育厅体保科的《中学体育课室内教材》（1957）、福建教师进修学院的《中等学校雨天体育教学参考资料》（1959）、人民教育出版社的《中学体育常识：风雨天室内讲授资料》（1959）等。

（二）教科书总体评价

这一时期出现了由各省编写体育教科书的现象。教科书编写权力的下放，是"教育大革命"中受"左"的思想影响后所出现的教科书编写的尝试和试验，随后的事实证明，这种尝试和试验是不成功的。这一时期的体育教科书的编写和出版呈现地方化、多样化，虽然打破了"一纲一本"统编格局，但这种突破是缺乏准备、完全混乱的，它们属于新中国体育教科书发展史上的特殊阶段。

八、建立正常教学秩序，编写十二年制体育教科书的总体特点与分析（1961—1965）

（一）教科书总体特点与分析

1961年，教育部颁布了新的中小学体育教学大纲，是为第二套全国中小学体育教学大纲。总体上看，这一时期的教科书有以下几个特点：（1）突出强调了学校体育教育的目的，即"增强学生体质，向学生进行共产主义教育，使他们更好地学习、参加生产劳动和准备保卫祖国"[①]。（2）提出并确立了以"从增强学生体质出发"为主要标准的体育教材选编原则，明确了学校体育教学的指导思想。（3）规定了体育教科书体系和内容大纲。（4）将武术列入中小学体育教科书，体现民族特点。（5）加强了教材内容的可行性和灵活性，以适应各地情况。（6）教材内容增加了理论知识。

---

① 《中国教育年鉴》编辑部. 中国教育年鉴（1949—1981）[M]. 北京：中国大百科全书出版社，1984：450.

根据第二套大纲，人民教育出版社分别于1961年和1963年编写出版了第1版和第3版《小学体育教材（教师用书）》和《中学体育教材（教师用书）》。课本选材突出强调学生体质是选择体育教材的首要标准，并界定了增强体质的内容；强调根据学生各年龄段的生理和心理特征，从体操、田径、武术、游戏（含球类）中选择教材；强调教材选择要考虑教材的思想性、教育性及与劳卫制、民兵训练结合。

（二）教科书总体评价

十二年制的体育教科书基本摆脱了苏联的模式，虽然数量没有增加，但是出现了武术教材内容以及少数民族体育教材内容，中小学体育教科书稳步发展，教科书的体例、内容形成了具有我国特点的体育教科书雏形。

经历了学校体育的低潮和省编教科书的尝试后，形成了第二套全国统编中小学体育教科书。这套体育教科书建立了以增强学生体质为中心、以运动项目为主要框架的体育教材内容体系，首次纳入体育基础理论教材，首次设置体育选修教材，首次把武术作为体育教材的一部分，确立的体育课程体系成为新中国第一代体育课程重要的特征之一。尽管如此，这套教科书仍有较多局限，要完成建设有中国特色的体育课程教科书体系这一任重而道远的艰巨任务，还有许多艰难的尝试和探索在等待。

九、"文化大革命"时期的体育教科书的特点与评价（1966—1976）

（一）教科书总体特点与分析

"文化大革命"初期，体育教科书名称纷纷改为"军体""学军"，体育课被取消，取而代之的是军事体育和劳动课程。体育教科书内容开始全面军事化，承担了学军任务，以培养学生"一不怕苦，二不怕死"的革命精神，树立常备不懈的革命观念。各地编写的军体教材有两种形式，一是少量只作为学生用书的军体课本，二是供教师教学使用的参考书。学生用书较少，通常编于"复课闹革命"时期，多数地区编写的是教师参考书。

"文革"中后期，中小学的日常教学活动基本恢复。国务院教科组召开教材工作座谈会之后，教育系统一度出现转机。1972年，各地如东北、湖北、北京等开始编写出版体育教科书。编写者开始纠正军体教材过于强调政治形式化的编写模式，强调要从增强学生体质出发，促进学生身体的正常发育和各种器官功能能力的增强，掌握必要的基本体育知识和锻炼身体的方法，养成良好的锻炼身体的习惯。军体教材不仅恢复了体育教材的名称，还恢复了一些传统体育课的内容，加强了体育锻炼的内容。但这些新编的体育教材仍突出政治，没有单纯讲体育知识和技术。

这一时期的体育教科书基本都有相同的特点。从内容上看，军事训练和革命领袖的言论是其主要内容。军事训练内容大都包括队列、行军、刺杀等；体育运动项目如球类、田径等非常少。从形式上看，教材封面基本为红色，内封附毛泽东像或毛泽东语录，教科书内容第一部分是革命领袖的言论，书中插图多与解放军有关。从整体上看，1972年以后的教材内容，军事训练和革命领袖的言论所占比重越来越小，球类、田径等体育内容越来越多，开始出现体育运动知识的内容。

具体来说，还包括以下几个特点：（1）以政治为统帅，受"左"的思想路线影响；（2）以军事项目为主要内容的军事化体育教材；（3）所编体育教科书存在一些错误倾向；（4）后期继承了1961年颁发的全国统一的教科书的指导思想，基本步入正常轨道。

（二）教科书总体评价

"文革"时期的体育教科书，经历了从"以劳代体"、"以军代体"、基本脱离体育教科书本质内容的过程。虽然没有颁布任何体育教学大纲，但教科书出版数量并没有减少。新中国成立以来的体育教科书建设成果被摧毁，这一阶段后期体育教科书建设逐渐回归正常轨道，开始向建设中国特色体育教科书的道路前进。

这一时期，我国学校体育课程遭到严重破坏，体育教科书的编写和出版也受到严重创伤。新中国成立以来积累的教科书编写经验遭到摒弃，过去编写的体育教科书基本被否定。在极"左"思潮的影响下，体育教科书的编写进入了突出政治挂帅、强调阶级斗争和路线斗争、以军事项目代替体育内容等特征的各省自由编写的混乱状态。体育教科书这种"以政代体""以军代体"的违背课程发展规律的做法，给体育课程和教科书建设带来了巨大损失，体育教科书的发展在这十年中总体处于停滞和倒退的局面。

十、改革开放初期的体育教科书的特点与评价（1977—1985）

（一）教科书总体特点与分析

十年动乱结束以后，我国重新确立了全面发展的教育方针，学校体育的各种规章制度得以恢复与重建，颁布了一系列法律法规，体育在学校教育中的地位逐渐确立。中小学体育教材建设经过几年的拨乱反正，逐渐得以恢复和发展，呈现出新的局面。

1977年至1985年，国家先后颁布多部有关中小学的工作条例和教学计划，均为与体育课程直接相关的重要指导性文件，对体育课程和体育教科书做了一些原则性的规定。1978年，教育部颁发《全日制十年制中小学体育教学大纲（试行草案）》，由体育教学大纲编写组经反复调查研究编制而成。这套大纲在全国各地边试用边征求意见，修改后连同依据大纲编写的中小学体育教材颁发试行。这一时期的体育教科书主要围绕这套大纲编写，体育课的教学目标、教科书的分类体系及内容基本上继承了"文革"之前的教科书模式，中小学体育教科书开始朝着正确的方向发展。

总体特点有：（1）学生体育课本的出现，填补新中国成立后的历史空白；（2）体育教科书改变了全国统一、只重视必修内容的局面；（3）体育教材内容未能突破围绕运动技术编写的模式；（4）体育教科书从增强学生体质出发，把锻炼身体和掌握知识技能技术的教学结合起来；（5）体育教科书编写出版数量增幅较大，教科书课时数比重安排趋向科学化；（6）体育教材内容改革问题引起重视，开展各式各样的探讨和实验活动。

（二）教科书总体评价

改革开放初期，出现教师用书与学生课本并存的局面，体育教科书建设逐步恢复并有所发展。体育教科书质量也有所提高，加强了基础理论和选修教材内容。体育教科书初步形成了我国特色，体育教科书建设走向一个新的历史发展阶段。

改革开放初期编写出版的体育教科书，是在拨乱反正的历史使命中诞生的。这批教科书要在短时间内重拾新中国体育教科书建设的成绩，必须充分借鉴和学习体育教科书编写的宝贵经验。1978年的体育教科书，是对1961年体育教科书的继承和学习。全国范围内拨乱反正、全面恢复工作完成后，体育教科书适应体育教学面临的一些新问题，随之做出了一些调整和改变。学生用体育教科书的出现，是体育学科对学生身份重新审视的体现，预示着新中国成立以来以教师为中心的体育课程，即将迎来新的变革，也标志着在外部教育环境不断改变的情况下，体育教科书自身的发展产生了变革的内在需求。在全国教育体制改革的前夕，这些变化作为全面改革的先声和序曲，已悄然在体育教科书领域奏响。

十一、调整学制时期的体育教科书的特点与评价（1986—1990）

（一）教科书总体特点与分析

1. 体育教科书的灵活性和适应性得到加强

1987年大纲注重弹性，加大了选用教材比重，小学提高到30%，初中40%，高中50%，各项教科书的比重都规定浮动范围。因教学条件限制达不到大纲要求时，可以争取逐步达到。教师根据确定教材的原则，有权自选简单简易教材以及理论知识教材，可用乡土教材替代某些教材。

2. 体育教科书编写开始向多样化转变

新中国成立初期，教育事业亟待发展。在当时计划经济体制下，中小学教科书的编写出版采取了相对集中的管理体制，实行全国一个教学大纲，一套教科书的政策，就是我们常说的"一纲一本"。新中国成立到改革开放以前是高度统一的教科书建设时期。

改革开放后，中小学教科书开始探索实行"一纲多本"。20世纪80年代以来，随着改革开放的不断深入，特别是经济体制改革的推进，各项事业都发生了很大的变化。1985年颁布的《中共中央关于教育体制改革的决定》，指出由于我国幅员广大，经济文化发展很不平衡，义务教育的内容应该因地制宜，为此中小学教科书建设开始实行国家统一基本要求下的多样化方针，即"一纲多本"的政策。

由于推行"一纲多本"，引入竞争机制，本时期的教科书，打破了以往只有国家规定由某单家出版社出版的教科书一统天下的局面，出现了多个版本的体育教科书。

3. 体育教科书风格多样化，不断注入新的教学理念

本阶段体育教科书在内容选择、体系安排和表述方式上表现出不同的风格。如教科书必修教材与选修教材灵活选择，结合各省区自然条件、天气状况因地制宜，或采用图文并茂、以图为主的表现方式，等等。如第十二章中提到的河南科学技术出版社、武汉出版社等出版的小学体育教材。

体育教科书开始注重知识与社会实际和学生生活的联系，加入反映体育科学技术的发展的一些新成果，少数教科书增加了体育卫生知识和生理卫生知识。

（二）教科书总体评价

自第一本学生用书出现后，中小学体育教科书如雨后春笋般涌现，呈现蓬勃发展的势头。到1988年，全国已有29个省、市（含省辖市）编写了各自的体育课本，已经出版发行的有25个省（市），即将出版的有4个省（市）。[①] 在试行的基础上有11个省市进行了1—4次调整和修改，初步填补了有大纲无课本的空白，开始迈向追求质量、追求活力、追求特色的新里程。[②]

十二、实施义务教育，编写义务教育和普通高中体育教科书的特点与评价（1991—1999）

实施义务教育、编写义务教育和普通高中体育教科书时期，体育教科书的

---

① 李翅鹏，何坚，庄弼. 报喜、报忧、报志，第四届全国二十二省市体育课本编写研讨会综述[J]. 体育师友，1989（1）：14.
② 石鸥. 新中国中小学教科书图文史：音乐·美术·体育[M]. 广州：广东教育出版社，2015：327.

编写依然采用运动项目和人体基本活动能力相结合的分类方法，小学高年级和中学倾向于按照运动项目分类，小学低年级倾向于按照人体活动能力分类。教科书关注的重点是体育知识、基本技术和基本技能，不仅提出了体育对身体发展的作用，还提出了对身心发展的影响。教科书内容开始涉及有关终身体育的概念和体育娱乐的新方法，重视发展学生的个性等。

（一）教科书总体特点与分析

1. 体育课程与教科书名称几经更迭

在探讨和实践学校体育教科书改革发展的道路上，有的地区为加强体育与保健的结合，曾将使用近百年的"体育"课改为"体育与保健"课，同时也出版了相应的体育与保健教科书。例如，浙江等省市于1991年起陆续出版体育与保健的学生用书和教师用书。这在我国体育教科书史上是一次大改革，具有深远的影响。

2. 体育教科书编审制度为"审定制"，形成"一纲多本"或"多纲多本"局面

进入20世纪90年代，我国体育教科书编审制度在以编审分开、专家审定为标志的"审定制"，任何单位、集体和个人在取得编写资格后均可编写教科书，经审定通过后自由选用的基础上，又将部分地方编写并局限在地方选用的教科书审查权力下放。形成我国"一纲多本"甚至"多纲多本"的多套教科书并存的局面，打破了高度集中统一的教科书体制局面，推动了教科书的改革与发展，我国体育教科书建设进入了新的历史阶段。

3. 体育教科书编写注重编排结构的改革

20世纪90年代，专家已就体育教科书的编制逐渐达成共识，应兼顾两大因素，即运动项目自身的系统性和运动项目在各学年内的自洽性。具体操作中，据其偏重特点分为"按年级编排教材内容"和"按各类教材内容的系统编排"两种方式。由于能进入体育课的各运动项目自身系统性问题已由竞技体育系统所解决，所以"按各类教材内容的系统编排"，仅需按由易而难的顺序抽取若干内容即可；而"按年级编排教材内容"，则必须重新寻找运动项目技术系列中适用于教学的各独立环节的结合点，兼顾各相对独立环节之间的妥善结合。

4. 理论知识与实践教材相结合，以实践教材为主线

体育教科书理论知识与实践教材相结合，首先体现在教科书将体育基础理论知识与包含其他所有运动项目内容的实践类教材置于并列位置，与前一时期相比，理论知识在体育教科书体系中的地位提高了。其次还体现在编写实践类教材的过程中，不仅注重运动项目的技术要领和锻炼方法的说明，还注重使学生掌握与运动项目有关的运动文化知识、身体锻炼原理和方法等，做到理论与实践齐头并进。在此基础上，体育教科书的编写始终坚持以促进学生生长发育、增强学生体质为主要目标，做到以实践类教材为教科书的内容主线，实践类教材在体育教科书中仍然占据绝大多数。

5. 以学生为主体，从学生视角出发

体育教科书的编写处于学生用书与教师用书齐头并进、同步发展的状况，学生用书的大规模出版，在客观上推动了教科书编写者转变叙述视角，从学生的视角出发认识和理解教科书。尤其是学生用书，均注意适应学生阅读心理，如小学阶段的教科书大多以插图为主、以文字叙述为辅。更重要的是，在学生课本中，编写者一般能站在学生的视角去思考和理解教材内容，并设计了"思考与作业""比一比""说一说""练一练""动动脑筋"等小栏目，引导学生主动理解教材内容。这种尝试对发挥学生的学习主动性、提高学生的学习兴趣具有良好的促进作用。

6. 编写方式灵活，内容排列方法有所创新

传统的体育教科书大多强调教材内容体系的系统性，教材内容均按顺序依次编排。这一时期的体育教科书在继承传统的基础上，出现了一些新的变化，在内容编排上，编写者通过"知识园地"等栏目，将一些知识点分散穿插在教科书中，使得教科书在编写方式上更加灵活。人民教育出版社1996年出版的《全日制普通高级中学教科书（试验本）体育（必修）》，在教科书中设主辅栏，将一些体育运动文化知识安排在辅栏中，这一设计既丰富了教材内容，提高了学生阅读兴趣，又使得编写方式更加活泼，方便编排教材内容。

7. 版式设计美观，装帧印刷日益精美

体育教科书随着时代递进，在版式和装帧设计上更为讲究。1990年前后，教科书中已逐渐出现彩色封面和插图；1995年后，随着经济的发展和现代印刷

技术的进步，教科书在版式设计和装帧印刷上更为精美。教科书中大多文图配合，插图多为彩色，文中字体随着内容和栏目而变化，形式多样而活泼，教科书排版设计的整体视觉效果大大提高。

8. 体育教科书的弊端依旧存在，需要在未来逐步完善

国家教委副主任柳斌在1992年8月全国九年义务教育工作会议的讲话中曾这样概括这代课程（含体育课程）的弊端："计划、大纲和教材还有不足之处。受种种原因制约：有的教材内容依然比较陈旧；课程改革还未取得突破性进展；负担过重问题还没有解决好，开设科目还是较多。"[①]李岚清副总理1997年9月在全国中小学素质教育经验交流会上的讲话中指出："现行的课程门类过偏，有的教材内容过深、偏多，有的过于陈旧，与国家现代化建设需要不相适应。课程教材的改革应以促进学生全面发展为目标，要符合不同年龄段少年儿童的认知能力和接受能力。应适当减轻学生过重的课业负担，使学生有时间接受全面素质教育，有条件接触自然，接触社会，参加劳动。"[②]这里说的"现行课程"，就是1992年确定的课程。

（二）教科书总体评价

在严格的编审制度下，出现了以人民教育出版社为代表出版的质量较高的一批教科书。虽说体育教科书的弊端依旧存在，但教科书的体例、内容等在不断继承、汲取国内外先进教育理论和经验的基础上，在思想性、全面性、科学性、实用性和灵活性等方面不断探索，逐渐向形成中国特色体育教科书体例建设迈进。

这一时期是我国体育教科书发展历程中最为关键的时期。这一阶段，体育教科书伴随基础教育改革的步伐，在教科书管理制度变革的催化下，呈现出许多新的气象，取得了一系列重大的突破和成绩。在社会历史变革和教育自身发展规律的双重需求下，体育教科书改变了新中国成立以来国家统编全国通用教科书的"国定制"局面，开始实行编审分离的教科书"审定制"，实现了体育教

---

① 柳斌. 基本普及九年义务教育是实现小康目标的重要条件[M]//九年义务教育课程计划学习指导. 北京：人民教育出版社，1992：6. 转引自：白月桥. 素质教育课程构建研究[M]. 北京：教育科学出版社，2001：47.

② 中共中央文献研究室. 十四大以来重要文件选编（下）[G]. 北京：中央文献出版社，2011：624.

科书从"一纲一本"到"一纲多本",甚至是"多纲多本"的历史性突破。这种变革,从适应我国地域辽阔、人口众多、各省教育发展水平不一且气候差别较大等实际情况来说,是一种有益的尝试和显著的进步。体育教科书编审分离制度的实行,也为适应各地不同风格和特色的体育教科书的编写和出版,以及这一时期体育教科书编写出版的全面繁荣,奠定了坚实的基础。与此同时,从地方到中央开始陆续出现编写学生用书的尝试,这种尝试对提高体育学科的地位及探索体育教科书的功能等均有重要意义。

体育教材内容也有调整和改变,以武术为主、兼纳中国传统保健养生等内容的民族传统体育教材在体育教材体系中重新占据了重要位置。同时,为适应时代发展需求,韵律体操及舞蹈等时代特色较强的项目也进入了体育教科书中。表明这一时期的体育教科书在继承传统的基础上,注重创新与发展。

这一时期是我国社会急剧变革的时期,教育为适应社会发展,也进行了一系列变革。体育教科书作为社会和教育变革的一个窗口,展示了这一激流涌动的历史时期的一些变化。体育教科书在继承新中国成立以来教科书编写出版的优良传统的基础上,适应了时代发展和教育自身需求,调整了教材内容体系,在教科书的编写和出版上取得了突出的成绩和巨大的进步。

当然,这一时期的体育教科书也存在一些不足,在教材内容选择、教材排列组织、教材结构关系等诸多方面还存有很多需要研究和探讨的问题。同时,由于全国各地体育教科书的大量出版,也有部分教科书出现了内容重复、地方特色不鲜明等现象。这些都是体育教科书发展进程中不可避免的问题,随着体育课程教科书的进一步变革,这些问题必将在新一轮的课程教科书改革中得到逐步解决。

十三、新课程改革后体育教科书的特点与评价(2000—2012)

(一)教科书总体特点与分析

21世纪初期,我国开展了新中国成立以来最大规模的第八次基础教育课程改革,中小学体育课程发生了巨大变革,体育教科书呈现出繁荣发展的态势。

1. 以国家对编写教科书的要求和颁发的课程标准为准则

2000年12月,《全日制义务教育体育与健康课程标准(实验稿)》正式颁布;2003年4月,《普通高中体育与健康课程标准(实验)》正式颁布。高中体育教科书严格按照课程标准提出的内容选择要求选择和组织教科书内容;教科书内容体现多样性;内容的组织应符合高中学生的身心发展规律、运动技能形成规律和体育与健康知识学习的认知特点。

2. 体育教科书的系列性

2001年,教育部教材审定委员会初审通过了六套义务教育初中体育教材,2004年通过了六套高中教材。这些教材除了学生用书、教师参考书外,有的还编写了教师和学生的选用教材。新课程体育教材系列的出现,完善了体育教材体系,把我国体育教材建设推向了成熟。

3. 体育教科书出版发行的单位由多到少,逐步集中

依据教育部等部门规定的鼓励有关机构、出版部门等依据国家课程标准组织编写中小学教材,2000年前后,各地依据教学大纲或课程标准编写的教科书版本较多,随着教材审查制度和使用制度的规范,特别是新课标颁布后编写的教科书,在教学实践和市场检验的过程中,逐渐地相对集中在几家权威出版社。

4. 主流出版社起引领作用

人民教育出版社凭借深厚的研究底蕴和丰富的编写经验,紧紧跟随教学大纲和课程标准的要求,以"健康第一"作为指导思想,强调以学生为主体,发展学生的主动性和创造性。教科书编写覆盖九年义务教育六年制小学、三年制中学,还编写了供"六三""五四"制各年级教师使用的教学用书。作为专业的教科书出版社,人教社在教科书建设中起到了引领性的作用。

5. 教科书内容呈现高质量和多样化趋势

实现教科书的高质量和多样化,努力与市场经济接轨,既要竞争,又要做到有章可依,努力实现教科书的市场化与国家宏观调控相结合。学生用书绝大多数均为图文并茂编排,运用新颖的编辑方式来表现。教科书内容通过多种多样的栏目来呈现,运用了新的印装技术。

(二)教科书总体评价

体育教科书的建设是在"素质教育"及"健康第一"的指导思想下进行的,遵循三维健康观的新理念,课程标准打破了过去由教学大纲规定教材内容的做法,这一变革使新世纪体育课程教科书呈现出了许多新的面貌。依据新课程标准所编写的体育教科书,受课程标准所提出的运动参与、运动技能、身体健康、心理健康及社会适应等学习领域的影响,在编写体例上突破了20世纪末按必修教材与选修教材及理论教材与实践教材相结合的教科书结构模式,大部分教科书基本按照课程标准所提出的学习领域的结构编写教科书。在内容构成上,改变了以动作技术为教科书重点的构成方式,强调以体育运动实践活动为载体,在教科书中实现生理的、心理的健康和社会适应的多元目标要求。在教科书叙述视角上,打破了过去偏重教师的视角,注重以学生的眼光审视教科书,力争做到以学生为主体编写教科书,教科书的可读性与总体质量有了较大程度的提高。

新课程标准在全国范围内试验时,其内容设计中"目标引领内容"的理念和特征也引发了一些争议和批评,有学者认为目标与内容的关系应当具体情况具体分析,不能一概而论。部分教师认为将课程标准中最重要的内容设计全部交给教师来完成,没有考虑到我国当前体育教师课程设计和教材组合能力尚不足以胜任这一使命的历史现状,造成了课程实施过程中出现了一些弊端。还有人认为新课程标准引导下的体育课程教学存在"教学目标虚化""教材内容泛化""教学过程形式化"和"教学评价和气化"等问题。对于与课程标准配套出版的体育教科书,也有评价称这些教科书存在所选编教材内容不足以达成课程标准所提出的目标,教材内容组织不够完善等问题。人们对新课程标准及其配套体育教科书所存在的争议和评价,对于新一轮课程改革来说,出现是必然的,正是这些质疑和争议,促使课程改革不断修正改革理念和课程体系,逐步走向成熟与完善。

2000年之后的体育教科书,是根据国家课程改革纲要精神和课程标准要求,经过充分调查和研究,吸收了我国体育课程教科书建设五十年乃至百余年来的经验和教训,主动学习国外教科书编写理念的基础上编写和出版的。这一时期的体育教科书比任何时期的教科书都更具有改革和创新精神,以学生为本、以促进学生身心全面发展为目标的理念,既是时代发展赋予体育教科书的合理选择,也是百余年来体育教科书历史变迁经验的有益总结。这一时期的体育教科书,总体水平和编写质量上的进步十分显著,它的成就代表了百余年来体育教科书发展的最高水平,虽然还存在一些问题和不足,但这些问题必将在课程改革的持续深入发展中不断得到解决。

第十六章　百年体育教科书发展的结论与展望

一、结论

百余年来，我国体育教科书在曲折、坎坷的道路上伴随政治、经济、文化、教育等的发展变化，经历了高峰与低谷、前进与停滞、弱小与成熟的变迁。我国体育教科书发展史证明，体育教科书既有其自身的发展规律，又要受到社会、政治、经济、文化、教育等因素的制约。自清末兴学以来，体育一直被列为学校教育的组成部分，也是各时期各类学校课程设置中的一门必修课。体育教科书在符合社会要求的变更中往往更加明显地反映其自身特点，有其自身的继承性、内在逻辑性与发展规律。

（一）体育教科书发展开端的差异性与非同步性

我国近现代体育教科书以 1903 年出版的第一本体育教科书《蒙学体操教科书》正式登上历史舞台为标志。第一本中学体育教科书《普通体操法》（1903年）、第一本女子体育教科书《女子体操教科书》（1906 年）、第一本大学和中学通用的《中华新武术》（1918 年）陆续出版，体育教科书踏上了曲折、坎坷的发展道路。清末癸卯学制规定的体育教科书，实际上经历了长达半个世纪的孕育过程。作为我国近代体育教科书的初创时期，从 1840 年鸦片战争到 1904 年癸卯学制颁布前，伴随西学东渐出现在教会学校中的体育课程内容、随着洋务运动而产生的洋务学堂的体育课程内容以及《幼学操身》的编写出版，为癸卯学制关于体育教材的规定以及体育教科书的编写出版奠定了理论与实践的基础，这是我国近代体育教科书的渊源。

（二）体育教科书编写出版的统一性与不平衡性

体育教科书发展经历了从无到有、从有到多、从多到优、从优到精的漫长过程。不同时期不同学段体育教科书的编写出版数量是不同的。据现有资料显示，体育教科书出版累计超过千册。体育教科书的编写呈现从小学体育教科书的出现到中学体育教科书的出现，从以小学为主慢慢转变为以中学为主；从学生用书到教师用书，后是仅有教师用书到学生用书再次出现；一直保持着单项教科书和合编教科书并存的教科书形式和部分中小学体育教科书可通用、大中学体育教科书可通用等特点。

（三）体育教科书发展的社会制约性与时代性

体育教科书受政治、经济、文化等社会因素的影响和制约，时代烙印明显。如体育教科书发展模式经历了"拿来主义"到"本土化探索"，直至"国际化发展"；编写形式是从直接翻译到改编外国教科书，再到国内自编教科书；学习对象是从模仿日本到效仿美国，然后是学习苏联，直至全面学习国外；并且发展演变过程中还表现出了"钟摆"式或重演式等特点。但体育教科书作为人类的共同财富，也有超越时代、阶级而具有相同性质的一面。我国体育教科书正是扎根于中国大地上，在横向上吸收国外经验、纵向上继承历史传统的过程中，不断走向现代化，走向进步的。

（四）体育教科书发展的体育关联性与限制性

体育教科书发展受不同时期的体育教学大纲、教科书编审制度的变革等影响和限制。体育教学大纲在一定历史时期达到可以替代体育教科书的程度，教科书编审制度从"审定制"到"国定制"再回归至"审定制"的不断完善，也使得体育教科书从"一纲无本"到"一纲一本"，然后是"一纲多本"再到"多纲多本"，直到再次出现"一纲多本"；一直保持着时而一统江山，时而万马奔腾的出版格局。此外，体育课程名称经历"体操—体育—军体—体育（与保健）—体育（与健康）—体育与健康"的发展历程，与体育课程的设置、选修和必修的比例等对体育教科书的名称变化、内容设置、选编方法、分类方法各个方面都产生了深远的影响。

（五）体育教科书发展的课程影响性与制约性

我国近代体育教科书伴随着近代体育课程的萌芽与兴起而出现在历史舞台，既是癸卯学制与近代体育课程发展的产物，也是西方体育文化传入我国的表现和载体。新学制颁布前，体育教科书受军国民主义体育思想影响，强调体育的"强国强种"目的，内容以普通体操和兵式体操为主；新学制和课程标准颁布以后，体育教科书受到实用主义教育思想影响，转而注重适应儿童身心特点，内容转变为以田径、球类、体操、游戏及武术等西方近代体育内容和中国传统体育项目相结合，实现了从体操到体育的飞跃。国民党统治时期，体育教科书的编写和出版出现了近代以来的第一次高峰，出版数量和质量均达到较高水平。新中国成立以后，我国体育教科书的发展历程与体育课程发展演变的阶段性高度吻合：1949年新中国成立至1985年为全国统编体育课程与教科书时代；1986年至1999年为体育课程与教科书的高速发展时期；1999年《中共中央国务院关于深化教育改革全面推进素质教育的决定》颁布后，体育教科书伴随着新一轮课程改革的全面推进，进入了体育课程时期的深化改革阶段。

（六）体育教科书具体内容的多样性与动态性

体育教科书具体内容演变从不完善到比较完善，直至逐渐成熟；在内容选择上经历了努力追求统一性，到高度统一后逐步加大灵活性和多样性的过程；从以兵操为主到兵操落伍且近代项目引进，中国传统体育项目的进进出出，直到各种新兴项目的不断引进，形成比较稳定的、开放的内容格局。教科书内容丰富、种类繁多且不断发展与变化，类别数呈现出大中小学不同的发展趋势，不同时期不同类别的教科书包含内容存在重叠和时分时合现象等。其对课程内容资源开发的启示主要表现在：要适量开发多种多样的素材，做到体育内容与开发民族民间体育、引进新兴体育相结合，符合学生的身心特点、兴趣爱好和发展需要，准确把握体育课程内容的性质、特点和教育价值等。

（七）体育教科书编写管理的借鉴性与比照性

体育教科书经过百余年的发展，在编写管理上积累了一些宝贵经验，也存在一些需要总结的深刻历史教训。从整体上来看，体育教科书总体水平随着时代发展不断进步，表现出了由关注体育教科书的社会价值到关心个人发展、由"教材"到"学材"、由"以教师为中心"到"以学生为本、以促进学生身心全面发展为目标"的转变。体育教科书的发展是我国近现代以来社会不断发展进步的体现，体育教科书百余年来取得的成绩是主要的，在当前和今后的课程改革中，建设有中国特色的体育课程教科书体系是广大体育教育工作者的历史使命。

二、展望

回顾历史，我们深刻感受到我国体育教科书历史发展的曲折，深刻地感受到体育教科书还有着巨大的发展空间。回顾历史，是为了展望未来，不断推动体育教科书的改革和进步。虽然不能十分确切地描述出未来中国特色体育教科书的具体形态，但体育教科书发展演变的历史轨迹，特别是改革开放以来体育教科书改革的理论与实践，使得未来中国特色体育教科书具备的一些主要特征已经初露端倪。

第一，体育教科书中的民族性和乡土教材内容将会进一步得到开发，并重视以武术为代表的中国民族传统体育内容，强调扎根中国大地，保持体育教科书的民族传统特色。

第二，体育教科书将继续在健康第一思想教科书观的指引下，进一步关注学生的身心特点，在更好地衔接中小学体育教科书的同时，突显各自的侧重点（如小学注重体育习惯的培养，中学注重运动技能的习得），从而促进学生全面发展，为终身体育奠定良好的基础。

第三，体育教材内容的分类将会更加合理和实用，教科书功能特别是教材内容的教育价值将会被充分挖掘，更好地为体育教学服务。

第四，教师用书和学生用书各自的特性将会越来越明显，朝着延续强调教授方法和注重学习方法的方向发展。

第五，作为国家事权组成部分的体育教科书，其数量和质量将在不断完善的管理制度中同步增长，选择面和灵活性将不断加大，自主创新、本土化改造、引进国外新兴体育教材内容将会持续进行。中国特色，国际一流将是体育教科书发展大势。

参考文献

[1]（日）川濑元九郎，手岛仪太郎. 初等小学体操教科书［M］. 黄元吉，译. 上海：商务印书馆，1907.

[2]（日）川濑元九郎，手岛仪太郎. 新撰高等小学体操教科书［M］. 蔡云，译. 上海文明书局，1906.

[3]（日）山本武. 高等小学游戏法教科书［M］. 丁锦，译. 上海：文明书局，1903.

[4]（日）西川政宪. 国民体育学［M］. 杨寿桐，译. 上海：文明编译书局，1902.

[5]《中国教育年鉴》编辑部. 中国教育年鉴（1949—1981）［M］. 北京：中国大百科全书出版社，1984.

[6] 北京教育学院. 北京市全日制六年制小学体育游戏教学参考资料［M］. 北京：北京教育学院，1981.

[7] 北京师范大学体育系普通教育改革小组. 九年一贯制试用体育教学参考资料（全一册）［M］. 北京：人民教育出版社，1960.

[8] 北京市教育局革命领导小组中小学教科书编写组. 军体［M］. 编者刊，1958.

[9] 北京市小学体育教师业务学习会. 北京市小学体育教科书参考资料［M］. 北京：大众书店，1951—1953.

[10] 北京市小学体育教师业务研究组. 北京市小学体育试用教材［M］. 北京：大众出版社，1955.

[11] 北京市中小学教学参考资料编辑委员会. 北京市中学体育教学参考资料［M］. 北京：人民体育出版社，1955.

[12] 北京中小学教学参考资料编辑委员会. 北京市中学男生体育教材参考大纲［M］. 北京：人民体育出版社，1955.

[13] 北京中小学教学参考资料编辑委员会. 北京市中学女生体育教材参考大纲［M］. 北京：人民体育出版社，1955.

[14] 蔡雁宾，束云逵. 复兴体育教本（高小第一册）［M］. 上海：商务印书馆，1933.

[15] 陈晴. 清末民初新式体育的传入与嬗变［M］. 武汉：华中师范大学出版社，2007.

[16] 陈山榜. 张之洞劝学篇评注 [M]. 大连: 大连出版社, 1990.

[17] 陈学恂. 中国近代教育史教学参考资料（中册）[M]. 北京: 人民教育出版社, 1987.

[18] 陈元晖, 主编; 李桂林, 戚名琇, 钱曼倩, 编. 中国近代教育史资料汇编·普通教育 [G]. 上海: 上海教育出版社, 1995.

[19] 陈元晖, 主编; 璩鑫圭, 唐良炎, 编. 中国近代教育史资料汇编·学制演变 [G]. 上海: 上海教育出版社, 1991.

[20] 陈元晖, 主编; 璩鑫圭, 童富勇, 编. 中国近代教育史资料汇编·教育思想 [G]. 上海: 上海教育出版社, 2007.

[21] 崔乐泉. 中国近代体育史话 [M]. 北京: 中华书局, 1998.

[22] 丁锦. 蒙学体操教科书 [M]. 上海: 文明书局, 1903.

[23] 东北行政委员会体育运动委员会. 东北区体育试用教材 [M]. 沈阳: 辽宁人民出版社, 1954.

[24] 董宝良, 周洪宇. 中国近代教育思潮与流派 [M]. 北京: 人民教育出版社, 1997.

[25] 福建教育学院. 高中体育教学参考资料 [M]. 福州: 福建人民教育出版社, 1959.

[26] 龚乃传. 中国义务教育学制改革大思路 [M]. 北京: 人民教育出版社, 1995.

[27] 顾明远. 中国教育大系 21 世纪初中国教育 [M]. 武汉: 湖北教育出版社, 2015.

[28] 国家教委体育卫生司. 九年制义务教育全日制小学体育教学大纲（试用）学习指导 [M]. 北京: 人民教育出版社, 1993.

[29] 国家教育委员会. 九年制义务教育全日制初级中学体育教学大纲（试用）[M]. 北京: 人民教育出版社, 1992.

[30] 国家教育委员会. 九年制义务教育全日制初级中学体育教学大纲（试用）学习指导 [M]. 北京: 人民教育出版社, 1993.

[31] 国家教育委员会. 九年制义务教育全日制小学体育教学大纲（初审稿）[M]. 北京: 人民教育出版社, 1988.

[32] 国家教育委员会. 九年制义务教育全日制小学体育教学大纲（试用）[M]. 北京: 人民教育出版社, 1992.

[33] 国家教育委员会. 九年制义务教育体育与健康教育教学大纲（初审稿供实验用）[M]. 北京: 人民教育出版社, 1992.

[34] 国家教育委员会. 全日制小学体育教学大纲 [M]. 北京: 人民教育出版社, 1987.

[35] 国家教育委员会. 全日制中学体育教学大纲（高中部分）（修订本）[M]. 北京: 人民教育出版社, 1987.

[36] 国家教育委员会. 全日制中学体育教学大纲[M]. 北京：人民教育出版社，1987.

[37] 国家教育委员会体育、卫生与艺术教育司. 全日制普通高级中学体育教学大纲（供试验用）[M]. 北京：人民教育出版社，1996.

[38] 国家教育委员会体育、卫生与艺术教育司. 全日制普通高级中学体育教学大纲（供试验用）学习指导[M]. 北京：人民教育出版社，1997.

[39] 国务院法制办公室. 中华人民共和国法规汇编（1949—1952）（第一卷）[G]. 2版. 北京：中国法制出版社，2014.

[40] 国务院法制办公室. 中华人民共和国法规汇编（1958—1959）（第四卷）[G]. 北京：中国法制出版社，2005.

[41] 何东昌. 中华人民共和国重要教育文献（1949—1975）[G]. 海口：海南出版社，1998.

[42] 胡绍之，崔作山. 初级小学体育教材[M]. 并州新报社，1930.

[43] 胡绍之，崔作山. 高级小学体育教材[M]. 并州新报社，1930.

[44] 胡松柏. 中国教育改革与发展六十周年辉煌历程（卷三）[M]. 北京：中国教育出版社，2009.

[45] 季浏. 义务教育课程标准实验教科书体育与健康（水平四）七至九年级[M]. 上海：华东师范大学出版社，2001.

[46] 江苏省教材编辑委员会. 江苏省五年制小学体育教学参考资料[M]. 南京：江苏人民出版社，1961.

[47] 江苏省教材编辑委员会. 江苏省五年制中学体育教学参考资料[M]. 南京：江苏人民出版社，1961.

[48] 江西省初级中学课本（试用）体育（一至三年级）[M]. 南昌：江西教育出版社，1986.

[49] 江西师范学院体育系、江西省中小学教材编写组. 江西省中小学体育教学参考书[M]. 南昌：江西人民教育出版社，1977.

[50] 教育部. 初中男生体育教授细目（第二学年用）[M]. 上海：商务印书馆，1936.

[51] 教育部. 高中男生体育教授细目（第一学年上学期用）[M]. 上海：商务印书馆，1936.

[52] 教育部. 九年义务教育全日制初级中学体育与健康教学大纲（试用修订版）[M]. 北京：人民教育出版社，2000.

[53] 教育部. 全日制十年制学校小学体育教学大纲（试行草案）[M]. 北京：人民教育出版社，1978.

[54] 教育部. 全日制十年制学校中学体育教学大纲（试行草案）[M]. 北京：人民教育出版社，1978.

[55] 教育部. 小学体育教学大纲（草案）[M]. 北京：人民教育出版社，1958.

[56] 教育部. 中学体育教学大纲（草案）[M]. 北京：人民教育出版社，1958.

[57] 教育部法制办公室. 学前教育政策法规规章汇编[G]. 北京：首都师范大学出版社，2014.

[58] 教育部基础教育司. 新编基础教育文件汇编（1999—2003）[G]. 北京：北方交通大学出版社，2003.

[59] 九年义务教育六年制小学教科书体育[M]. 上海：华东师范大学出版社，2001.

[60] 九年义务教育六年制小学教科书体育[M]. 上海：华东师范大学出版社，2011.

[61] 九年制义务教育三年制初中试验教材（内地版）体育[M]. 重庆：西南师范大学出版社，1991.

[62] 九年制义务教育四年制初级中学实验课本体育[M]. 青岛：青岛出版社，1989.

[63] 课程教材研究所. 20世纪中国中小学课程标准·教学大纲汇编：课程（教学）计划卷[G]. 北京：人民教育出版社，2001.

[64] 课程教材研究所. 20世纪中国中小学课程标准·教学大纲汇编：体育卷[G]. 北京：人民教育出版社，2001.

[65] 课程教材研究所. 课程教材研究15年[M]. 北京：人民教育出版社，1998.

[66] 课程教材研究所. 新中国中小学教材建设史1949—2000研究丛书：体育卷[M]. 北京：人民教育出版社，2010.

[67] 课程教材研究所. 新中国中小学教材建设史1949—2000研究丛书：自然·社会卷[M]. 北京：人民教育出版社，2011.

[68] 李方. 课程与教学论纲[M]. 广州：广东高等教育出版社，2017.

[69] 李华兴. 民国教育史[M]. 上海：上海教育出版社，1997.

[70] 李晋裕，滕子敬，李永亮. 学校体育史[M]. 海口：海南出版社，2000.

[71] 刘斌. 教科书研究丛书：清末民国中小学体育教科书研究[M]. 长沙：湖南师范大学出版社，2014.

[72] 刘旭东. 基础教育课程改革读本[M]. 兰州：兰州大学出版社，2006.

[73] 刘英杰. 中国教育大事典（1840—1949）[M]. 杭州：浙江教育出版社，2001.

[74] 刘志鹏. 20世纪的中国高等教育·教学卷（下册）[M]. 北京：高等教育出版社，2006.

[75] 陆夬夬，石秀茹. 小学舞蹈教学参考书[M]. 北京：人民教育出版社，1983.

[76] 毛振明. 普通高中课程标准实验教科书体育与健康高中全一册[M]. 北京：教育科学出版社，2004.

[77] 毛振明. 体育教学改革新视野[M]. 北京：北京体育大学出版社，2004.

[78] 毛振明. 义务教育课程标准实验教科书体育与健康教师教学用书（上、中、下册）[M]. 北京：教育科学出版社，2004.

[79] 彭泽芬. 小学韵律活动补充教材[M]. 正中书局，1948.

[80] 普通体操学教科书[M]. 王肇铉，译. 上海：文明书局，1904.

[81] 全日制普通高级中学教科书（试验本）体育（必修）[M]. 北京：人民教育出版社，1996、1997、1998.

[82] 全日制十年制学校小学体育教材（试用本）[M]. 北京：人民教育出版社，1978.

[83] 全日制十年制学校中学体育教材教师用书（试用本）[M]. 北京：人民教育出版社，1978.

[84] 人民教育出版社. 小学体育教材（教师用书）[M]. 北京：人民教育出版社，1961.

[85] 人民教育出版社. 中学体育教材（教师用书）[M]. 北京：人民教育出版社，1961.

[86] 人民教育出版社体育室. 小学体育教材（教师用书）[M]. 北京：人民教育出版社，1984.

[87] 人民教育出版社体育室. 义务教育三年制四年制初级中学实验教材·体育（教师用书·部分初稿）[M]. 北京：人民教育出版社，1990.

[88] 人民教育出版社体育室. 义务教育五年制六年制小学实验教材·体育（教师用书·部分初稿）[M]. 北京：人民教育出版社，1990.

[89] 人民教育出版社体育室. 中学体育教材（教师用书）[M]. 北京：人民教育出版社，1984.

[90] 瑞典式体操教科书[M]. 范迪吉，译. 上海：时中书局，1906.

[91] 山东省教育厅. 小学复式班体育教学大纲草案及参考书[M]. 济南：山东人民出版社，1958.

[92] 山东省教育厅. 小学体育教学参考资料[M]. 北京：人民教育出版社，1960.

[93] 山东省教育厅. 中学体育常识教学参考书[M]. 1959.

[94] 陕西省教育厅. 陕西省小学体育教学参考资料[M]. 西安：陕西人民出版社，1960.

[95] 上海市中小学教材编写组. 上海市初中课本体育[M]. 上海：上海教育出版社，1985.

[96] 沈寿金. 小学体育教本（第二册）[M]. 正中书局，1947.

[97] 石鸥. 新中国中小学教科书图文史：音乐·美术·体育[M]. 广州：广东教育出版社，2015.

[98] 舒新城. 中国近代教育史资料：中册[M]. 北京：人民教育出版社，1985.

[99] 束云逵,蔡雁宾. 复兴体育教本(初小第一册)[M]. 上海:商务印书馆,1933.

[100] 嵩灵. 绘图蒙学体操实在易[M]. 上海:彪蒙书室,1905.

[101] 苏竞存. 中国近代学校体育史[M]. 北京:人民教育出版社,1994.

[102] 天津市教育局体育课本编写组. 天津市小学试用课本体育(第一至第六册)[M]. 天津:天津教育出版社,1986.

[103] 天津延安中学教材编写组. 学军[M]. 1969.

[104] 田正平. 中外教育交流史[M]. 广州:广东教育出版社,2004.

[105] 王宝烈,郑蕃,张希良,等. 小学体育教学参考书[M]. 北京:人民教育出版社,1956.

[106] 王道俊,郭文安. 教育学[M]. 北京:人民教育出版社,2009.

[107] 王复旦. 复兴初级中学体育教本(第二册)[M]. 上海:商务印书馆,1935.

[108] 王复旦. 复兴初级中学体育教本(第一册)[M]. 上海:商务印书馆,1934.

[109] 王毅诚. 复兴高级中学体育课本(第二册)[M]. 上海:商务印书馆,1935.

[110] 王毅诚. 复兴高级中学体育课本(第三册)[M]. 上海:商务印书馆,1935.

[111] 王毅诚. 复兴高级中学体育课本(第一册)[M]. 上海:商务印书馆,1934.

[112] 王有朋. 中国近代中小学教科书总目[M]. 上海:上海辞书出版社,2010.

[113] 王占春,胡钧异,梁炳威,等. 中学体育教学参考书[M]. 北京:人民教育出版社,1957.

[114] 吴洪成,田谧,李晨,等. 中国近现代教科书史论[M]. 北京:知识产权出版社,2017.

[115] 吴小鸥. 中国近代教科书的启蒙价值[M]. 福州:福建教育出版社,2011.

[116] 小学舞蹈教学参考书[M]. 北京:人民教育出版社,1983.

[117] 新中国教材童子军[M]. 正中书局,1943.

[118] 徐傅霖. 高等小学新体操教授书(秋季始业教师用书)[M]. 上海:中国图书公司,1913.

[119] 徐傅霖. 共和国教科书普通体操(中学校用)[M]. 上海:商务印书馆,1914.

[120] 徐傅霖. 共和国教科书新体操(初等小学校使用)[M]. 上海:商务印书馆,1921.

[121] 徐傅霖. 共和国教科书新体操(高等小学校教员用)[M]. 上海:商务印书馆,1913.

[122] 徐傅霖. 新制体操教本(中学校适用)[M]. 上海:中华书局,1917.

[123] 徐傅霖. 新制中华体操教授书[M]. 上海:中华书局,1913.

［124］徐傅霖．中华高等小学体操教授书［M］．上海：中华书局，1913．

［125］学部编译图书局．初等小学体操教授书（第三册）［M］．学部编译图书局，1909．

［126］学部编译图书局．初等小学体操教授书（第一册）［M］．学部编译图书局，1907．

［127］颜天民，熊焰，余万予，等．体育概论 体育史 奥林匹克运动 体育法规［M］．桂林：广西师范大学出版社，2000．

［128］张大为．1903年—1984年中文体育书目［M］．西安体育学院学报编辑部，1986．

［129］张庆新．中国体育教材史论［M］．北京：中国农业大学出版社，2011．

［130］张天百．初小体育教本［M］．世界书局，1934．

［131］赵光绍．体操教授细目［M］．上海：商务印书馆，1918．

［132］中国童子军江苏省支会理事会．中级童子军［M］．大时代书局，1946．

［133］中华人民共和国教育部办公厅．教育文献法令汇编（1949—1952年）［G］．1958．

［134］中小学体育教师参考书室内体育教学［M］．北京：人民教育出版社，1981．

［135］中小学通用教科书体育编写组．全日制十年制学校小学体育教科书（试用本）［M］．北京：人民教育出版社，1978．

［136］中小学通用教科书体育编写组．全日制十年制学校中学体育教科书教师用书（试用本）［M］．北京：人民教育出版社，1978．

［137］中央教育科学研究所．中华人民共和国教育大事记（1949—1982）［M］．北京：教育科学出版社，1984．

［138］周鹤鸣．初中器械运动［M］．正中书局，1949．

后记

本书是国家社科基金重大项目"中国百年教科书整理与研究"（课题批准号：10＆ZD095）成果之一。项目首席专家为徐岩，体育卷子课题负责人为耿培新。

本课题全面梳理了中小学体育教材百年变迁的历史，对不同时期体育教材建设的社会背景、课程概要、教材概貌进行了梳理，并对各个时期中小学体育教材的特点进行了分析和评述，归纳出七个方面体育教材发展的规律，并展望了今后体育教材的发展趋势。课题结题后，我们对课题研究成果进行了进一步的梳理、提炼和压缩，形成了本书。

百年体育教材史，从一个方面反映了国家、社会、民族的百年发展史和奋斗史。百余年来，我国教育界、体育界的有识之士，为了国家发展、民族振兴，为了亿万中小学生身心健康成长，殚精竭虑地建设学校体育课程，编写体育教材，开展教学研究，坚持不懈地进行探索和实践，从最初的引进、模仿、改造和创新，始终扎根中国大地，体现中国特色，展现改革创新精神。历史将记住一代又一代为编写中国体育教材做出贡献的众多教材建设者和学校体育工作者。

新时代，作为体现国家事权和国家意志的教材事业正在蓬勃发展。体育教材将会越来越体现出它应有的价值，在贯彻党和国家"德智体美劳"的教育方针，完成立德树人根本任务中发挥出它重要的作用。

本课题在研究方案的确定、资料的搜集和整理等方面都得到了许多学界前辈和同仁的指导与帮助，李晋裕教授、谷世权教授、滕子敬教授、周登嵩教授、谭华教授和王华倬教授对课题的研究给予了指导和帮助；董玉泉、庄弼、朱德明、马玉起等同志为课题研究提供了宝贵的体育教材历史资料；杨志军、高晓峰、杨栋等同志协助进行了资料的查找和搜集整理工作。此外，还有其他许多为课题研究提供帮助的同仁，在此一并表示最诚挚的谢意。在书稿编撰过程中，首先由赵超君对课题资料进行了初步的整理和压缩，形成初稿，然后由耿培新、胡滨、陈世雄对全书做了统稿和修改完善。责任编辑姜贺在查证资料、编辑加工等方面花费了大量的时间和精力。

本书在编写过程中，参考和引用了大量文献和已有研究成果，特别是人民教育出版社课程教材研究所编著的《新中国中小学教材建设史 1949—2000 研究丛书：体育卷》（王占春、耿培新主编）、《20 世纪中国中小学课程标准·教学大纲汇编：体育卷》（石秀茹编），以及《中国近代学校体育史》（苏竞存著）、《中国近现代体育课程史论》（王华倬著）、《中国体育教材史论》（张庆新著）、《清末民初新式体育的传入与嬗变》（陈晴著）等。人民教育出版社图书馆作为全国最大的中小学教科书收藏中心对课题研究给予了大力帮助，其制作完成的"中国百年中小学教科书全文图像库"为本研究提供了极大的支持。在此表示衷心感谢。

本课题研究对象跨越时间长达百年，我们在前人研究基础上搜集整理了大约 1 500 册各级各类体育教材，但有不少体育教材可能已在历史长河中湮没了，我们将继续搜集相关材料，完善和充实本课题的研究成果。也欢迎各界朋友和热心读者给我们提供遗漏的体育教材或是研究线索等信息，我们将不胜感激。书中论述难免存有错漏或不妥之处，敬请读者批评和指正。

编者

2020 年 10 月

图书在版编目（CIP）数据

中国百年教科书史. 体育卷 / 耿培新主编；徐岩，张廷凯总主编. —北京：人民教育出版社，2020.12
ISBN 978-7-107-35191-4

Ⅰ. ①中… Ⅱ. ①耿… ②徐… ③张… Ⅲ. ①中小学—体育课—教材—教育史—中国 Ⅳ. ①G423.3-092

中国版本图书馆CIP数据核字（2020）第262908号

中国百年教科书史　体育卷
ZHONGGUO BAINIAN JIAOKESHUSHI TIYU JUAN

出版发行	人民教育出版社
	（北京市海淀区中关村南大街17号院1号楼　邮编：100081）
网　　址	http://www.pep.com.cn
经　　销	全国新华书店
印　　刷	北京华联印刷有限公司
版　　次	2020年12月第1版
印　　次	2021年1月第1次印刷
开　　本	787毫米×1092毫米　1/16
印　　张	21.75
字　　数	435千字
定　　价	168.00元

版权所有·未经许可不得采用任何方式擅自复制或使用本产品任何部分·违者必究
如发现内容质量问题、印装质量问题，请与本社联系。电话：400-810-5788